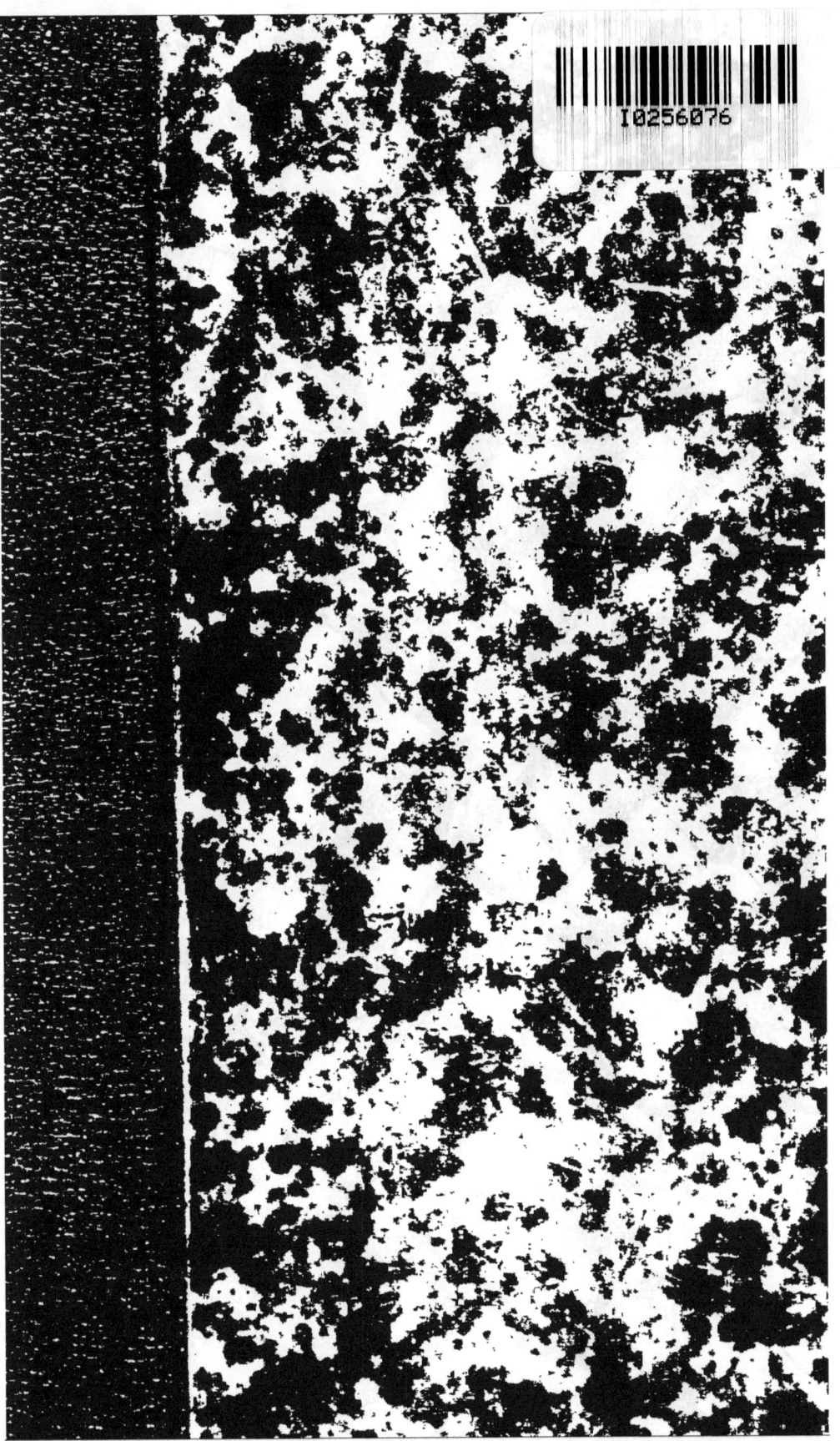

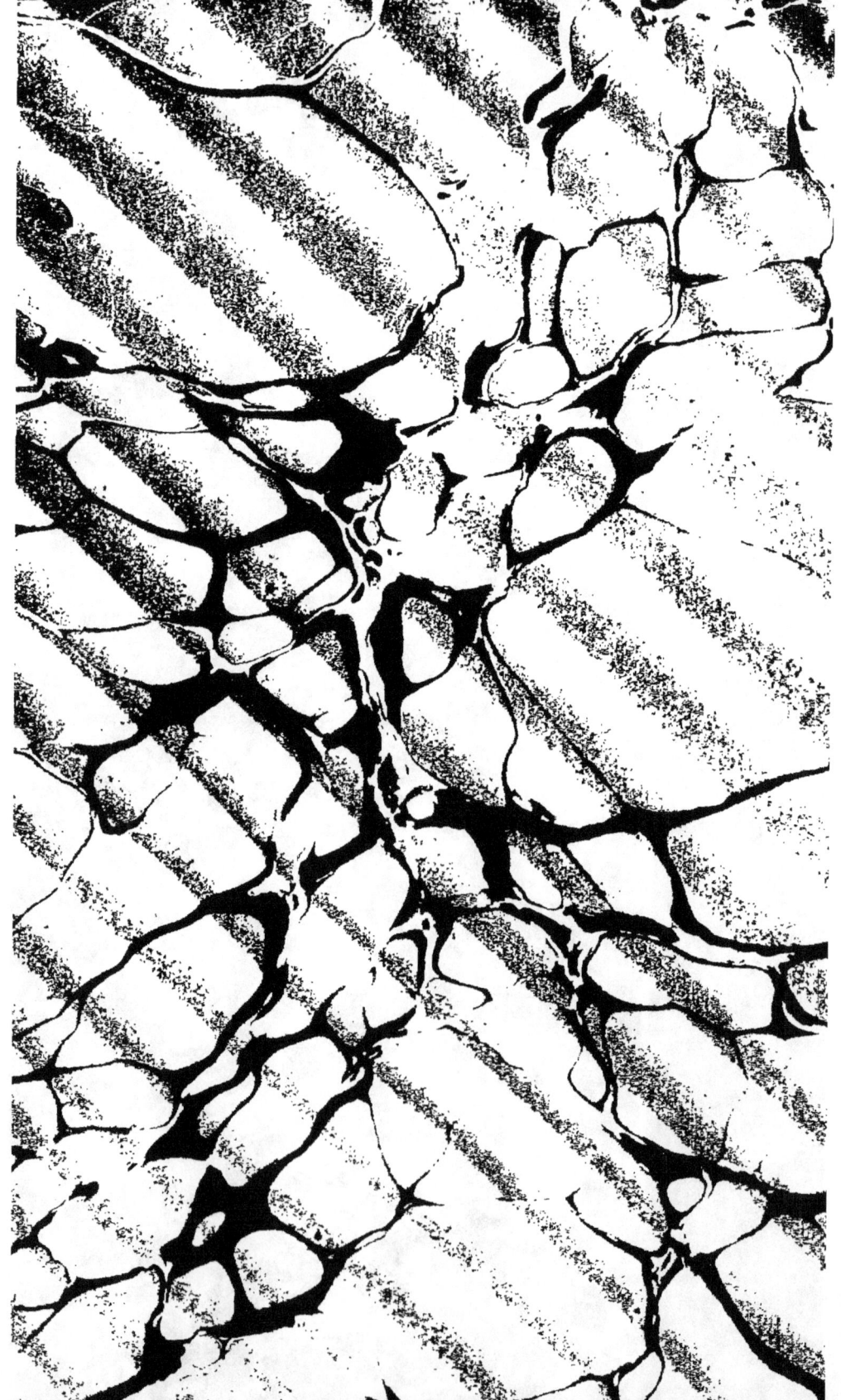

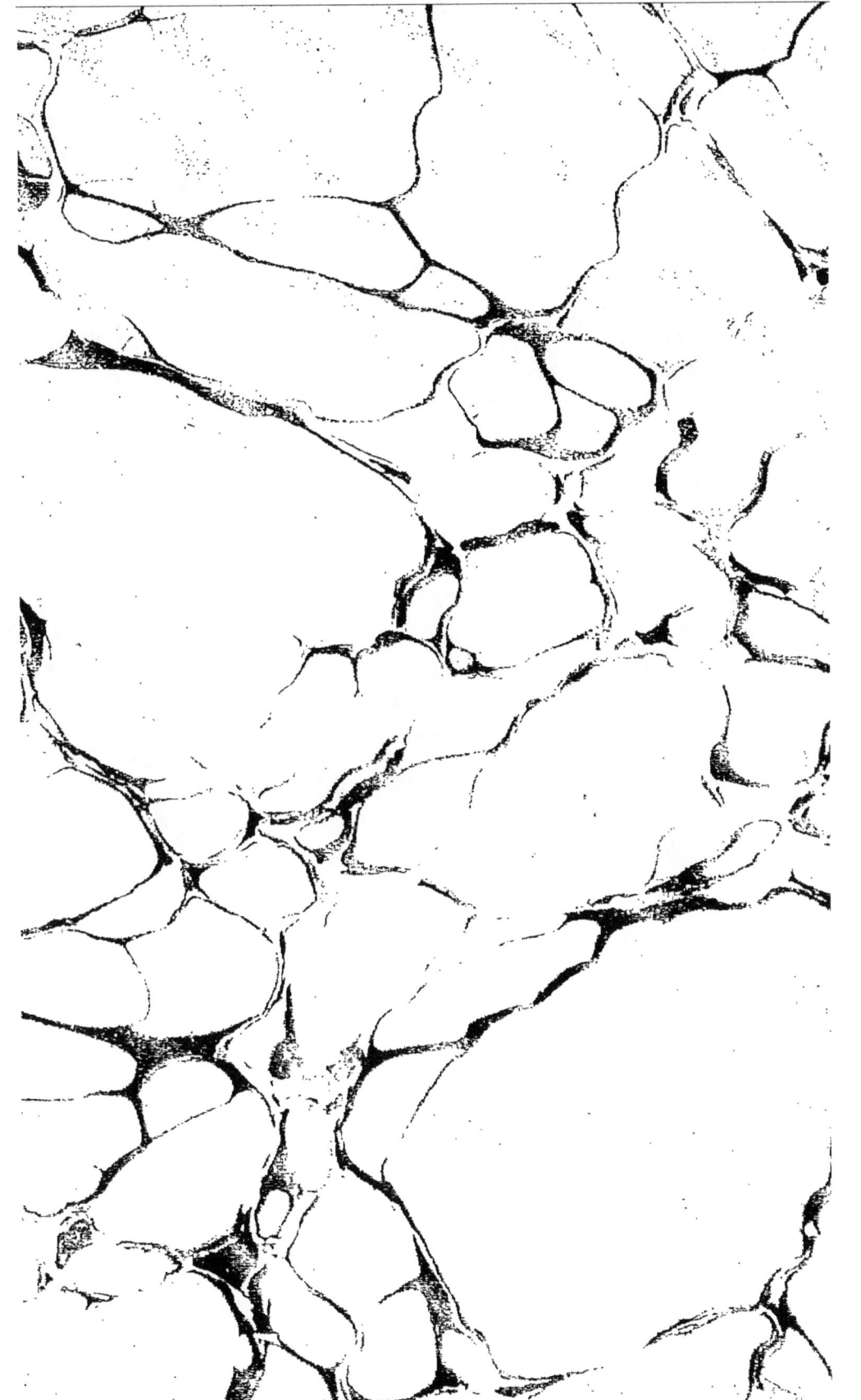

ÉMILE GEBHART

PROFESSEUR A LA FACULTÉ DES LETTRES DE PARIS

L'ITALIE MYSTIQUE

HISTOIRE
DE LA RENAISSANCE RELIGIEUSE
AU MOYEN AGE

DEUXIÈME ÉDITION

PARIS
LIBRAIRIE HACHETTE ET Cie
79, BOULEVARD SAINT-GERMAIN, 79

L'ITALIE MYSTIQUE

OUVRAGES DU MÊME AUTEUR
PUBLIÉS DANS LA BIBLIOTHÈQUE VARIÉE
PAR LA LIBRAIRIE HACHETTE ET Cie

De l'Italie. Essais de critique et d'histoire. 1 vol. in-16.   3 fr. 50

Les Origines de la Renaissance en Italie. 1 vol. in-16.   3 fr. 50
 Ouvrage couronné par l'Académie française.

Rabelais, la Renaissance et la Réforme. 1 vol. in-16. (*Épuisé.*)
 Ouvrage couronné par l'Académie française.

26318. — Imprimerie LAHURE, rue de Fleurus, 9, à Paris.

ÉMILE GEBHART

PROFESSEUR A LA FACULTÉ DES LETTRES DE PARIS

L'ITALIE MYSTIQUE

HISTOIRE DE LA RENAISSANCE RELIGIEUSE AU MOYEN AGE

DEUXIÈME ÉDITION

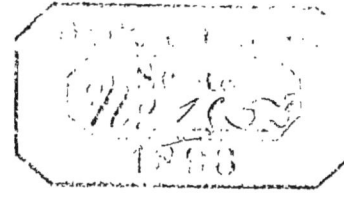

PARIS

LIBRAIRIE HACHETTE ET Cie

79, BOULEVARD SAINT-GERMAIN, 79

1893

Droits de traduction et de reproduction réservés

AVANT-PROPOS

J'ai entrepris d'étudier l'histoire religieuse de l'Italie au moyen âge. La religion fut alors l'œuvre excellente du génie italien. La poésie, l'art et la politique, qui, dès le xiiie siècle, firent de l'Italie le principal foyer de la civilisation occidentale, ont reçu du sentiment religieux une constante et très noble inspiration. La façon particulière dont l'Italie conçut de bonne heure l'idée du royaume de Dieu et de la voie qui y conduit ; l'étonnante liberté d'esprit avec laquelle elle traita le dogme et la discipline ; la sérénité qu'elle sut garder en face du grand mystère de la vie et de la mort ; l'art qu'elle mit à accorder ensemble la foi et le rationalisme ; sa médiocre aptitude à l'hérésie formelle et les témérités de son imagination mystique ; l'élan d'amour qui l'emporta souvent jusqu'au plus haut idéal chrétien ; enfin l'angoisse qu'elle ressentit parfois en face de l'Église de Rome, et le droit qu'elle se donna d'en dénoncer sans pitié les faiblesses, d'en flétrir les violences, d'en tourmenter les ambitions, c'est la religion originale de l'Italie, la religion de Pierre Damien, d'Arnauld de Brescia, de Joachim de Flore, de saint François, de Jean de Parme, de Frà Salimbene, de sainte Catherine, de Savonarole, de Contarini. C'est aussi la religion de Dante et de Pétrarque, de Giotto, de Frà Angelico et de Raphaël, d'Olimpia Morata, de Vittoria Colonna et de Michel-Ange. Des deux dates qui marquent le commencement et la fin de ce christianisme, la première est fort indécise, à cause de la rareté des documents et de la dureté des temps, mais certes Grégoire le Grand le portait en son cœur, et Grégoire VII l'eût embrassé avec passion, si la fatalité des intérêts temporels et féodaux où s'abîmaient l'Église et le Saint-Siège ne l'avait entraîné et maintenu sur ce champ de bataille où il lutta pour la liberté, où il mourut en doutant de la justice. Jusqu'au XIIIe siècle, le christianisme italien eut des précurseurs, des prophètes, des martyrs ; il n'eut la pleine conscience de son génie qu'au temps où la bonne nouvelle d'Assise éclata dans les vallées de l'Ombrie. A partir de saint François, il illumine toutes les grandes âmes et pénètre jusqu'aux derniers replis du caractère italien. Mais la date finale est bien connue. Le concile de Trente, aidé de l'Inquisition, a imposé à la chrétienté une règle morale, une dévotion, une méthode religieuse d'une uniformité absolue, en même temps que, réparant les brèches faites à la puissance pontificale par les conciles du XVe siècle, il attribuait à l'Eglise de Rome une autorité disciplinaire sans contrôle ni limites sur l'épiscopat, les ordres monastiques, le clergé séculier, les simples fidèles. Ce jour-là fut vérifiée la parole évangélique : un seul pasteur, un seul troupeau. Le catholicisme romain était enfin institué et tout aussitôt raffermi par la haute police religieuse de l'ordre de Jésus et les sympathies politiques de l'ancien régime européen. Ce fut une grande création, qui charma longtemps le monde par la pompe de son culte, l'héroïsme de ses missionnaires, la vertu de ses prédicateurs, l'élégance de son éducation littéraire. Mais ce grandiose édifice vous fait ressentir une impression pareille à celle que donne Saint-Pierre de Rome. Ici l'implacable régularité du plan, le flot de lumière toujours égale qui descend du dôme, l'ornementation fastueuse arrêtent l'élan de la piété personnelle; dans cet ordre inflexible de toutes les lignes, il n'y a plus de place pour la liberté du rêve, où l'on se formait jadis à son gré la vision des choses divines. Où sont les églises de l'ancien temps, où les humbles entraient familièrement comme dans la maison du Père, et dont les murailles recouvertes de peintures leur présentaient d'une façon si naïve une libre interprétation des textes liturgiques ? Là, assis dans l'ombre des petites chapelles, le chrétien songeait amoureusement au paradis : il écoutait bien moins la psalmodie lointaine du prêtre que le chant joyeux de son propre cœur. Ici, que l'âme, lasse des splendeurs du temple et du culte, essaye de prendre son vol vers le ciel : en vain elle bat de l'aile contre l'immense coupole rayonnante : l'oiseau sacré retombera sur les dalles de marbre de l'autel.

L'œuvre réformatrice du concile de Trente, dont l'effet fut longtemps atténué en France par la tradition politique et le jansénisme, produisit sans retard en Italie un résultat extraordinaire. Le sentiment religieux y avait vécu jusque-là par la liberté, la foi individuelle et l'amour. Le jour où, contrairement aux prophéties de l'abbé Joachim et à l'attente de Jean de Parme, l'âge de la servitude renaissait et mettait fin à l'âge de l'obéissance filiale, où l'âge des ronces arrêta la venue de l'âge des lis, les consciences se trouvèrent dans l'état d'indifférence, impuissantes à recevoir un christianisme nouveau, à s'y attacher avec ferveur. Elles en acceptèrent la pratique extérieure, n'y cherchèrent aucune nourriture spirituelle et se fermèrent tranquillement à l'enthousiasme comme au fanatisme. Les plus incultes firent passer en des superstitions toutes païennes les ardeurs de la vieille foi ; les plus lettrées prirent la religion comme un cérémonial à l'usage des personnes bien élevées et des citoyens prudents. Il est facile d'apercevoir la cause de cette stérilité religieuse. Si l'Italie a refusé de se livrer, comme l'Espagne, à l'Église du concile de Trente et d'enfermer toute sa vie morale dans un catholicisme étroit et austère, analogue à la religion des Espagnols, c'est qu'une longue éducation rationaliste, poussée parfois jusqu'au scepticisme, l'avait formée à la vie libre de l'esprit. La culture classique, qui ne fut jamais entièrement détruite, même aux plus mauvais siècles, le commerce assidu de quelques moralistes anciens et le sens très vif des réalités avaient sauvé les Italiens des excès de la scolastique. Le voisinage des religions dissidentes, des Grecs et des Arabes, les avait préservés de l'égoïsme religieux. La tolérance les conduisit à une notion très libérale de l'orthodoxie : le conte des *Trois Anneaux* était au *Novellino* longtemps avant Boccace. De bonne heure ils surent raisonner sans syllogismes sur l'âme, sa destinée et ses devoirs : qu'on se rappelle Brunet Latini, le *Convito* de Dante, les lettres de Pétrarque. Ils furent enfin les premiers, dans la chrétienté, à regarder la nature en face et à l'étudier méthodiquement. L'heure décisive de ce développement intellectuel fut le règne de Frédéric II, de ses troubadours, de ses médecins, de ses imams, de ses alchimistes. Mais les premiers essais de libre-pensée et de doute raisonné remontent plus haut encore. Les *Clercs errants* des *Carmina Burana* et les prétendus hérétiques dont le souvenir inquiéta Villani sont du XIIe siècle. Remarquez qu'entre la religion des Italiens et leur pensée rationaliste il n'y avait point de conflit sérieux. Le XIIIe siècle a pu, sans scandale historique, rapprocher saint François d'Assise de Frédéric II. Là où l'esprit seul vivifie les âmes et où la lettre compte peu, le fidèle sait faire au surnaturel la part qu'il lui plaît, et il la fait toujours. Il croit que Dieu n'est point un créancier très sévère et qu'il prodigue ses béatitudes aux hommes de bonne volonté. Mais là où la lettre a tué ce que notre XVIe siècle appelait « la foi profonde », le chrétien ne peut que choisir entre une abdication sans réserve de sa raison et l'incrédulité discrète des dévots politiques, entre la piété douloureuse des simples qui noient dans le surnaturel leur vie entière, et la piété aimable des gens du monde qui font servir le surnaturel au bon renom et à la grâce de leur vie. L'Italie avait traversé une trop longue période de culture rationnelle pour s'assoupir dans une sorte d'enfance religieuse. Privée de la liberté de croire, elle a gardé, d'une façon inconsciente, de la liberté de penser, la mesure de scepticisme qui, tout en permettant l'observance, préserve de la passion mystique. Mais le christianisme, que l'intérêt politique ne soutient plus, et dont les mystères et la discipline n'ont plus de sens pour la foule, s'y éteint lentement, comme une lampe perdue au fond du sanctuaire.

Ainsi, dans cette histoire de la religion italienne, nous distinguons trois éléments principaux ou, si l'on veut, trois personnages qui mènent le drame : l'Église de Rome, la conscience chrétienne et le rationalisme, incrédulité ironique ou libre examen, esprit d'indépendance laïque, résistance séculière ou indifférence scientifique. Je me propose, dans ce volume, de raconter la période héroïque de cette histoire. Les premières velléités d'hérésie ou de schisme, Arnauld de Brescia, Joachim de Flore, saint François et sa création religieuse, Frédéric II et la civilisation de l'Italie méridionale, la renaissance du joachimisme au sein de l'institut d'Assise, l'œuvre militante du Saint Siège entre Innocent III et Boniface VIII, nous occuperont tour à tour. En même temps j'indiquerai quelle part la loi italienne a eue dans la rénovation des arts et de la poésie, et quel rayon, parti des grands chrétiens du xiie et du xiiie siècle, s'est reposé sur le berceau de Nicolas et de Jean de Pise, de Giotto, de Jacopone de Todi et de Dante.

L'ITALIE MYSTIQUE

CHAPITRE I

LES CONDITIONS RELIGIEUSES ET MORALES DE L'ITALIE ANTÉRIEUREMENT A JOACHIM DE FLORE. ARNAULD DE BRESCIA

I

La parole de Jésus : « Mon royaume n'est pas de ce monde », cette promesse d'une religion tout idéale, n'avait pu se maintenir dans la catastrophe des temps barbares. La vie était si dure alors, que l'Église se vit contrainte de s'occuper des choses de la terre. Elle fut, jusqu'aux temps carolingiens, la dernière société organisée et la dernière tradition de gouvernement; elle s'ouvrit donc, comme un asile de paix, non seulement aux âmes possédées par le désir du salut éternel, mais aux peuples épouvantés par les violences de la conquête. Plus profonde était la ruine de toute civilisation, plus nécessaire et plus grand apparut le rôle temporel de l'Église. En Italie et à Rome, l'œuvre politique de l'évêque et du pontife fut réellement, à l'origine, une œuvre de charité. A l'ombre du Saint-Siège enveloppé par la barbarie, le christianisme rendit à la société civile les causes de vie perdues depuis la chute de l'Empire-romain.

Grégoire le Grand fut l'incarnation de cette période apostolique de l'Église et de la papauté. Il vint à l'heure de la plus douloureuse des invasions. Alaric, Attila avaient passé comme un orage sur l'Italie. Les Ostrogoths s'étaient assimilé très vite la civilisation romaine. Mais, quand les Lombards arrivèrent, on crut toucher à la fin des temps. La terreur de la barbarie lombarde est encore visible en Paul Diacre, qui était de leur race. Ces rudes païens, à la chevelure teinte en vert, plantèrent leur tente partout, jusqu'en vue du détroit de Messine, laissant flotter çà et là quelques rares épaves de la vieille Italie, Ravenne, plus byzantine encore qu'italienne, Naples, qui bientôt s'alliera aux Sarrasins, Rome enfin, où un moine caché dans sa cellule du Cœlius était la dernière espérance de la chrétienté latine. Les bénédictins du Mont-Cassin s'enfuirent donc à Rome. L'Italie entière se tourna vers Grégoire, lui demandant le salut, et il la sauva. C'était un lettré, de famille patricienne, très doux et très pur; il représentait, par la culture de l'esprit et la noblesse de la race, tous les souvenirs d'un monde évanoui, par l'austérité monacale, toutes les promesses de l'avenir. Il fut, avant tout, un apôtre. En même temps qu'il traitait avec les Byzantins, les Francs, les Goths d'Espagne, il convertissait les Anglo-Saxons, il évangélisait les Lombards. Il les vit s'incliner sous son bâton pastoral. Un grand péril était ainsi conjuré, l'Italie était désormais à l'abri de la contagion païenne ou arienne. Cependant Grégoire se consumait de mélancolie. Il n'avait accepté qu'avec effroi la charge du pontificat. Il pressentait que l'Église, jetée dans la mêlée du siècle, s'éloignerait bientôt de sa mission primitive. Il mourut dans l'angoisse des jours tragiques qui attendaient ses successeurs.

Autour du pape Grégoire, la république chrétienne s'était constituée. A Rome il avait été l'évêque suprême, non un chef d'État. Mais l'âge apostolique du Saint-Siège allait finir. La donation carolingienne fit du pape un seigneur italien, le régime féodal fit les évêques comtes et barons. L'Église devenait ainsi une puissance séculière, supérieure à toutes les autres par l'action qu'elle exerçait sur les consciences, plus faible que toutes, parce que l'hérédité n'y perpétuait point le pouvoir dans une même famille. Ce fut l'ironie de l'histoire d'obliger les vicaires de Dieu à la vie politique et militaire en leur refusant les forces vives de tout gouvernement, la succession du sang, l'autorité d'une tradition d'ancêtres, la sécurité du lendemain, le droit de commander sans partage à toute une hiérarchie, la possession incontestée d'un territoire. Du IXe au XIIIe siècle, l'Église se débattit contre la réalité absurde de ses conditions temporelles. Les tranquilles théoriciens qui, de Jean de Salisbury et de saint Thomas à Dante, à Marsile de Padoue et à Ockam, ont raisonné sur la prééminence de l'Empereur ou du Pape, sur les deux luminaires et les deux glaives, ont trop perdu de vue ces conditions étonnantes qui furent plus fortes qu'un saint, homme de génie, Grégoire VII. Ils n'ont pas compris que, dans l'état féodal du monde, la grandeur séculière était pour l'Église la garantie de l'intégrité religieuse. En dehors de Rome, l'Église trouvait, planant sur la chrétienté entière, l'Empire ; l'Empereur, roi des Romains ou Patrice, avec ses prétentions juridiques sur la ville éternelle ; la féodalité qui, embrassant l'épiscopat et les ordres monastiques, obligeait les évêques et les abbés envers les suzerains laïques et l'Empereur à la fidélité, fondement du pacte européen. Le droit féodal mettait ainsi l'épiscopat dans la main de l'Empereur, et l'enlevait en partie au pape. En Italie, l'Église avait affaire aux prétendants de l'indépendance nationale qui la forçaient de choisir entre l'Empire et la restauration du royaume italien ; elle se heurtait à l'épiscopat lombard ou toscan, étroitement inféodé au César germanique; aux Grecs, rattachés à Byzance par le lien du schisme ; aux Normands, qui tournaient en dérision le Saint-Père, et le protégeaient en l'humiliant. A Rome enfin, l'Église est dans la fosse aux lions, trahie par les cardinaux des factions contraires à celle du pape régnant, violentée par les comtes de Tusculum qui vendent à l'encan le Saint-Siège, pillée par les barons de la campagne, asservie par les familles patriciennes, dépossédée sans cesse par le sénat du Capitole, outragée par le peuple qui chasse des papes à coups de pierres, menacée par les tribuns républicains qui veulent la dépouiller du droit féodal. Ajoutez les Sarrasins qui remontent le Tibre, brûlent Saint-Pierre, dévastent le Patrimoine; les Allemands qui, à chaque couronnement impérial, font couler le sang dans les rues; les bandits féodaux qui enlèvent Grégoire VII, une nuit de Noël, à l'autel de Sainte-Marie-Majeure et Gélase II en plein conclave; les voleurs, déguisés en prêtres ou en moines, qui rôdent par troupes autour de Saint-Jean-de-Latran et font main basse sur le denier apostolique. Reprenez, en sens inverse, cette échelle de misères. De la populace des *monti*, des patriciens qui campent au théâtre de Marcellus ou au Colisée, et des barons sauvages du Latium jusqu'à l'Empereur, à travers toute la société féodale passe la chaîne des nécessités et des angoisses temporelles de l'Église. Si le pape n'est pas le maître dans sa maison et dans ses basiliques, si la commune de Rome se lève contre lui, le Patrimoine lui échappe, les barons le renient comme suzerain; il perd son rang dans la féodalité italienne, dans l'ordre politique et social du monde; c'est un évêque renversé de son siège, et rien de plus. Dix fois par siècle, il est forcé de se cacher dans le Saint-Ange et d'appeler l'Empereur à son secours, ou de fuir avec quelques clercs fidèles vers les Alpes et d'attendre la venue de l'Empereur. C'est le grand suzerain laïque de l'Occident qui dira toujours le dernier mot dans les crises ecclésiastiques dont le commencement fut quelque émeute en un carrefour de Rome.

Mais en tout ceci il ne s'agissait pas seulement d'intérêts temporels. Certes, dans l'unité d'un Saint-Empire semblable à celui de Rome sous Trajan et maître du monde civilisé, l'Église et le pape auraient joui de la liberté religieuse; ils auraient pu abdiquer toute ambition séculière, demeurer purs de tout contact avec les choses terrestres, et ne songer qu'au gouvernement des âmes: c'est le rêve de Dante en sa *Monarchia*. Mais dans l'état féodal de l'Italie et de l'Europe, dans l'état communal de Rome au moyen âge, toute déchéance temporelle de l'Église et du Saint-Siège était nécessairement une déchéance religieuse. Chaque fois que le pape est moins fort que la commune, les nobles ou le peuple, les cardinaux rebelles ou l'Empereur lui opposent un antipape. On vit une fois, dans le même jour, un pontife au Vatican, un autre à Sainte-Marie-Majeure, un troisième à Saint-Jean-de-Latran. Grégoire VII eut, en face de sa métropole, à Tivoli, un antipape, Clément III, qui lui survécut. Au XII° siècle, Anaclet II et Innocent II furent élus en deux conclaves voisins, à la même heure, par deux factions rivales du sacré-collège; saint Bernard dut désigner à la chrétienté le véritable pasteur. Si l'antipape ne sort ni d'une émeute populaire, ni d'une intrigue féodale, c'est l'Empire et l'Église allemande qui se chargent de le proclamer. En réalité, c'est de l'Empereur que viennent les plus dangereuses usurpations au spirituel. Qu'il oppose l'Église germanique à l'italienne, le concile impérial au concile pontifical; qu'il adresse, comme Charlemagne, des encycliques aux évêques, aux abbés, au clergé et aux fidèles; qu'un rêveur mystique, Othon III, *Serviteur des serviteurs de Dieu*, que des politiques, Henri III, Henri V, nomment ou déposent des papes et, forts de l'onction sainte qui a touché leur front, parlent et agissent en vicaires visibles de Jésus-Christ, l'empereur allemand n'attire-t-il pas à lui la puissance religieuse, et, dans le trouble de la chrétienté, n'apparaît-il pas, entre l'empereur byzantin, chef d'une Église schismatique, et le pape romain, que suit partout l'ombre d'un antipape, comme roi légitime des âmes et pasteur universel ?

II

Ainsi condamnée à tenir son rang dans la hiérarchie temporelle, et à régner pour ne pas périr, l'Église s'attacha avec âpreté à un lambeau de territoire; elle fit servir à la domination séculière le prestige que la foi de ces vieux siècles lui donnait; elle eut une diplomatie sans scrupule et des mercenaires sans pitié, et fut d'autant plus hautaine qu'elle se sentait plus faible; elle aima passionnément la richesse et dressa près de l'autel du Dieu vivant un comptoir d'usurier. La simonie fut alors à Rome le plus efficace moyen de gouvernement, comme plus tard, en face de l'Italie princière, le népotisme. On vendit toutes choses sur le marché pontifical : les chapeaux rouges et les mitres, le pardon des péchés, la levée des excommunications, les suzerainetés, le droit de conquête sur terre et sur mer, les reliques des saints, la couronne impériale, la tiare romaine, la porte du Paradis. Si irrésistible était le courant qui entraînait l'Église vers les biens de la terre, que Grégoire VII, qui jadis était entré à Rome pieds nus et tête nue, fut tourmenté plus ardemment qu'aucun autre par les convoitises séculières : il tenta d'attribuer au Saint-Siège, par la donation de Mathilde, outre les alleux de son amie entre le Pô et le Liris, tous les grands fiefs impériaux de Toscane, puis, Spolète, Camerino, Mantoue, Modène, Reggio, Brescia et Parme. L'ambition d'Alexandre VI lui-même sera plus modeste.

Nous touchons ici, non seulement à l'abandon du rôle de la papauté apostolique, mais aussi à une altération grave de la doctrine et de la discipline. Toutes les vertus que Jésus avait exaltées seront dédaignées; les pauvres, les pacifiques et les simples ne seront plus les élus de l'Église; tout ce que Jésus avait méprisé et flétri, l'amour du gain, la dureté envers les humbles, la recherche désordonnée des biens d'ici-bas, la possession de la terre et de la puissance, monteront au rang des béatitudes et remplaceront la charité et le renoncement de la première communauté chrétienne. Il semble que le moyen âge ait à jamais fermé l'Évangile. Le christianisme originel, qui procédait de saint Paul et reposait sur la justification par la foi, n'a plus de sens désormais; l'idéalisme s'est retiré du sanctuaire; la religion étroite, la religion des œuvres est instituée. Entre Dieu et le fidèle s'est placée l'Église, qui cache Dieu au fidèle. La pratique féodale envahit la vie religieuse. L'Église a besoin alors de serviteurs dévoués, de bras énergiques, d'amis généreux; des légions de mystiques ne valent pas pour elle un vassal bien armé ou un bon condottière; le trésor de Saint-Pierre lui est chose plus précieuse que la pureté des âmes. Dans ce rude combat qu'elle soutient contre Rome, l'Italie et l'Empire, la discipline passive de la chrétienté est sa plus forte défense. Par la terreur, elle arrachera l'obéissance; par l'observance et les rigueurs de la dévotion, elle courbera les volontés. Sur l'Empereur impie, sur les royaumes et les cités indociles, elle frappera par l'anathème et l'interdit, inquiétant ainsi la conscience des peuples, ébranlant la fidélité des sujets. Aux bourgeois, aux serfs, à tous les petits que l'espoir des promesses divines console des misères du siècle, elle rendra le prêtre partout présent et toujours nécessaire, par les sacrements, l'aumône, la prière, les pèlerinages, le jeûne, la peur du jugement, l'appréhension du purgatoire. Elle tiendra ainsi tous les chrétiens et les appellera en longues multitudes à Rome, sur le tombeau des apôtres, à Jérusalem, sur le sépulcre du Sauveur. Et durant trois jours de victoire qui payèrent dix siècles de tristesses, le pontife de cette Église eut la joie de voir à ses pieds l'Empereur, c'est-à-dire le monde féodal, à genoux, dans la neige, suppliant, terrassé sous l'excommunication. Mais il avait oublié la parole sainte : *Beati misericordes, quoniam ipsi misericordiam consequentur.*

L'Église de Rome était désormais obligée d'avoir raison contre l'Évangile et de justifier sa politique par l'excellence de sa morale. Pour rassurer les chrétiens et confirmer le christianisme sacerdotal, il eût fallu un clergé pur et des pontifes impeccables. Mais les pasteurs furent alors le scandale du troupeau. Lisez les décisions de dix conciles contre les clercs mariés et le *Liber Gomorrhianus* de Pierre Damien. L'histoire des papes, du IXe au XIIIe siècle, donne le vertige. Les folies de Caligula, la férocité de Néron, la luxure d'Héliogabale ont reparu. Au Xe siècle, les comtes de Tusculum livrent le Saint-Siège aux courtisanes et aux brigands. Jean XII, pape à dix-sept ans, met son harem au Latran, et consacre un diacre dans une écurie. Boniface VII, renversé après quarante-deux jours de pontificat, s'enfuit à Constantinople avec le trésor de l'Église. Il revient à la mort d'Othon II, fait mourir de faim son successeur Jean XIV dans les puits du Saint-Ange, arrache les yeux à ses cardinaux. Benoît IX, pape à douze ans, mène une vie si horrible que les capitaines de Rome tentent de l'étrangler à l'autel. Il s'échappe, vend la tiare, demande une fille en mariage, rentre dans Rome occupée par deux antipapes, est chassé de nouveau, fait empoisonner le pape allemand Clément II, remonte pour la troisième fois sur la chaire de Saint-Pierre, puis disparaît pour toujours et s'enferme comme une bête fauve dans les forêts de Tusculum.

D'étonnantes tragédies passent sans cesse sous les yeux des fidèles. Le pape Formose, enlevé de son tombeau, revêtu de la chape et de la mitre, est jugé contradictoirement pour hérésie; on lui coupe les doigts qui servent à la bénédiction épiscopale, on le traîne par la ville, on le jette au Tibre. Quelques jours après, il rentrait triomphalement dans la crypte mortuaire des papes et l'on crut voir les statues des saints s'incliner sur son passage. Le peuple pousse et roule à coups de pied, de rue en rue, jusqu'à la statue de Marc-Aurèle, le cadavre sanglant de Boniface VII. Sur tous les chemins d'Italie vont et viennent, pendant deux siècles, les cortèges des papes exilés, Grégoire VII, entouré de la chevalerie normande, Pascal II, prisonnier de Henri V. Gélase II et le sacré collège fuient par le Tibre sur deux galères que les archers allemands suivent en courant le long des rives. Un orage empêche les navires de prendre la mer. Le cardinal d'Alatri charge le pape sur ses épaules et l'emporte à travers champs, la nuit, jusqu'à un château du voisinage: au petit jour Gélase se rembarque et se sauve à Gaëte; il retourne à Rome, à pied, mendiant l'hospitalité des barons et frappe un soir dans la ville, à la porte d'un de ses partisans. Mais l'antipape allemand veillait. Le jour de sainte

Praxède, le pape officiait dans l'église de ce titre : les Frangipani y pénètrent, lançant vers le chœur des pierres et des flèches. Gélase se dérobe par la sacristie, court à travers Rome, l'étole au cou, suivi d'un clerc qui portait la croix, se jette dans la campagne et, le soir, on le retrouve seul, assis à terre, près de Saint-Paul. Il pleurait comme un enfant et des femmes pleuraient autour de lui. *O vos omnes, qui transitis per hanc viam, attendite et considerate si est dolor sicut dolor meus!*

Cette papauté démoniaque ou profondément misérable, cette Église souillée par tous les crimes et qu'accablait la brutalité du siècle, devint l'horreur et le tourment de la chrétienté. Quelques protestations sont parvenues jusqu'à nous : aux approches de l'an mille, le cri de douleur d'un moine du Soracte, et le cri de colère poussé au synode de Reims par un évêque d'Orléans. Glaber termine ainsi sa chronique, sur le pontifical de Benoît IX : *Horrori est quippe referre turpitudo illius conversationis et vite.* Au XIe siècle, Pierre Damien, dans une lettre à l'évêque de Fermo, déplore que l'Église ait à sa disposition le glaive temporel; il regrette les temps où saint Ambroise et saint Grégoire pacifiaient par la douceur les païens et les barbares. La conscience populaire, qui voyait la main de Dieu dans toutes les crises de l'histoire comme dans tous les phénomènes inquiétants de la nature, condamnait silencieusement l'Église de

Rome. Si Dieu permettait de telles catastrophes, c'est qu'il avait abandonné à la malice de Satan les pasteurs de la chrétienté. La terreur de l'Antéchrist s'empara dès lors de l'imagination des Italiens. Un évêque de Florence, Ranieri, annonça en chaire qu'il était déjà né et paraîtrait bientôt. De siècle en siècle, jusqu'à Savonarole, cette préoccupation reparaît sans cesse et se manifeste même dans les œuvres de l'art. Les âmes malades cherchaient anxieusement de tous côtés à retrouver la vraie voie du salut[1].

III

Quelques-unes, les plus nobles, allèrent à la vie monastique. Ainsi, tout en échappant au monde où s'était perdue l'Église séculière, elles croyaient demeurer fidèles au christianisme. Le monachisme avait été jadis, dans le siècle d'horribles désordres que vit saint Benoît, comme un port de refuge; mais il ne pouvait recevoir qu'une très faible part de la chrétienté. Il reposait, en effet, sur cette idée que la vie civile est pernicieuse et que l'isolement

---

[1]. Pour tout ce qui précède, voir Gregorovius, *Gesch. der Stadt Rom im Mittelalter*. Tome I à IV.

du fidèle au fond d'une cellule est la meilleure préparation à la mort des saints. Saint Bruno, au xi₀ siècle, fonda la Chartreuse sur la même pensée. *O beata solitudo! O sola beatitudo!* Les cloîtres, ensevelis dans l'ombre des bois, perdus sur la cime des monts, ne semblaient jamais assez éloignés des villes et du commerce des hommes. Pour se conformer à la parole de Dieu, pour goûter en sa plénitude la douceur de Dieu, il fallait se purifier d'abord de tout orgueil, de tout amour, de tout souvenir terrestre. Le détachement absolu de tout ce qui n'est point Jésus fut le plus fréquent précepte de ce livre de l'*Imitation* qui, vers le soir du moyen âge, recueillit, comme en un testament mélancolique, le découragement et la tristesse de ces amis de la solitude. « *Claude super te ostium tuum.* Ferme la porte sur toi et appelle à toi Jésus ton bien-aimé; demeure avec lui dans ta cellule, car tu ne trouveras point ailleurs de paix aussi profonde. » Le moine disait donc adieu au monde; bien plus, il le méprisait et le redoutait. Sur le seuil même du couvent, il mettait en tremblant le pied dans la région diabolique, pleine d'embûches et de mortelles séductions. Le moine de Novalèse, dans le mont Cenis, était persuadé que le démon rôdait sans cesse par la montagne, sous forme de serpents ou de bouffons (*Chron. Novalic.*, ap. Pertz. V. 43-45); il rentrait en hâte parmi ses frères, et, la nuit, toutes sortes de visions enfantines ou terribles passaient dans ses songes. La règle bénédictine, assez douce, avait réservé ses plus sévères prescriptions pour les relations des moines avec le dehors. La peur du monde était si bien le principe de toute sagesse, que les abbés siciliens firent de bonne heure traduire en langue vulgaire, comme un bréviaire utile aux moins lettrés de leurs frères, le *Miroir des Moines*, écrit au xie siècle par Arnoulf de Beauvais, véritable manuel de discipline monacale. Le moine, y est-il écrit, ne doit s'entretenir ni des événements politiques, ni des guerres, ni des partis, ni des joies ou des vanités de la terre, ni des étrangers, ni de ses propres parents. Son visage ne doit être ni triste, ni souriant; il gardera seulement la sérénité froide d'un homme qui s'est couché à demi déjà dans la paix de sa tombe. « Que le moine, dit en terminant l'auteur du *Miroir*, soit, comme Melchisédech, sans père, sans mère, sans parents. Qu'il n'appelle sur la terre ni son père, ni sa mère. Qu'il se regarde comme seul, et Dieu comme son père. *Amen.* Louange à Jésus-Christ. *Amen*[1]. »

Certes, à cette société italienne si vivante qui, tout à l'heure, par la révolution communale, secouera le triple joug féodal, pontifical et impérial, le monachisme n'avait rien à dire, rien à donner. Le serf, l'artisan, le bourgeois, le petit noble de

---

1. Di Giovanni, *Filol. e litterat. siciliana*, p. 120.

campagne ne voyaient en ces pieux solitaires penchés sur leur missel ni des alliés contre Rome, ni des consolateurs pour les mauvais jours, ni des messagers charitables de la parole divine. Si les moines avaient retrouvé Dieu pour eux-mêmes, ils ne savaient ou n'osaient le porter aux foules et tendre la main à leurs frères du dehors, afin de les ramener au Père céleste. Ils se tenaient trop loin de l'humanité. Leurs voix se répandaient en psalmodies nocturnes sous les voûtes romanes de leurs églises, mais ne descendaient plus jusqu'aux oreilles des vivants.

Et encore la conception idéale du premier monachisme bénédictin recevait-elle chaque jour de la réalité les plus étranges démentis. Les moines étaient entrés nécessairement, comme l'Église séculière, dans le régime féodal : les abbés devinrent comtes, au même titre que les évêques. Les abbayes italiennes furent en outre obligées, plus qu'ailleurs en Europe, à la vie militante. Après les Hongrois et les Arabes, les évêques, les barons et les empereurs les pillèrent et les brûlèrent sans merci. Subiaco, la maison de saint Benoît, eut à se défendre pendant plusieurs siècles contre les évêques de Tivoli et les comtes de la Sabine ou du pays de Préneste. Le Mont-Cassin, la Cava de Salerne étaient des châteaux forts bénédictins qui surveillaient tour à tour, du haut de leurs rochers, les Sarrasins, les barons romains, les aventuriers normands, les princes souabes. En 1192 le Mont-Cassin prenait parti pour Henri VI contre le pape, et tous ses moines se voyaient excommuniés. La puissance gâta très vite les cénobites, et la richesse les corrompit d'une façon plus triste qu'elle n'avait fait pour les seigneurs laïques. Au temps même de la réforme de Cluny, qui arrêta la ruine de l'ordre de saint Benoît, les moines de Farfa, en Sabine, l'un des plus opulents monastères féodaux de l'Italie, empoisonnaient leur abbé, saccageaient le couvent et vivaient en joyeux bandits. Plus tard ils accueillaient Henri IV et le soutenaient, en dépit des anathèmes de Grégoire VII. Tous les efforts des papes et des abbés pour rétablir la règle en sa pureté première, ramener les moines à la prière perpétuelle, au travail des mains, à l'abstinence, échouaient par l'effet des conditions temporelles du monachisme.

C'est alors que les âmes délicates, amoureuses de silence, cherchèrent, au delà de l'institution monacale, des retraites meilleures pour la vie contemplative. Aux Xe et XIe siècles, la *pineta* de Ravenne, les solitudes d'Agubbio, de Vallombreuse, de la Sila calabraise, le mont Gargano, l'Athos de l'Occident, se peuplèrent d'ermites. Ils y étaient encore à la fin du XIIIe siècle. Véritables Pères du Désert, ils chantaient des psaumes, jeûnaient et se donnaient la discipline. Plusieurs, tels que saint Romuald, le fondateur des Camaldules, et saint Nil, l'hégoumène grec de Calabre, premier abbé de Grotta-Ferrata (1002), eurent un grand renom dans le monde entier [1]. Quelques-uns, tels que Pierre Damien, Dominique de Sora, Bruno de Segni, revinrent parfois à l'Église séculière pour la purifier et la diriger. La chrétienté les admirait pour leurs pénitences extraordinaires, leur renoncement à toute consolation terrestre et les longues extases pendant lesquelles leur étaient révélés les secrets de Dieu; les maîtres de la société féodale, le Pape et l'Empereur, les vénéraient en les redoutant pour la hauteur même de leur sainteté et le don de prophétie qu'on leur attribuait. Othon disait à ses barons, en descendant de l'ermitage de saint Nil : « Ces hommes sont véritablement citoyens du ciel, ils vivent sous des tentes comme étrangers à la terre ». Ils s'étaient, en effet, affranchis dès cette vie de la communauté humaine. Leur action sociale était plus médiocre encore que celle des moines. Ni les anachorètes, ni les cénobites ne pouvaient donc régénérer la chrétienté. Ils étaient impuissants à réformer, même pour quelques jours, la société ecclésiastique. Qu'un moine de Cluny, Grégoire VII, qu'un abbé du Mont-Cassin, Victor III, monte sur la chaire papale et exige du clergé l'austérité et l'obéissance du cloître, cet essai de rénovation religieuse ne

---

1. Voir FEL TOCCO, *l'Eresia nel medio Evo*, p. 387 et suiv. Fr. LENORMAND, *Grande-Grèce*, t. I, ch. VI.

durera que le temps d'un pontificat. En aucun lieu de l'Occident cette éclipse de l'œuvre apostolique ne fut plus sensible qu'en Italie. C'est parmi les Italiens que la prédication de la croisade éveilla le moins d'échos. Tandis que l'Europe se soulevait à l'appel des papes et des moines, les grandes cités maritimes, Venise, Gênes, Pise, Amalfi, tout en faisant payer fort cher le concours de leurs flottes, indifférentes au sort du saint tombeau, ne cherchaient en Orient que les intérêts de leur politique et de leur commerce, parfois même des reliques utiles à cette politique[1]. Ainsi, au moment même où commence la révolution communale, le rôle spirituel de l'Église semble fini dans la péninsule, et le christianisme se dérobe à la crise sociale où la destinée des faibles et des opprimés était engagée.

IV

Entre l'apparition de la commune de Brescia, à la fin du xe siècle, et l'achèvement de celle de Florence, à la fin du xiie, les villes abattirent les

---

[1] Voir dans Marino Sanudo, ap. Muratori, XXII, 479, le conflit entre Venise et Pise à propos des reliques de saint Nicolas.

tours de leurs comtes et de leurs évêques et reprirent possession de leurs franchises civiles. Elles rendirent à leurs enfants la petite patrie groupée autour du campanile municipal; au jour des grandes ligues italiennes, elles sauront réveiller les souvenirs de la patrie italienne. Mais elles ne purent point fonder, d'une façon durable, la paix sociale.

La cité italienne n'est, en effet, une œuvre de liberté et d'égalité qu'en apparence. La communauté y surveille et y entrave l'individu, car les franchises de l'association républicaine ont pour garantie l'abdication de toute volonté personnelle. Le citoyen est attaché à sa ville aussi rigoureusement que le colon à la glèbe. La puissance anonyme dont il dépend est une gêne plus étroite que l'ancien pacte féodal. Le contrat qui lie l'homme au seigneur repose sur un intérêt permanent et réciproque, tandis que la seigneurie arbitraire de la commune, à la fois irresponsable et changeante, modifie vingt fois par siècle, selon le besoin ou le danger du jour, l'accord social et rend le sort de l'individu d'autant plus difficile qu'il est plus incertain. Ici l'homme est enfermé dans quelqu'un des groupes dont l'ensemble constitue l'état communal; il appartient pour toute sa vie à une classe déterminée, à un métier, à une corporation, à une paroisse, à un quartier. Ses consuls et ses conseils ne lui mesurent pas seulement sa part de liberté politique, mais règlent par décret les actes de sa vie privée, prescrivant le nombre de figuiers et d'amandiers qu'il peut planter dans son champ, le nombre de prêtres et de cierges qui accompagneront ses funérailles, lui défendent d'entrer dans les tavernes réservées aux étrangers, de faire des dons à de nouveaux époux, de porter des bijoux ou des étoffes précieuses au delà d'une certaine valeur ; s'il est barbier, de raser pour plus d'un denier ; s'il est cordier, de travailler les jours de pluie ; s'il est chasseur, de prendre les cailles autrement qu'au filet ; s'il est pêcheur, de vendre son poisson hors de la ville ; s'il est propriétaire de campagne, il doit rapporter à la commune le blé qu'il ne consomme point. Le grand air et le soleil semblent échapper seuls à cette réglementation du droit individuel. L'exil, volontaire ou forcé, peut seul rendre à l'Italien une ombre d'indépendance, l'exil lamentable du *fuoruscito*, que les communes voisines n'accueillent que comme un vagabond ou un suspect, qui n'a d'autre ressource que de s'enrôler à la solde d'un baron de grands chemins, ennemi de toute commune, qui n'a d'autre chance de revoir sa maison que les hasards de la guerre civile.

Jusqu'à la fin du xii siècle, la commune italienne est toute pénétrée d'esprit aristocratique. Plus tard elle fut troublée presque partout par les prétentions impérieuses de la démocratie et vit avec terreur passer dans ses rues et sur ses places le pouvoir suprême et sans appel qui avait envahi peu à peu les constitutions communales, le *parlamento* démagogique que le tocsin du palais public mettait debout. Mais alors, au déclin du xiiiᵉ siècle, les communes, atteintes dans leur principe, s'acheminaient à la tyrannie. Au temps où nous nous plaçons, à l'origine du régime municipal, ce principe était dans toute sa vigueur. Le moyen âge italien était encore trop fortement possédé par le sentiment de la hiérarchie humaine pour aller d'un bond du régime féodal à la pure égalité. Les communes se constituaient au profit d'une noblesse de second degré, qui se laissa même, au début de l'ordre nouveau, régir quelque temps par les capitaines ou les vicaires des anciens comtes. C'est la bourgeoisie qui façonne, pour son plus grand bien, la cité italienne. A Florence elle sut même fixer en son sein la hiérarchie des arts majeurs et des mineurs, du peuple gras et du peuple maigre. Mais en toutes les villes s'établit d'une façon plus ou moins rigoureuse l'échelle sociale d'après la valeur de l'industrie ou du commerce, par conséquent d'après la richesse. En haut sont les notaires, les changeurs, les médecins, les juges, ceux qui tissent des étoffes de soie, de velours ou de drap; en bas, les gens de métier manuel, les cardeurs de laine, les bouchers; mais plus bas encore est le *minuto popolo*, qui n'a point de corporation propre et se rattache à tel des arts majeurs ou mineurs; la foule obscure des *Ciompi* qui vont pieds nus, les *popolani*, que Dino Compagni nous montre sans cesse insultés et battus par « les grands et fiers citoyens », les plébéiens de Milan qu'un noble peut tuer au prix de quelques écus [1].

On le voit, la ruche italienne, si ingénieuse et si vivante, n'était point également douce à toutes les abeilles. Lorsque, au temps de Boniface VIII, les factions des Guelfes et des Gibelins employant à la fois, comme machines de guerre, les haines de familles et de quartiers et la mortelle rancune des misérables contre les bourgeois, eurent mis le feu à l'Italie centrale, les poètes et les historiens n'eurent aucune peine à découvrir dans l'état social de leur pays ces deux éléments inconciliables : la dureté de cœur des grands, et l'envie des petits. « Ta ville, dit un damné à Dante, est si pleine d'envie, que voilà le sac qui déborde. » « Les faibles, écrit Compagni, étaient trop opprimés par les forts. » Et Villani dira même à propos des incendies qui ravagèrent Florence à la fin du XIIe siècle : « Nos bourgeois étaient trop gras et vivaient dans le repos et l'orgueil ». Florence put commencer la première une véritable guerre

---

1. Voir Gabriele Rosa, *Feudi e Comuni*.

de classes, car elle devança toujours les autres villes par la sûreté de sa logique révolutionnaire tout autant que par sa civilisation. Mais partout ailleurs, aux premiers siècles des communes, si, pour employer un mot tragique de Dante, « on en vient au sang », ce n'est point encore par la simple lutte sociale. Le mécontentement des nobles ou des hauts bourgeois, dont le régime municipal étouffe la liberté personnelle, et la colère des *popolani*, pour qui se ferme le cadre des classes privilégiées, se manifestent plutôt par le malaise religieux. La préoccupation des choses divines était trop forte alors pour qu'on n'attendît pas de Dieu lui-même le remède au mal qui affligeait les âmes, et qu'on ne demandât pas à une religion meilleure la consolation de la vie terrestre. Et comme, dans cette période de renouvellement social, l'Église demeurait toujours, entre les seigneurs féodaux dont la puissance déclinait et les communes grandissantes, un symbole auguste d'immuable autorité, c'est contre l'Église que se tournèrent longtemps les consciences, et l'Italie chercha, durant un siècle et demi, dans une foi plus libre et une charité plus tendre, la liberté et la pitié que lui refusaient les institutions politiques.

V

Dépourvue de méthode doctrinale, et avec un grand trouble d'esprit, elle essaya dans le même temps, et sans se satisfaire jamais, plusieurs créations religieuses. L'indifférence ou la négation eurent certainement des adeptes assez tôt, surtout en Lombardie et à Florence. Parmi les hérétiques dont parle Villani à la date de 1115 et de 1117, se trouve « une secte épicurienne », c'est-à-dire, selon la définition de Benvenuto d'Imola, à propos des gibelins incrédules de l'époque de Dante, des hommes « qui font mourir l'âme avec le corps » (*Comment. ad infern.*, X). D'autre part, nous savons que de la Lombardie étaient sortis un grand nombre de ces *Clerici vagantes*, joyeux compagnons que l'on rencontre alors un peu partout en Europe. Ceux-ci ont une incrédulité fort originale, mêlée d'ironie, de sensualité et d'un réel instinct du paganisme. Ils se jouent de l'Église, parodiant le texte de l'Évangile et chantant la messe du dieu Bacchus : *Introibo ad altare Bacchi, ad Deum qui lætificat cor hominis*. Ce sont des lettrés, déjà des esprits libres, qui se dégagent gaiement du pédantisme scolastique et de la gravité chrétienne. Ils ont déconcerté le moyen âge, qui ne riait pas volontiers des choses saintes, bien qu'il ne ménageât guère les moines et les clercs. On les accusait de croire « à Juvénal plus qu'aux prophètes »,

> *Et pro Marco legunt Flaccum,*
> *Pro Paulo Virgilium.*

Mais ces premiers sceptiques toscans ou lombards ne forment qu'un petit groupe perdu dans la chrétienté italienne. Il n'est pas possible de mesurer exactement la portée de leur indifférence religieuse. La contagion n'en fut certes pas alors inquiétante pour la foi. Pour que la négation des lettrés pénètre jusqu'au fond du peuple, un siècle doit assister d'abord au triomphe d'une grande hérésie, ou à la consommation d'un schisme décisif, ou au développement d'une civilisation philosophique. La libre-pensée, entendue au sens moderne, n'a commencé véritablement qu'à l'époque de Frédéric II et de la propagande averroïste.

Pour les âmes croyantes, qui ne voulaient point renoncer à l'espoir du paradis, le schisme et l'hérésie furent une tentation bien plus forte que la simple incrédulité. Au milieu du XIe siècle éclata en Lombardie une révolte schismatique des plus curieuses que les vieux historiens et les poètes, tels que Pulci, trompés par une analogie de noms, ont souvent confondue avec l'hérésie des cathares. Je veux parler des patarins ou de la *Pataria*, tentative toute populaire et monacale, que Rome encouragea ouvertement, durant la période des papes réformateurs inspirés par Hildebrand. La rivalité des deux évêques suprêmes de l'Italie, un débat doctrinal entre Rome et Milan, furent la cause de cette guerre religieuse qui finit par la guerre civile. Depuis longtemps l'Église lombarde tenait en face du siège romain une attitude schismatique. Elle gardait la liturgie très particulière du rite ambrosien, *letanias execrandas*, écrit le diacre Arialdo [1]. L'archevêque prétendait disposer, dès le temps de Charles le Chauve, de la couronne d'Italie, privilège que lui enleva une constitution d'Othon III. *Mediolanensi episcopo papatum ablatum est.* Soutenu par un clergé riche et par l'épiscopat lombard qui tenait de lui seul ses pouvoirs et qu'il réunissait en concile, indifférent aux anathèmes de Rome, et couvert presque toujours par le bouclier de l'Empire, il apparaissait comme le véritable pape de l'Italie supérieure. Il battait monnaie et levait des armées. Il régnait sur cette puissante hiérarchie d'évêques féodaux que l'Empire avait, depuis deux siècles, favorisés, dans l'ordre séculier, de

---

1. *Arnulfi Gesta*, III, 17, ap. Pertz.

privilèges extraordinaires, au détriment même des comtes laïques. La commune de Milan, tout aristocratique, se résignait, par la crainte de l'Empire, à la primauté politique de son pasteur. Mais elle voyait avec colère les scandales de l'Église ambrosienne, la simonie du haut clergé, l'impudence des prêtres mariés, les nicolaïtes, qui se riaient des conciles et répondaient aux décrets de Rome par le mot de l'apôtre : « *Qui se non continet, nubat* ». Les rancunes du petit peuple étaient d'ailleurs entretenues par le bas clergé pauvre, qui commentait sans cesse devant les misérables le *Sermon sur la montagne*. « N'oubliez pas, leur disait Arialdo, que le Fils de l'homme manquait d'une pierre pour y poser sa tête. Mais il a dit : Bienheureux les pauvres. Regardez maintenant vos prêtres, avec leurs palais et leurs tours, leurs vêtements moelleux, leur orgueil, leur luxure et leur paresse! » Dans les ruelles sordides de Milan où, comme en un Ghetto, étaient relégués les métiers infâmes, les échoppes des revendeurs de ferraille et des chiffonniers, le bazar de la *Pataria*, grandissait ainsi une chrétienté enthousiaste, toute démocratique, qui n'attendait qu'un son de cloche pour donner l'assaut à l'Église patricienne et simoniaque.

Le signal vint de Rome, où le futur Grégoire VII essayait de rétablir l'austérité du monachisme. A Milan, les clercs et les nobles laïques commencèrent la révolution : l'un de ces clercs, Anselme de Lucques, devint pape en 1061, sous le nom d'Alexandre II. Le chef militaire, Erlembaldo, portait un gonfalon bénit à Rome. Les légats du Saint-Siège, Hildebrand, puis Pierre Damien, vinrent à Milan pour briser la résistance des ambrosiens. L'archevêque Guido, créature de l'empereur, dut se rendre à Rome afin de recevoir des mains de son rival l'anneau épiscopal. Mais le peuple, qu'entraînaient à l'émeute les prédicateurs, non content de cette cérémonie symbolique, se leva contre son Église et arracha de leurs autels les nicolaïtes. La réforme évangélique versait dans la démagogie [1]. Le culte public devint impossible à Milan. Une fois Grégoire VII élu au pontificat, Erlembaldo fit peser la terreur sur la ville. Il osa interdire l'administration du baptême au baptistère métropolitain. La populace pilla les maisons des simoniaques et, dans la semaine sainte, brûla les deux cathédrales et les églises. Les nobles s'armèrent alors et cherchèrent les patarins. Il fallut une bataille féodale pour en finir avec ces mystiques déguenillés. Erlembaldo tomba au premier rang des siens, tenant dans ses bras le gonfalon de Grégoire VII, et, à ses côtés, le prêtre Liprando, portant la croix. La *Pataria*

---

1. MURATORI, *Vilium personarum congeriem, ac deinde seditionem abjectorum artificum.*

vaincue ne tarda pas à disparaître de la Lombardie[1].

Cette première protestation religieuse, toute locale, laissait le champ libre à l'hérésie des cathares. Celle-ci, à la fin du xie siècle, s'étendit sur toute la haute Italie, jusqu'en vue des murs de Rome. La secte s'était montrée dans la région même de Milan dès 1035. Elle y grandit obscurément, favorisée par la fermentation même de la *Pataria*. On sait que c'est de la Lombardie qu'elle entra plus tard dans la France albigeoise. Elle était déjà maîtresse d'Orvieto en 1125; on la trouve à Florence en 1117 et 1150, à Milan en 1166, à Vérone en 1184. En 1194 Florence donnait asile aux hérétiques de Prato. Sur le fond très ancien du manichéisme asiatique vinrent se rejoindre, d'une façon assez confuse, la plupart des vieilles hérésies, la négation de l'eucharistie et du baptême traditionnel, par exemple. Pour les cathares, l'Église primitive, antérieure au pape Sylvestre et à Constantin, avait été seule selon le cœur de Dieu, et de la hiérarchie ils ne gardaient plus que l'évêque et le diacre. Ils retenaient l'évangile de saint Jean, les fêtes de Noël et de la Pentecôte et quelques sacrements profondément altérés, tels que le baptême par l'imposition des mains, enfin la théorie prédominante du Saint-Esprit. Les parfaits, les véri-

---

1. *Archiv. Stor. ital.*, ser. III, t. VI. MURATORI, *Antiquit. ital.* t. V, *Dissert.* 60. TOCCO, *l'Eresia nel medio Evo*, 207.

tables purs, revêtus d'un vêtement de couleur lugubre, devaient se préparer à la mort par la rêverie solitaire ou le fanatisme d'une prédication perpétuelle. Ils renonçaient à tous les biens du monde, s'astreignaient aux pénitences les plus sévères, à l'insupportable ennui du communisme religieux, à l'espionnage incessant de la société secrète. Ils hâtaient l'heure de la mort par les tortures de l'*Endura*, par d'horribles jeûnes, la saignée ou le poison [1]. A ceux de leurs frères qui n'avaient point la vocation de sainteté, ils accordaient d'ailleurs une morale plus douce. Beaucoup d'entre eux aimaient la richesse, la puissance. Ils pouvaient ainsi s'entendre avec l'ordre politique et remplir les magistratures des cités.

Les cathares furent très nombreux en Italie pendant tout le XIIe siècle; ils ne réussirent cependant point à provoquer dans la péninsule un mouvement de grand prosélytisme. Leurs doctrines étaient incohérentes; elles répugnaient aux Italiens par un caractère trop prononcé d'ascétisme et de pessimisme. C'était une religion farouche, intolérante, selon laquelle tout péché était mortel, qui condamnait la joie, croyait la nature gâtée par l'opération de Satan, maudissait le mariage qui prolonge le séjour de l'humanité sur une terre de perdition, et, par sa morale et sa

---

[1]. Schmidt, *Hist. et doctr. de la secte des cath.* et le *Liber Inquisit. Tholos.*, p. 33, 174, 204.

discipline, détachait les plus ardents de ses fidèles de la vie publique comme de la vie sociale.

L'hérésie vaudoise vint à son tour, dans la seconde moitié du xiie siècle, s'offrir à l'inquiétude religieuse de l'Italie. Les vaudois, ou *Pauvres de Lyon*, dont le fondateur Pierre Valdo, précurseur hérésiarque de saint François, s'était volontairement dépouillé de ses richesses afin d'être pauvre parmi les pauvres, n'avaient qu'une théologie fort médiocre; ils ramenaient tout le christianisme au simple texte de l'Évangile, et supprimaient toute hiérarchie cléricale. Ils répétaient sans cesse qu'il vaut mieux obéir à Dieu qu'aux hommes, à un bon laïque qu'à un mauvais clerc; que le laïque est l'égal du prêtre pour toutes les œuvres mystiques, même pour le sacrifice de la messe; ils échappaient ainsi à l'Église, à la confession et retrouvaient la liberté de la religion individuelle. Les vaudois italiens se sont séparés du *Credo* de l'Église d'une façon plus radicale que leurs frères français; sur la profession d'absolue pauvreté, au contraire, ils étaient plus tolérants. Communauté de petites gens qui s'appelaient eux-mêmes les *humiliés*, et mendiaient volontiers, méprisés par les bourgeois des communes, tantôt ils allaient prêcher sur les places publiques et forcer la porte des églises, tantôt ils fuyaient à la montagne ou à la forêt : au jour de la persécution, les chefs allaient à travers les villages et les villes, pour consoler leurs coreligionnaires : véritables protées, dit un document de 1180, qui, chaque matin, changeaient de costume, pèlerins, barbiers, cordonniers, pénitents, selon la nécessité. Leur bonté d'âme était admirable. De l'aveu même des inquisiteurs romains, ils étaient revenus à la fraternité évangélique ; ils tendaient la main aux pauvres, aux infirmes, aux orphelins, aux prisonniers, aux exilés ; ils fondaient des hospices pour les voyageurs et les malades, ouvraient des écoles gratuites, entretenaient leurs étudiants à l'Université de Paris, portaient même leurs bienfaits aux orthodoxes. L'égalité chrétienne semblait ainsi retrouvée par les dissidents du christianisme et les ennemis de l'Église [1].

Mais l'idéalisme des *humiliés* était bien pauvre, leur morale bien austère pour des consciences méridionales, et leur culte, privé d'églises, d'images, de fêtes radieuses, parut trop triste à l'Italie. Ni les vaudois ni les cathares ne purent séduire un peuple mobile et fin, amoureux de la beauté comme de l'action, dont la piété sensuelle demandait une liturgie faite pour le plaisir des yeux, et, pour les faiblesses du cœur, l'indulgence caressante du prêtre. Ces hérésies, trop pénétrées de rationalisme, rendaient en quelque sorte Dieu impalpable ; elles avaient beau délier le fidèle des

---

1. D'ARGENTRÉ. *Collect. Judicior.*, ann. 1180.

chaînes de l'Église, elles ne savaient point retrouver à l'égard de Dieu la familiarité filiale des jours apostoliques; elles laissaient à l'homme l'ennui de la vie présente, le sentiment que tout, ici-bas, est mauvais et que l'œuvre du salut est, en vérité, trop difficile pour les petites âmes.

Et c'était là la plaie la plus douloureuse des consciences, qui ne se tournaient plus qu'avec effroi du côté de Dieu. La misère du moyen âge persistait, les violences que fuyaient au désert les moines et les ermites ne finissaient point. L'état de guerre semblait éternel. Les esprits, affolés par le spectacle tragique de la vie, voyaient dans la nature elle-même une ennemie mortelle; les phénomènes inattendus du ciel conspiraient avec les calamités de la terre contre les fils d'Adam. Le bras de Dieu parut alors trop lourd, l'image du Rédempteur se voila, il ne resta plus à sa place que le justicier formidable de l'Apocalypse. En vain on avait franchi la date de l'an mille, et l'on essayait de se rassurer sur la crise du millénaire; les chrétiens n'en apercevaient pas moins, à un horizon qu'ils croyaient très prochain, l'apparition du Jugement dernier. La loi du Christ, si pleine d'espérances aux premiers siècles de l'Église, était devenue un symbole d'épouvante. L'Italie n'était pas moins tourmentée que le reste de la chrétienté. Les ouvrages de ses premiers mosaïstes témoignent de l'angoisse religieuse tout autant que les sculptures inquiétantes de nos églises romanes. Je ne parle point des sombres et gauches mosaïques antérieures à la fin du XIe siècle, telles que celle de Santa Maria in Navicella, à Rome, où la maladresse de la main a pu trahir le sentiment de l'artiste. Mais, dans les œuvres issues de la renaissance byzantine que provoqua, du temps de Grégoire VII, l'abbé Didier, la terreur domine toujours. A Sant Angelo-in-Formis, près de Capoue, au-dessus du portail central de l'Église, c'est à la table même de la Cène, au moment où il donne aux apôtres sa chair et son sang, que Jésus repousse d'un geste de malédiction les damnés du jour suprême ; aux frises de la grande nef, cloué sur la croix, il penche encore vers sa mère une figure menaçante. Les rayons d'amour de l'Évangile étaient donc éteints. Et partout, dès lors, jusqu'aux approches du XIIIe siècle, au dôme de Pise comme à celui de Monreale, au baptistère de Florence comme à Saint-Jean-de-Latran, reparaît, sur l'or des absides, le Christ solennel, despote oriental, au regard fixe et dur, le Dieu sévère sur le cœur duquel la société chrétienne n'osait plus poser sa tête, comme avait fait le disciple Jean, au dernier souper de Jésus.

VI

Cependant, en France, dans l'Université de Paris, un grand effort venait d'être tenté pour l'affranchissement de l'esprit humain. Ce n'est pas en vain qu'Abélard avait essayé de concilier la raison avec la foi et que, sur sa montagne, au grand soleil, il avait longtemps nourri la jeunesse de l'Europe d'une doctrine de liberté. La notion fondamentale de sa philosophie renfermait le germe d'une triple révolution dans la science, la politique et le christianisme. En démontrant, contre l'idéalisme venu de Scot Érigène, que les idées ne sont pas des êtres, mais des conceptions de l'esprit, il avait fait chanceler le vieux monde. Si la pensée de l'homme est à la fois la source et la mesure de toute réalité, c'est en elle-même, et non plus dans la tradition et les syllogismes des maîtres, que repose la vérité. Chacun de nous porte en soi comme un chiffre merveilleux à l'aide duquel il pourra traduire les lois de la nature et le Verbe de Dieu. La raison est à elle-même sa propre autorité et sa propre lumière. Elle a donc le droit de tout explorer, de tout discuter, de tout juger. Et Abélard avait soumis à sa critique le christianisme entier. Il avait rapproché et contrôlé l'une par l'autre la philosophie naturelle, la foi juive et la foi chrétienne (*Dial. int. Philos. jud. et christian.* Éd. Cousin, II, 646). Il expliquait d'une façon intelligible pour les enfants et pour les femmes le mystère de la Trinité; il fit plus encore : il affaiblit la notion du mystère, écarta les voiles du tabernacle et convia le chrétien à regarder Dieu face à face. « Plus nous sentons Dieu, disait-il, plus nous l'aimons et notre intelligence grandit avec notre amour. *Cum profectu intelligentiæ caritatis accenditur flamma.* » (*Theol. Christ.*, 456.) Entre les fils de Dieu et ceux du démon, lui écrivait Héloïse, la distinction ne peut être faite que par la charité, qui, selon l'apôtre, est la plénitude de la loi et la fin des commandements. » Il était revenu au christianisme de saint Paul et il rendait à la foi la primauté sur les œuvres. « Le royaume de Dieu, disait encore Héloïse, d'après l'apôtre, n'est point l'abstinence de la viande ou du breuvage; il est justice, paix et joie dans le Saint-Esprit. » En même temps que la théologie, il avait renouvelé la morale chrétienne. Pour lui, la vertu, comme la vérité, sortait des profondeurs de l'âme, et la racine du péché se trouvait dans les replis les plus secrets de la pensée. Ce n'est donc pas l'acte, mais l'intention coupable qui fait la faute. Ceux qui ont crucifié Jésus sans le connaître n'ont point péché. Mais qui pèsera l'intention, sinon l'âme elle-même qui l'a produite et qui seule peut bien la comprendre? Que valent désormais la sentence du juge, c'est-à-dire du prêtre, et les pratiques tout extérieures par lesquelles l'Église croit vivifier la conscience? Un acte de foi, un élan de tendresse rapprochent plus intimement le chrétien de Dieu que la pénitence et l'observance. Et, si l'on demandait au maître ce que devenait, dans les suites logiques de sa doctrine, le péché originel, il disait que ce n'est point un péché, mais une souffrance. La rédemption avait-elle donc été un sacrifice inutile, le christianisme n'était-il plus qu'une illusion? La rédemption, répondait Abélard, fut un acte de pur amour[1].

VII

Arnauld de Brescia a-t-il apporté à l'Italie et à Rome cette parole d'Abélard qui, dans l'ombre du XIIe siècle, éclata tout à coup comme le texte initial du véritable Évangile éternel? Des mil-

---

1. *Non fuisse necessarium in mundo Christi adventum.* Voir MIGNE, t. CLXXX, p. 269, et DOM BOUQUET, t. XIV, p. 370.

liers d'étudiants scolastiques, de clercs et de moines qui s'étaient pressés autour du grand docteur, étaient revenus à leurs cités le cœur rempli de sa doctrine; ses livres passaient de main en main à travers la péninsule, étaient lus avec avidité même par les évêques et les cardinaux. Arnauld, que l'on surnommait « l'écuyer d'Abélard », pouvait donc, en demeurant fidèle à la tradition de son ami, entreprendre un apostolat. Son école était toute prête : mais l'apôtre s'effaça derrière le tribun. Il courut à la mêlée des luttes publiques, et, dans la crise religieuse de son temps, il ne comprit ou ne voulut voir que la réformation de l'Église temporelle. Peut-être, d'ailleurs, le même homme, la même cité et le même âge n'avaient-ils point la force de relever à la fois la liberté religieuse et les libertés sociales. Cette grande figure est demeurée longtemps énigmatique, le moyen âge ne nous ayant transmis sur Arnauld que quelques témoignages obscurs ou passionnés. Les contemporains ont vu en lui, les uns, tels que le cardinal d'Aragon, un hérésiarque dangereux, les autres, tels que saint Bernard, un schismatique, et ne lui ont cependant reproché, en matière de foi, qu'une opinion particulière sur l'eucharistie, dont le dogme n'était à peu près fixé que depuis Bérenger de Tours, et sur le baptême des petits enfants, dont il désapprouvait sans doute l'immersion. Mais Othon de

Freysingen qui rapporte cette accusation s'exprime en des termes bien vagues : *non recte dicitur sensisse.* Il n'y a là rien qui justifie la violence du langage dont saint Bernard use contre la doctrine « vénéneuse » d'Arnauld, « ennemi mortel de la croix », tête de colombe et queue de scorpion ». (*Epist.*, 195) Évidemment, sur la question d'orthodoxie, *quell' infame,* comme dit Muratori, a dû souffrir des haines ecclésiastiques qui poursuivirent jusqu'à la mort son maître Abélard. Au concile de Sens, Innocent II les frappa l'un et l'autre d'un même décret de malédiction. Arnauld occupait en ce moment, à Paris, la chaire de son maître, exilé à Cluny. Dans ce prétendu hérétique, c'est bien le disciple de l'école de Sainte-Geneviève que saint Bernard et l'Église ont voulu flétrir; mais c'est surtout le réformateur et l'homme d'action qui les effraya et qu'ils écrasèrent. La théologie personnelle d'Arnauld n'allait point à l'hérésie et s'arrêtait sur le bord du schisme : à Rome il n'a pas dit un mot ni contre les universaux, ni contre la Trinité, ni contre l'autorité spirituelle du Saint-Siège. L'Italien du xiie siècle, l'enfant de la libre Brescia n'avait qu'une pensée : fonder à Rome un régime communal indépendant du côté du pontife, et couronner sur le Capitole la royauté du peuple. Ce que nous savons des harangues d'Arnauld nous le montre prêchant la simplicité et la pauvreté évangéliques de la première Eglise, déniant aux moines et aux clercs le droit de propriété, conférant à l'État, c'est-à-dire à la commune, les biens du clergé, enseignant à Célestin II, à Lucius II, à Eugène III, à Adrien IV à renoncer à la juridiction temporelle et à s'en tenir au bâton blanc des papes apostoliques. Il reprenait aux évêques le domaine féodal. Il leur interdisait les vêtements somptueux, les mets délicats, les jeux illicites. Il pouvait se réclamer de Pierre Damien et de saint Bernard lui-même, écrivant à Eugène III : « Qui me donnera, avant de mourir, de voir l'Église de Dieu telle qu'elle fut aux jours antiques, quand les apôtres jetaient leurs filets, non pour prendre de l'or et de l'argent, mais des âmes? » Les exigences d'Arnauld parurent même un instant assez conformes aux vues de Bernard, en son livre *De Consideratione*, pour que le pape levât l'interdit qui pesait sur l'exilé. Le tribun se fixa quelques jours à Viterbe, puis vint à Rome, peut être en secret, et attendit que la paix précaire conclue entre Eugène et la commune fût rompue. Au printemps de 1146, le pape fuyait pour la seconde fois de sa métropole, et la théorie religieuse d'Arnauld se manifesta dans toute sa gravité.

Il s'agissait non plus d'une réforme morale, mais d'une révolution dans la tradition historique de l'Église. Saint Bernard consentait à soulager le pape de l'exercice direct du pouvoir temporel, il le délivrait volontiers des embarras de la souveraineté féodale, mais il lui attribuait toujours l'autorité suprême, exercée au nom de Dieu, sur tous les rois et toutes les cités du monde. Le pape dispose des deux glaives : il frappe par sa propre main du glaive spirituel; l'Empereur et les princes, ses vicaires, frappent, selon qu'il l'a ordonné, du glaive temporel[1].

Grégoire VII n'ayant d'autre royaume que sa basilique, tel était l'idéal de saint Bernard. La papauté des premiers siècles dépourvue de tout pouvoir et de tout droit sur la société politique, tel fut celui d'Arnauld de Brescia et, durant quelques années, celui de Rome républicaine et de l'Italie communale. La papauté d'Eugène III, si misérable qu'elle fût, lui semblait encore indigne de l'obéissance des chrétiens. On peut s'étonner qu'il n'ait point alors consommé le schisme en ajoutant un pontife nouveau à la longue liste des antipapes. Sans doute, il lui fallait d'abord résoudre le problème qui s'imposait à la chrétienté depuis l'époque carolingienne : l'Église et son premier pasteur pouvaient-ils, dans l'état présent du monde, renoncer à la puissance séculière ? Tout était ainsi remis en question : la discipline ecclésiastique, la situation féodale du haut clergé, la possession de la richesse, et les œuvres, source

---

1. *De Considerat.*, IV, 3. *Epist.*, 256.

de cette richesse, la primauté œcuménique de l'évêque de Rome. C'était le christianisme même, tel que l'avait façonné l'histoire orageuse du moyen âge, qu'il fallait réédifier de la base au faîte. Les bourgeois des cités épiscopales avaient bien pu, sans allumer la guerre religieuse, obtenir la déchéance politique de leurs évêques ; à Rome, pour arracher au pape sa seigneurie temporelle, c'est l'Église elle-même, maîtresse absolue du pontificat, par la réforme électorale de Nicolas II, qu'il fallait déposséder. Les alliés laïques, la petite noblesse romaine, le peuple ne suffisaient point à Arnauld pour achever son œuvre : il appela à lui le petit clergé, qui acceptait le bouleversement de la haute hiérarchie ecclésiastique. Une sorte de fatalité poussait donc Arnauld à la démagogie. Il avait, quelques années plus tôt, soulevé une émeute contre l'évêque de Brescia. Il renouvelait, contre le siège romain, la *Pataria* lombarde du XIe siècle. Il était condamné, comme l'avaient été les patarins, à tous les excès des réformateurs qui prétendent régler la société civile sur les pures maximes de l'Évangile. En outre, les conditions intérieures de Rome lui rendaient plus difficile encore la révolution religieuse. Il était forcé de dépasser le programme de la commune italienne qui, partout, s'était faite au profit des bourgeois et du *popolo grasso*. Mais Rome, au XIIe siècle, n'avait pas plus de bourgeoisie qu'au temps de

César, et c'est pour la clientèle famélique des monastères et des églises, pour les *popolani* sauvages du Transtévère que l'écuyer d'Abélard évoquait la république de Tite-Live. Il avait été accueilli à Rome par les factions des nobles, et son premier soin fut d'abolir, en faveur d'un sénat populaire, la constitution aristocratique de la commune. Il soufflait ainsi en même temps sur les deux *grands luminaires* : si, par l'institution de la cité démocratique, il enlevait au pape sa dignité féodale, il prenait aussi à l'Empereur la capitale mystique de l'Empire, il arrachait la clef de voûte qui soutenait tout le régime politique de la chrétienté. Abandonné par les barons, ses alliés de la veille, et troublé par la foule brutale à laquelle la tradition démagogique n'apprenait ni la fidélité ni le respect, Arnauld aperçut tout à coup, au delà des patriciens qu'il avait déçus et de l'Église temporelle qu'il avait reniée, l'Empereur, le plus grand que le monde eût vu depuis Charlemagne et Othon Ier, qui descendait des Alpes et marchait vers lui.

Frédéric Barberousse et Adrien IV associèrent donc leur justice et leur haine. Le pape réclama l'hérétique, le clerc apostat; l'empereur, le tribun. L'interdit ferma les églises de Rome. Arnauld s'enfuit, fut pris au val d'Orcia, puis délivré par les vicomtes de cette région qui le gardèrent dans leurs tours, en l'honorant comme un prophète.

Barberousse assiégea les tours et reprit sa vicime. Arnauld fut étranglé, puis brûlé sans témoin, au bord du Tibre, dans ce champ de Néron où, sous Othon III, Crescentius avait versé son sang (1155).

VIII

Son rêve avait été trop vaste. Il avait goûté au miel de l'idéal et la réalité le faisait mourir. Il put, du fond de sa cellule du Saint-Ange, jeter vers le ciel le cri désespéré d'Abélard : *A finibus terræ ad te clamavi, dum anxiaretur cor meum.* Imaginez la tristesse du martyr qui, à sa dernière heure, comprend qu'il s'est trompé et qu'il confesse par sa mort la foi du passé et non celle de l'avenir. Non seulement il tombait pour avoir tenté imprudemment à Rome la révolution qui avait été possible à Milan, à Pise, à Florence, dans toute l'Italie municipale, mais pour avoir cru, avec les réformateurs des derniers siècles, que Rome et le Saint-Siège étaient toute l'Église, et que l'Église était toute la chrétienté. Tant que les âmes italiennes eurent cette illusion, elles attendirent en vain l'aurore du jour de Dieu. Tous les essais de créations religieuses finissaient par le même désenchantement. L'Italie, trop jeune encore pour s'abandonner à l'indifférence ou à l'incrédulité, ne pouvait se priver d'une foi positive; elle voulait demeurer chrétienne; le christianisme avait grandi entre ses bras et elle s'attachait à lui avec une sorte de tendresse maternelle. Elle voulait aussi demeurer catholique; le Saint-Siège romain était en partie son œuvre, et elle n'oubliait pas les grands papes sous le manteau desquels s'étaient parfois abritées ses libertés nationales. Elle se sentait unie à l'Église par l'orgueil des souvenirs et le charme des souffrances communes. Elle s'éloignait chaque matin de l'Église pour chercher, un peu au hasard, la voie, la vérité et la vie, et chaque soir elle revenait, comme un pèlerin désabusé et las, vers l'antique bercail où reposait toujours son espérance.

Maintenant, cette période douloureuse va se fermer : le bûcher d'Arnauld est la dernière station de ce calvaire. Un souffle de renaissance court déjà sur l'Italie. Les communes lombardes vont prendre à Legnano le baptême sanglant de la liberté, et l'idée de la patrie historique rentrera dans les consciences. Déjà s'entr'ouvrent les premières fleurs d'art et de poésie. Les maîtres mosaïstes, les premiers sculpteurs, les peintres de l'Athos ont rajeuni la parure des églises, et les blanches cathédrales, les baptistères de marbres ciselés, les sveltes campaniles s'élèvent triomphalement en Lombardie, en Toscane, dans le royaume normand. La Sicile envoie à la péninsule, avec les modèles délicats de l'art arabe, comme un reflet des grâces sensuelles de l'Orient. Demain, les premiers troubadours viendront de la gaie Provence par les sentiers des Alpes, et déjà les fables chevaleresques de la France de Roland et les légendes d'Artus et de Merlin réjouissent les cours seigneuriales des vallées du Pô et de l'Adige. Dans cet éveil de la vie publique et de l'esprit, on entrevoit le signe d'une prochaine rénovation religieuse, car l'allégresse universelle de l'Italie ne s'expliquerait point si les âmes y devaient languir plus longtemps dans l'angoisse du moyen âge. Des lueurs d'aube courent de coupole en coupole, de la chapelle Palatine de Palerme à Saint-Marc de Venise, et, sur les montagnes de la Calabre, se lève enfin l'étoile d'un Noël nouveau.

CHAPITRE II

JOACHIM DE FLORE [1]

Dante a placé en son Paradis, parmi les grands mystiques, saint Anselme, Hugues de Saint-Victor et saint Bonaventure, le prophète calabrais Joachim,

> *Il calavrese abate Giovacchino,*
> *Di spirito profetico dotato.*

Prophète bien audacieux, si l'on observe la fortune de ses rêves et la hardiesse doctrinale des disciples, plus ou moins légitimes qui, jusqu'à la fin du moyen âge, l'ont proclamé leur maître; le plus dangereux des hérésiarques, si l'on tire de ses ouvrages authentiques [2] leur conclusion lo-

---

1. Voir pour tout ce chapitre: le P. DENIFLE, *Archiv für Litterat. und Kirchen-Gesch. des Mittelalters*, t. I, fascic. I. REUTER, *Gesch. der religiös. Aufklärung im Mittelalt*, t. II. Dom de RISO, *Della vita e delle op. dell'abbate Gioachino*. RENAN, *Nouvelles Ét. d'hist. religieuse. Acta Sanctorum*, maii, VII.
2. *Divini Vatis Abbatis Joachim Liber Concordie novi ac*

gique, à savoir, la déchéance de l'Église et de la Loi du Verbe; le plus doux des chrétiens, si l'on considère la grâce enfantine de sa légende et l'acte de foi naïve qu'il inscrivit en tête du plus important de ses livres, la *Concorde du Nouveau et de l'Ancien Testament*. Il faillit troubler très gravement l'Église, et celle-ci, après l'avoir honoré vivant, comme interprète autorisé des Écritures, a permis à la famille cistercienne, aux provinces napolitaines, de le vénérer comme Bienheureux, de l'invoquer comme thaumaturge. Dans les diocèses de Calabre, le jour de sa fête, on chante encore cette antienne, dont les vers de Dante semblent être l'écho : *Beatus Joachim, spiritu dotatus prophetico, decoratus intelligentia, errore procul hæretico, dixit futura ut præsentia.* Voilà un phénomène religieux où se rencontrent, en apparence, d'absolues contradictions. L'incertitude de la conscience italienne, au siècle d'Arnauld de Brescia, ne l'expliquerait qu'à demi; c'est en outre aux préoccupations séculaires du christianisme qu'il faut en demander la raison.

veteris Testamenti, Venetiis, 1519. *Expositio magni Prophetæ abbatis Joachim in Apocalypsin. Psalterium decem chordarum*, Venetiis, 1527. Voir pour le catalogue des ouvrages inédits le P. Denifle, *Archiv*. loc. cit.

I

L'une des idées les plus originales et les plus tenaces de la première société chrétienne fut que rien, dans l'état religieux du monde, n'était encore définitif, que la révélation n'avait point dit son dernier mot, que l'apostolat et la mort de Jésus n'étaient qu'un acte dans le drame du salut, et qu'il fallait attendre, dans un avenir plus ou moins proche, l'achèvement du grand mystère. Plus d'une parole du Sauveur lui-même, la vague promesse d'un retour glorieux du Fils de l'homme, des allusions à quelque catastrophe inouïe, peut-être même à la ruine de toutes choses, entretenaient, dans la génération évangélique, une espérance mêlée de terreur. Les âmes que ne rassurait aucun dogme défini, que ne disciplinait encore aucune hiérarchie ecclésiastique, s'interrogeaient sur la religion future, et leur curiosité de l'inconnu était d'autant plus vive que la très libre interprétation, inaugurée par Jésus contre la Loi judaïque et la lettre étroite, durait toujours. Chaque conscience, en même temps qu'elle s'efforçait de lire le secret final, créait librement sa propre foi, chaque chrétien était vraiment un christ. L'ascendant de saint Paul s'explique par cette doctrine de liberté, et l'inspiration du christianisme primitif se manifeste dans la seconde Épître aux Corinthiens : « Vous êtes la parole même et le message du Christ; nous sommes les ministres du Nouveau Testament, non quant à la lettre, mais quant à l'esprit, car la lettre tue et l'esprit donne la vie. Là où est l'Esprit du Seigneur, là est la liberté. »

L'Apocalypse et le quatrième Évangile sont tout animés par ce sentiment du devenir divin, de la révélation continue. Le premier de ces livres, par la singularité de ses images, le second, par l'obscurité métaphysique de sa langue, favorisaient à merveille la liberté d'invention religieuse que proclama saint Paul. L'Apocalypse ouvre une vision qui éblouira longtemps l'imagination chrétienne, et semblera, par ses symboles funèbres, justifier les misères de l'histoire, tout en promettant, pour le lendemain, la revanche des saints. Elle repose sur la conception d'une suite de crises qui précéderont l'apparition de la Jérusalem céleste, et d'un progrès des choses surnaturelles nécessaire au triomphe final des croyants dans le sein de Dieu. Après d'horribles convulsions qui feront mourir l'Empire romain, le règne terrestre du Messie et de ses martyrs commencera, peut-être en Palestine, et durera mille années;

puis Satan, l'Antéchrist, sera déchaîné, Dieu éclipsé, l'Église sur le point de périr. Dieu rentrera alors sur la scène, la résurrection générale et le Jugement dernier achèveront l'histoire de ce monde visible, et l'état définitif, la béatitude et la paix éternelle seront fondées.

Mais la secousse violente que l'Apocalypse imprima aux âmes devait s'affaiblir. Les promesses toutes matérielles du millénaire étaient démenties par la réalité. L'apôtre s'était-il trompé dans ses calculs, le règne temporel de Jésus n'était-il qu'une illusion? Le quatrième Évangile, œuvre de l'esprit grec, tout pénétré de néoplatonisme, vint à propos pour rendre l'idéal à la chrétienté inquiète. Avec une sérénité que n'avait point connue le voyant de Pathmos, il renouvela l'assurance d'une religion supérieure, réservée à un temps assez voisin. « Femme, crois-moi, l'heure est proche où vous n'adorerez plus le Père ni à Jérusalem ni sur cette montagne ; l'heure arrive où les vrais fidèles adoreront le Père en esprit et en vérité. » Mais la grande originalité de l'Évangile johannite, la pierre précieuse apportée par ce livre à l'édifice du christianisme, est le premier dessin d'une théologie transcendante et, par cette théologie même, la création du mysticisme. Au prophète galiléen, descendant d'Abraham, petit-fils de David, dont Mathieu énumérait la généalogie charnelle et que suivaient les synoptiques à travers le détail familier de sa vie terrestre, a succédé le Verbe éternel, la raison de Dieu, Dieu lui-même, revêtu d'une chair mortelle. Il se révèle, au premier chapitre, comme une pure essence divine, puis, comme un fantôme de lumière, sur les bords du Jourdain, à Jean-Baptiste, et celui-ci crie : « Voici le Fils de Dieu ». Aux dernières lignes du livre, après la Passion, il apparaît encore à ses disciples dans les clartés douteuses du petit jour, sur les grèves du lac de Tibériade : dans l'intervalle de ces deux visions, il vit et parle parmi les hommes, mais transfiguré par un rayonnement surnaturel et pareil à une forme angélique. Il n'agit qu'au nom de son Père et pour la gloire de son Père; par lui seul on va au Père céleste, on participe au divin. « Moi et le Père, nous ne faisons qu'un. » Le soir de la Cène, les apôtres l'entendent murmurer ces paroles : « Voici la vie éternelle : qu'ils te connaissent toi seul, vrai Dieu, et ton messie Jésus-Christ.... Ce n'est pas pour eux seuls que je prie, mais encore pour ceux qui croiront en moi sur leur témoignage : que tous ne fassent qu'un,... qu'ils ne soient eux-mêmes qu'un en nous. » Mais pour mériter, par la foi profonde, de communier avec Dieu et de vivre de son souffle, il faut d'abord recevoir l'Esprit. « C'est l'Esprit qui donne la vie, la chair ne sert de rien. « Ceci est bien le terme final de l'initiation mystique, dont la mission terrestre de Jésus était la préparation. La théorie du Saint-Esprit, entrevue déjà par saint Paul, domine tout le quatrième Évangile. Le Saint-Esprit, le Paraclet, est un médiateur, au même titre que le Verbe, qui sera envoyé par le Père au nom du Verbe et par sa prière, qui témoignera pour le Fils comme celui-ci avait témoigné pour le Père et demeurera éternellement parmi les hommes. Par lui sera achevée la révélation du Verbe et confirmée la foi aux promesses du Verbe. « Il vous enseignera toutes choses, et vous fera souvenir de tout ce que je vous ai dit. » Mais la venue de l'Esprit est absolument distincte de celle de Jésus. « Voici que je retourne à celui qui m'a envoyé, et personne de vous ne me demande : où vas-tu? Et parce que je vous ai dit ces choses, la tristesse a rempli votre cœur. Je vous dis la vérité : il vous importe que je m'en aille, car si je ne m'en vais point, le Paraclet ne viendra point à vous ; quand je serai parti, je vous l'enverrai. » Il meurt. Le testament qu'il apporta au monde est maintenant scellé. Sur son tombeau commence une nouvelle ère religieuse. Dans la chambre bien close où se cachent ses disciples par peur des Juifs, il glisse tout à coup comme une ombre ; le souffle de ses lèvres effleure leurs fronts et il leur dit : « Recevez le Saint-Esprit ».

Mais l'Esprit ne descendra que dans les âmes purifiées par l'amour. L'amour est la plus haute des vertus, et le signe de l'élection. Toute la morale du quatrième Évangile est dans ce précepte du Maître, sans cesse répété : « Aimez-vous les uns les autres et aimez-moi comme j'aime mon Père. Soyez unis à moi par l'amour comme je suis uni au Père. Attachez-vous à moi comme les branches au tronc de la vigne. Serrez-vous autour de moi comme font les brebis autour du bon Pasteur. » Il eut pitié de la femme adultère. Quand Lazare mourut, il pleura et les Juifs dirent : « Voyez comme il l'aimait! » Du haut de la croix il attache ses regards sur le disciple aimé à qui il lègue, pour la rendre au monde, la religion mystique de l'amour.

La tradition des premiers siècles rattacha au nom de Jean l'Apocalypse et le quatrième Évangile. L'homme d'Éphèse fut regardé comme un prophète qui, du sein de la Loi nouvelle, avait entrevu la Loi de l'avenir. Les âmes pouvaient attendre en paix les manifestations promises par l'Apocalypse : la religion du Saint-Esprit, toute de foi, de charité, de liberté, était fondée. Pour les consciences très hautes et pour les cœurs tendres, un sanctuaire était préparé, vestibule de la Jérusalem céleste : que leur feraient désormais les maux de la vie, les duretés du siècle, les erreurs mêmes ou les faiblesses de l'Église? Aux plus sombres jours du moyen âge, la chrétienté reviendra souvent à ces espérances, répétant la parole de la Samaritaine assise au bord du puits de Jacob : « Seigneur, donne-moi de cette eau, afin que je n'aie plus soif ! »

II

Les deux grandes directions de la vie intellectuelle du moyen âge partent l'une de saint Augustin, l'autre de Scot Erigène. Le premier a créé la théologie doctrinale, qui procède de saint Paul et de saint Jean. Pour l'interprétation des idées johannites, Scot se crut le continuateur fidèle de son maître Augustin. Il commenta le commentaire de l'évêque, ajouta un degré à la précision de ses vues, se détacha d'une façon presque insensible de la ligne orthodoxe et jeta dans la chrétienté des semences d'hérésie.

La *Cité de Dieu* est pleine des angoisses de l'Apocalypse. Saint Augustin assiste au naufrage de la civilisation romaine, le premier acte de la tragédie annoncée par Jean. Il ne doute pas que l'ombre de l'Antéchrist ne couvre déjà l'univers; il entend au loin l'approche du Christ vainqueur, il voit déjà le millénaire se lever à l'horizon. Il scrute les obscurités du texte johannite, invoque les témoignages de saint Paul et de Daniel sur l'Antéchrist, s'efforce de fixer par un calcul exact les périodes apocalyptiques. Il se demande si les quarante-deux mois que durera le dernier assaut de Satan contre l'Église seront compris dans les mille années ou en dehors d'elles. Cependant, afin d'affermir son attente, il cherche dans l'Ancien Testament la preuve d'une succession d'époques dont la fin serait le sabbat éternel, le septième jour, où l'Église militante recevra le prix de ses épreuves. La première époque va d'Adam au déluge, les suivantes sont marquées par Abraham, David, la Captivité, la naissance du Christ. La sixième, qu'il n'est point possible de mesurer, s'écoule en ce moment même; la septième sera le jour de paix, qui n'aura ni déclin, ni crépuscule. Ce sera le jour de l'Église triomphante, celle que Jean, le plus grand des apôtres, le seul qui ait vu Dieu dans son essence, avait glorifiée, et dont l'Église terrestre, que représentait saint Pierre, n'était que la figure. « Celle-ci, dit Augustin, est l'Église de la foi, celle-là sera l'Église de la contemplation directe; l'une est dans le temps de pèlerinage, l'autre sera dans le séjour éternel; l'une est sur le chemin du voyage, l'autre sera dans la patrie; l'une est bonne et encore malheureuse, l'autre sera meilleure et bienheureuse [1]. »

1. *De Civit. Dei.*, XX et XXII. *In Joan. Evangel. Tract.*, 36, 124.

Le x⁰ siècle attendait-il encore le millénaire augustinien ? Peut-être crut-il que son dernier soir verrait l'agonie du monde. Scot Érigène ne partagea pas, au ix⁰, la terreur de ses contemporains à la pensée de l'an mille. Mais l'Église lui parut chanceler déjà, et la méditation du quatrième Évangile lui fit apercevoir, avec une netteté singulière, le passé, le présent et l'avenir des choses religieuses. S'il reproduit à peu près la succession des époques, telles que son maître les avait supputées, il les classe en trois grandes divisions, marquées chacune par un sacerdoce, donnant ainsi à entendre que, pour les deux premières, le prêtre lui-même, comme la doctrine dont il était le gardien, ne répond qu'à un moment transitoire de la pensée divine. Le premier sacerdoce, celui de l'Ancien Testament, n'entrevit la vérité qu'à travers les ténèbres de mystères inintelligibles ; le second sacerdoce, celui du Nouveau Testament, a éclairé de quelques rayons de vérité d'obscurs symboles ; le troisième sacerdoce, celui de la vie future, laissera voir Dieu face à face. Au premier correspond la loi naturelle, au second la loi de la grâce, le troisième sera le royaume de Dieu. Le premier a redressé la nature humaine corrompue, le second l'a ennoblie par la foi, la charité et l'espérance, le troisième l'illuminera par la contemplation. Le premier, figuré par l'arche matérielle, a été donné à un peuple charnel, que la lettre seule touchait; le second, par les symboles tangibles des sacrements, achemine les âmes à la vie spirituelle qu'elles ne goûteront pleinement qu'au paradis. Ainsi, les apparences de l'Église présente se dissiperont dans la lumière de l'Église future. L'âme ne possédera véritablement Dieu que par sa communion avec le Saint-Esprit. Scot Érigène, dans son homélie sur le premier chapitre de saint Jean, ne craint même pas d'avancer que le Saint-Esprit fut, en Jésus-Christ, sous une figure humaine, le principe de la vie divine. L'Église du Nouveau Testament n'est donc que l'image symbolique de l'Église éternelle. Et déjà, dès leur vie terrestre, les chrétiens de l'ordre contemplatif ont pénétré dans cette Église supérieure et participent à la spiritualité idéale de la vie céleste[1].

Toute une évolution religieuse était contenue en ces dernières vues. Scot Érigène y fondait l'une avec l'autre les deux théories johannites, l'Apocalypse et l'Évangile. La troisième révélation, celle du Paraclet, est donnée d'avance sur la terre aux âmes les plus pures, *in primitiis contemplationis*. Les promesses de l'apôtre n'étaient point vaines : Dieu ouvre aux contemplatifs, dès ici-bas, l'accès

---

1. *Comment. in Evangel. Joan.*, ap. Migne, 308. *Exposit., sup. Hierarch. Eccles. Sⁱ Dyonisii*, lib. II, in Prol. Le manuscrit de la Bibliothèque d'Alençon décrit par M. Ravaisson, *Rapp. sur les biblioth., Append.*, 334.

de la Jérusalem paradisiaque, il les fait monter
de l'Église du Verbe à celle de l'Esprit. Cette notion singulière se retrouve au fond des crises doctrinales du moyen âge, chez les hérésiarques qu
se séparent résolument de la confession romaine,
comme chez les dissidents, d'esprit plus philosophique que sectaire, qui se contentent de spiritualiser le christianisme et de retoucher librement le
vieux *Credo*. Les uns comme les autres, ils se persuadent qu'ils ont enfin embrassé la vraie foi et
qu'ils marchent dans les voies divines. L'Église
les accuse d'apostasie, tandis qu'ils se croient les
interprètes privilégiés de l'Évangile, et la désertion pour laquelle beaucoup ont souffert le martyre n'est que l'entrée dans le royaume des cieux.

La doctrine de Scot Érigène reposa longuement
dans la conscience du moyen âge. Après plus de
trois cents ans elle reparut tout à coup, sous
une forme très dogmatique, dans l'école d'Amaury
de Chartres, et elle effraya l'Église. Amaury disait :
« La puissance du Père a duré autant que la loi
mosaïque, et, comme il est écrit : à l'apparition
des choses nouvelles, les vieilles seront rejetées,
après la venue du Christ, tous les sacrements de
l'Ancien Testament furent abolis, et la nouvelle
loi est demeurée en vigueur jusqu'aujourd'hui.
Mais dorénavant les sacrements du Nouveau Testament sont finis, et l'ère du Saint-Esprit a commencé.... Le Père s'est incarné en Abraham, le

Fils en Marie, le Saint-Esprit s'incarne chaque jour en chacun de nous. Le Fils a opéré jusqu'à présent, mais l'Esprit Saint opère dès à présent, et son œuvre durera jusqu'à la fin du monde. » Cette loi définitive était, selon lui, le troisième Testament [1].

On croit entendre déjà un joachimite du groupe de Jean de Parme, un disciple de l'Évangile éternel. Entre Amaury et Joachim de Flore, aucune relation intellectuelle ne saurait être supposée. Ils ont vécu l'un et l'autre dans le même temps, d'une espérance commune qui venait à eux des sources les plus lointaines de la tradition chrétienne. Il fallait rappeler cette tradition. On comprendra mieux pourquoi les rêveries d'un ermite calabrais ont pu remuer le moyen âge et quels liens secrets rattachent au passé du christianisme la renaissance religieuse de l'Italie.

III

Giovanni dei Gioachini naquit à Celico, près de Cosenza, en Calabre, vers 1132. Son père apparte-

---

1. Voir d'ARGENTRÉ. *Collectio judic.*, ann. 1204-1210. EYMERIC, *Director. inquisit.*, P. II, p. 248.

nait à la bourgeoisie noble du royaume normand. Il vit les jours d'Arnauld de Brescia et de Frédéric Barberousse. La chrétienté dans laquelle il grandit était très particulière : on s'y sentait plus libre qu'en aucune province de l'Italie; la communion étroite avec Rome y semblait moins nécessaire qu'ailleurs au salut des âmes. L'inspiration des ermites du xe siècle, l'indépendance des disciples de saint Nil s'y perpétuait. Les maîtres du midi italien, les Byzantins, puis les Normands avaient fort allégé à leurs sujets le joug spirituel des papes. Cette contrée alpestre de Calabre, avec ses horizons sauvages et ses échappées sur des mers lumineuses, était douce à la vie mystique. Et le mysticisme s'y trouvait dans une condition singulière : les solitaires, du haut des monts, apercevaient les deux grandes religions qui se partageaient, en dehors de la foi romaine, le monde connu des hommes du moyen âge : l'islamisme, et l'Église grecque. L'islamisme, très florissant encore en Sicile, sous le régime normand, se recommandait par l'élégance des mœurs arabes, la culture savante, la gravité du sentiment religieux. Entre la communauté schismatique des Grecs siciliens et l'Église latine, les basiliens, fidèles à Rome, mais gardant leur liturgie et leur langue grecque, étaient comme un trait d'union reliant les deux familles chrétiennes. Leurs couvents étaient nombreux dans cette région. Tandis que l'Italie supérieure et Rome se laissaient tourmenter par le souci de l'hérésie, la Grande-Grèce renouait paisiblement la tradition de l'idéalisme antique et, à travers la diversité des symboles, des théologies et des rites, contemplait la pure vérité éternelle.

Joachim, tout enfant, recherche la solitude; il passe de longues heures à prier, couché sur une grande pierre, à l'ombre d'un berceau de vigne. A quinze ans, après avoir étudié les lettres à Cosenza, il est admis dans les offices de la curie royale de Calabre. Mais le grave adolescent, « au visage angélique », est très vite las du mouvement de la vie séculière. Il rêve, tout en écrivant des diplômes, de l'Orient lointain, des merveilles de Byzance, du tombeau de Jésus et des vallons de la Galilée. Son père lui permet de partir, non comme un humble pèlerin, mais escorté d'amis et de serviteurs, à la façon d'un jeune prince. Il entre à Constantinople au milieu des horreurs de la peste, et la vue des misères humaines lui dévoile sa véritable vocation : il renvoie tous ses compagnons, à l'exception d'un seul, se rase la chevelure, prend une pauvre tunique et s'achemine à pied vers la Terre Sainte. Des Sarrasins le rencontrent, épuisé de fatigue; comme ils sont dénués de tout, il leur donne son vêtement et demeure quelque temps parmi eux, malade, caressé et réjoui par les petits de ces infidèles. Il atteint enfin la Ville Sainte et se retire pendant quarante jours dans une grotte du Thabor : le matin de Pâques, il entrevoit le plan de son œuvre prophétique; désormais il sera l'apôtre d'un christianisme transfiguré. Il redescend vers les régions habitées de la Palestine, et, « voyant les villes, il pleure sur elles ». Il revient en Sicile et se cache dans une caverne, près d'un couvent grec; il jeûne, il prie, il pleure sur les péchés de la Sicile; il retourne en Calabre et se cache dans les montagnes. Mais son compagnon est arrêté pour une figue qu'il a cueillie dans un verger : Joachim se nomme, afin de délivrer son ami. Son père, qui l'avait cru mort en Asie, le laisse entrer, comme simple frère lai, chez les cisterciens de Sambucina, qui en font leur portier. Il y demeure une année. Un jour, selon la légende, comme il allait dans le jardin, méditant sur Dieu, il voit apparaître un jeune homme d'une grande beauté, tenant une amphore. « Joachim, dit l'inconnu, prends et bois ce vin, qui est délicieux. » Après s'être désaltéré, le jeune moine rend l'amphore. « O Joachim, dit l'ange, si tu avais bu jusqu'à la dernière goutte, aucune science ne t'échapperait! »

Mais il avait assez goûté au mystérieux calice pour comprendre que l'heure de sa mission sonnait. Simple laïque, il prêche pendant plusieurs années dans la région de Rende. Il possédait l'art tout méridional de parler à la foule en faisant servir à l'action oratoire le spectacle de la nature. Un jour, en un temps de pluie désastreuse, le ciel s'assombrit tandis qu'il prêche sur les péchés de ses auditeurs ; tout à coup les nuages s'entr'ouvrent, un joyeux rayon céleste illumine l'église. Joachim s'arrête, salue le soleil, entonne le *Veni Creator* et sort avec le peuple pour contempler la campagne.

Mais il ne s'engagea pas fort avant dans la voie apostolique qu'il semblait alors frayer pour saint François d'Assise. L'Église en l'obligeant à prendre les ordres le ramena à la discipline traditionnelle (1168) ; dans l'abbaye de Corazo, où il se préparait à la prêtrise, il dut aimer la paix du cloître, plus douce à son génie que le labeur de la prédication. Il s'enrôla donc parmi les cisterciens et se voua à la lecture opiniâtre des Écritures. Vers 1178, cédant aux importunités de ses frères, il accepta la dignité abbatiale. Mais le soin des choses temporelles le troubla, les querelles de moines, les relations diplomatiques avec la cour normande, le gouvernement d'une communauté parurent une déchéance à cette âme mélancolique qui, dans le demi-jour de la cellule, passait des heures si bonnes entre Isaïe et saint Jean. Il s'enfuit de son monastère et alla à Rome supplier Lucius III de le relever d'une charge qui l'empêchait de méditer la parole de Dieu. Le pape lui rendit la liberté et Joachim revint en Calabre, affamé de solitude. Il se retira dans le désert de Pietralata, ermite des anciens jours, poursuivant sans relâche la composition de ses trois grands livres, la *Concorde*, le *Commentaire sur l'Apocalypse*, le *Psaltérion aux dix cordes*. Le Saint-Siège l'encourageait dans sa tâche ; après Lucius III, Urbain III et Clément III bénirent ses travaux, à la seule condition qu'il les fît approuver par la censure apostolique. Il allait parfois de cloître en cloître, à travers toute la péninsule, observant de près les maux de l'Église et le déclin du monachisme, parlant de réforme aux maisons bénédictines « où la règle du fondateur tombe en désuétude, où l'abstinence et le travail sont négligés, où la richesse et la mollesse font des délicats et des valétudinaires, dont l'estomac malade ne peut plus supporter que le lait » (*Exposit. in Apocal.*, 80, 3). Joachim annonçait à la chrétienté, aux princes et aux républiques, des jours très sombres. L'Italie se tournait avec une attention inquiète vers ce personnage étrange qui, sous le texte des Écritures, déchiffrait les secrets de Dieu et, par l'austérité de sa vie comme par ses prédications, disait très clairement que la société religieuse n'était point dans la bonne voie. Les disciples venaient à lui de tous côtés, des moines savants, tels que Ranieri, de l'abbaye des Trois-Fontaines de Formia, de grands pécheurs cherchant l'apaisement de leur conscience, des mystiques qui voulaient pénétrer sur ses pas dans l'obscurité symbolique des livres saints. Quand la retraite de Pietralata fut devenue trop étroite, Joachim monta plus haut encore dans les solitudes de la Calabre, et, sur un plateau de la Sila, au cœur des « Alpes très froides », écrit son biographe Jacques le Grec, il édifia pour ses fils, comme en une autre Pathmos, l'Église idéaliste de Flore. Il la consacra à saint Jean le Précurseur; Célestin III en approuva les statuts en 1196. Là, tandis que la royauté normande tombait sous les coups de Henri VI de Souabe et qu'un long cri d'horreur passait sur la Grande-Grèce, ces rêveurs n'entendaient plus que le murmure des forêts de pins et la lamentation lointaine des torrents.

IV

Aux premiers jours du xiiie siècle, Joachim, voyant le terme de son pèlerinage terrestre, mit la dernière main aux livres dans lesquels devaient se perpétuer ses angoisses et ses espérances. Il se choisit un successeur au gouvernement de l'ordre de Flore, puis se fit porter à sa thébaïde de Pietralata, dans le petit couvent de San Martino, afin d'y mourir. Toute la famille bénédictine de l'Italie méridionale accourut pour recueillir les dernières prophéties du vieil abbé. « Il leur prêcha la voie du salut et leur annonça l'extermination de l'ordre et leur répétait sans cesse : « Je vous laisse ceci « pour que vous vous souveniez toujours : aimez-« vous les uns les autres comme le Seigneur Jésus « nous a aimés. » Puis il les bénit, en commençant par ceux de Corazo, comme par les aînés de ses enfants, et en finissant par ceux de Flore. Il expira le 30 mars 1202.

Personne, alors, dans l'Église italienne, n'avait paru un plus fidèle ami de Jésus. « Il avait appris du Christ à être doux et humble de cœur. » Sa simplicité et sa charité étaient admirables : il réchauffait sur sa poitrine le visage des agonisants ; dans l'hiver qui précéda sa mort, comme la famine sévissait en Calabre et en Sicile, il donna aux pauvres ses derniers vêtements ; il lavait de ses mains le pavé de l'infirmerie ; il sauvait les villes de la brutalité féroce de Henri VI. Il se penchait sur toutes les souffrances, sans s'inquiéter de la religion de celui qui souffrait. Un soir, à Treborna, il entre chez un prêtre grec, nommé Leo, pour lui demander l'hospitalité. La femme de ce prêtre, malade, se jette aux pieds de Joachim et lui dit : « Seigneur, si tu le veux, tu peux me guérir ». Et le saint homme, plein de pitié, lui répond : « Crois-tu que, par le bienfait de Dieu, je puisse te guérir ? — Oui, seigneur, je le crois. » Alors le serviteur de Jésus, levant ses deux mains vers Dieu, puis les imposant sur le front de la femme malade qui le priait, après avoir fait le signe de la sainte croix, dit : « Lève-toi, femme, ta foi et ta piété t'ont « guérie. » Et, à partir de cette heure, la femme fut sauvée.

Cependant, c'est surtout l'illuminé qui, en Joachim, a frappé les hommes du xiie siècle. Le frère Luc, qui fut son secrétaire, et devint archevêque de Cosenza, ne doute point que l'abbé de Flore n'ait vécu dans une vision perpétuelle, entendant des paroles mystérieuses qu'aucune oreille humaine ne percevait, conversant avec des figures surnaturelles que son œil seul pouvait contempler. « J'étais assis à ses pieds, et nuit et jour il dictait, et j'écrivais, et, avec moi, deux autres moines, frère Jean et frère Nicolas... Je lui servais la messe, étonné de la façon dont il la célébrait : il levait les bras plus haut que les autres prêtres, bénissait l'hostie avec plus d'effusion : lui dont le visage était ordinairement livide comme une feuille morte, pendant le saint sacrifice il avait la figure radieuse d'un ange.... Je l'ai vu souvent pleurer alors et en particulier à la messe où on lit la Passion du Seigneur.... Quand il prêchait devant le chapitre, il semblait un ange assis au-dessus de nous tous; il commençait à voix basse et bientôt sa voix résonnait comme le tonnerre. Il passait les nuits à veiller, à prier, à lire, à écrire. Il ne dormait jamais, « même au chœur », ajoute le bon moine ; plus il jeûnait et plus il paraissait joyeux et fort. Je l'ai surpris bien des fois à genoux, les mains et les yeux levés vers le ciel et s'entretenant joyeusement avec Jésus-Christ, comme s'il le voyait face à face. » « Dans le temps de la Passion, écrit Jacques le Grec, il n'était plus de ce monde ; il prenait part à toutes les amertumes du Sauveur, et, gagné par le charme de l'agonie divine, il se plaignait de la brièveté de ces jours. »

Joachim mort, on ouvrit ses livres, et l'on put voir de quelles terreurs l'âme du vieil ermite avait été sans cesse traversée, au temps où il dictait aux novices de l'abbaye ses calculs et ses songes. Ce n'était rien d'avoir vécu, comme il fit, avec la pensée que l'Antéchrist allait paraître, ou d'avoir hésité un instant, comme un simple scolastique, sur le dogme de la Trinité, qu'il faillit changer en *Trithéisme*, par peur de la *Quaternité* de Pierre Lombard. Mais il avait reçu des livres saints eux-mêmes une révélation prodigieuse selon laquelle l'Église séculaire où la chrétienté s'abritait n'était plus qu'une tente dressée pour la nuit, et qu'on replierait à la prochaine aurore. La nuit de Pâques de l'an 1200, dans le silence de toutes choses, il avait aperçu l'avenir prochain du christianisme. Il redoutait de se taire et n'osait parler. Ce siècle finissait dans l'épouvante prédite par l'antique Évangile et Joachim se demandait en tremblant par quelles douleurs le monde allait payer l'enfantement de l'Évangile éternel.

V

C'est bien, en effet, un Evangile éternel qu'annonce, avec une conscience parfaite, le prophète calabrais. Le Saint-Esprit entrera, selon lui, dans la religion des fidèles comme ont fait déjà le Père et le Fils. « Il y entrera par son Évangile », est-il écrit dans le *Psaltérion*. Et quel est cet Évangile ? Celui dont saint Jean dit en l'Apocalypse : « Je vis l'ange de Dieu qui volait au milieu du ciel, et l'Évangile éternel lui a été confié ; mais quel est donc cet Évangile ? Celui qui procède de l'Évangile du Christ, car la lettre tue et l'Esprit vivifie. » Il sortira des replis de la révélation chrétienne, comme l'idée sort de la lettre. Joachim écrit : « Cet Évangile a été nommé éternel par Jean, parce que celui que le Christ et les apôtres nous ont donné est transitoire et temporel en ce qui touche à la forme même des sacrements, mais éternel pour les vérités que ceux-ci signifient. » L'esprit contenu dans les paroles du Nouveau Testament, par son éclosion même, détruira le texte symbolique où il était emprisonné, comme la fleur, en s'ouvrant, brise l'enveloppe de son bouton. Joachim qualifie aussi cet Évangile idéal « d'Évangile spirituel du Christ », qui brillera en sa pleine vertu comme le soleil, et non plus sous un voile, ou comme la face de Moïse dans un brouillard. Il l'appelle aussi très souvent *Evangelium regni*. Les dons de l'Ancien Testament étaient le voile de la lettre jeté sur la vérité; le Nouveau Testament a livré aux fidèles les biens antérieurement promis, en écartant le voile de la face de Moïse. Lorsque, allant de clarté en clarté, nous embrasserons en esprit les choses divines, nous verrons dans sa gloire la figure même du Christ, et nous entendrons sur la montagne de la contemplation la voix du Père disant : « Voici mon fils bien-aimé ». Par l'Évangile éternel seul nous naîtrons véritablement en Jésus-Christ; l'Évangile littéral, tout temporel, disparaîtra en grande partie devant la révélation de l'Esprit, et les fidèles posséderont une terre « où couleront le lait et le miel ».

Le progrès du divin dans le passé, la hiérarchie des deux premières révélations sont, pour Joachim, le gage certain de cette crise définitive du christianisme. La distinction des trois âges ou des trois états religieux du monde est un point essentiel de sa doctrine, qu'il établit en son ouvrage capital, la *Concordia*, avec un luxe étonnant de commentaires, de rapprochements historiques et de calculs. La concordance est pour lui la méthode rigoureuse de l'exégèse; il la compare à un chemin qui mène du désert à la ville, en arrêtant le voyageur sur des sommets d'où il peut regarder en arrière et en avant de sa route. Elle mesure l'un par l'autre les deux premiers Testaments, *quoad numerum, non quoad dignitatem*, les figures et les faits bibliques se reproduisant, en effet, dans les figures et les faits évangéliques. Mais ceux-ci dépassent en dignité les premiers, comme Jean-Baptiste dépasse Isaac, comme Jésus homme dépasse Jacob. Le premier état religieux, où les hommes ont vécu selon la chair, va d'Adam à Jésus-Christ; il a porté tous ses fruits d'Abraham à Zacharie; le second, où les hommes vivent entre la chair et l'esprit, a commencé à Ozias et Élisée et va jusqu'au temps où écrit Joachim; il a porté tous ses fruits de Zacharie à saint Benoît; le troisième, celui où l'on vivra selon l'Esprit seulement, a commencé à saint Benoît; il durera jusqu'à la consommation des siècles. A ces trois périodes, dont les deux dernières concourent, par leur origine, avec la fin de l'époque précédente, correspondent trois ordres de personnes que Dieu a chargées de manifester à son plus haut degré la vie religieuse : à la première, l'ordre des époux, c'est-à-dire des patriarches, puis des rois; à la seconde, l'ordre des clercs, qui a commencé par la tribu sacerdotale de Judas et d'Ozias et a produit sa plus grande figure en Jésus-Christ, roi et prêtre suprême ; à la troisième, l'ordre des moines, dont le premier a été saint Benoît. Il y avait eu des moines avant Benoît, mais le monachisme n'a pris sa vraie forme qu'en celui-ci, « quand le Saint-Esprit a montré son autorité parfaite ». Et Joachim achève, dans ce passage éclatant comme un hymne, la vision historique de saint Augustin et de Scot Érigène : « Le premier temps a été celui de la connaissance, le second celui de la sagesse, le troisième sera celui de la pleine intelligence. Le premier a été l'obéissance servile, le second la servitude filiale, le troisième sera la liberté. Le premier a été l'épreuve, le second l'action, le troisième sera la contemplation. Le premier a été la crainte, le second la foi, le troisième sera l'amour. Le premier a été l'âge des esclaves, le second celui des fils, le troisième sera celui des amis. Le premier a été l'âge des vieillards, le second celui des jeunes gens, le troisième sera celui des enfants. Le premier s'est passé à la lueur des étoiles, le second a été l'aurore, le troisième sera le plein jour. Le premier a été l'hiver, le second le commencement du printemps, le troisième sera l'été. Le premier a porté les orties, le second les roses, le troisième portera les lis. Le premier a donné l'herbe, le second les épis, le troisième donnera le froment. Le premier a donné l'eau, le second le vin, le troisième donnera l'huile. Le premier se rapporte à la Septuagésime, le second à la Quadragésime, le troisième sera la fête de Pâques. Le premier âge se rapporte donc au Père qui est l'auteur de toutes choses, le second au Fils qui a daigné revêtir notre limon, le troisième sera l'âge du Saint-Esprit, dont l'apôtre dit : « Là où est l'esprit du Seigneur, là est la « liberté [1]. »

Pour Joachim, le grand jour est proche. Il a compté entre Adam et Jésus-Christ quarante-deux générations de trente années, soit 1260 années. Ce chiffre doit, selon la *Concorde* des deux Testaments, reparaître pour la période qui s'écoulera entre la venue du Christ et l'ère bienheureuse de l'Esprit. L'année 1260 verra-t-elle donc s'accomplir le mystère? Ici le prophète hésite. Les deux dernières générations peuvent, selon lui, n'être pas comptées. La crise religieuse est donc ouverte dès l'an 1200. La première moitié du XIIIe siècle sera remplie par le drame de l'Église. La chrétienté sera d'abord jetée par l'Antéchrist dans une angoisse horrible : « Le sacrifice et l'offrande manqueront, l'ordre de l'Église sera détruit, au point que, dans la multitude du peuple, il n'y aura plus un homme qui ose invoquer librement le nom du Seigneur. » Enfin la trompette de l'Archange retentira, tous les mystères contenus dans les Écritures s'accom-

---

1. *Concordia*, lib. V, cap. 84.

pliront, et « ce sera le temps de la paix et de la vérité pour la terre entière ». Joachim entend déjà le grondement lointain de l'orage. Il crie aux amis de Dieu de pourvoir à leur salut terrestre : « S'il y a quelqu'un de la maison de Loth, qu'il se hâte de fuir loin des murs de Sodome; s'il y a quelqu'un de la famille de Noé, qu'il s'empresse de rejoindre ceux qui sont à l'abri dans l'arche. » Il écrit les dernières lignes de la *Concorde* dans un accès de tristesse mortelle, il supplie son lecteur de prier Dieu pour lui. « Si le jour suprême me trouve encore vivant, puissé-je combattre le bon combat pour la foi de Jésus-Christ et, dans la compagnie des confesseurs de Jésus-Christ qui vivront alors, monter au royaume des cieux. *Amen. Amen. Amen*[1]. »

VI

A l'ère de la vérité religieuse répondra, selon Joachim, une évolution dans les consciences, dans l'Église, dans le corps entier du christianisme. L'Évangile éternel ne sera déchiffré et compris que par l'intelligence spirituelle, l'intelligence

---

1. *Concordia*, lib., V, cap. 116, 117, 119.

mystique, *misticus intellectus,* la seule qui aille au Saint-Esprit. On verra donc fleurir une Église toute mystique et contemplative, l'Église des moines « qui, délivrée des soucis du siècle, vit par l'esprit, ne s'occupant que de prières et de psalmodies ». L'ordre des moines est tout embrasé, comme l'Esprit-Saint dont il est la figure, de l'amour de Dieu, « car il ne pourrait mépriser le monde et les choses qui sont du monde sans l'entraînement du même Esprit qui a poussé Dieu dans le désert » (*Concord.*, ibid., Tract. I, cap. VIII). L'Église monacale s'est manifestée dans les temps anciens par Élisée, puis par saint Benoît et les maisons bénédictines dont l'échelle de Jacob fut le symbole; mais c'est par la chrétienté grecque et les Pères du Désert qu'elle a le mieux représenté la religion de l'Esprit. L'ermite, seul dans son antre de rochers, l'ermite que les abeilles sauvages nourrissent de leur miel, tel est, pour l'abbé de Flore, le chrétien parfait, celui que l'Église du Nouveau Testament a parfois connu. C'est à lui qu'appartient l'avenir. C'est lui qui réconciliera, dans la foi transcendante à l'Esprit, toutes les grandes familles religieuses du genre humain; il sera le trait d'union entre l'Église d'Occident et l'Église d'Orient. Son apostolat couvrira la terre entière; il touchera le cœur des païens, et poussera le vieil Israël, las d'une longue révolte, dans le giron de l'Église éternelle.

Ainsi Joachim attendait non point la fin, mais l'achèvement du christianisme, non la ruine, mais l'exaltation de l'Église chrétienne; il ne croyait pas que l'ordre des clercs dût disparaître plus que n'avait fait, sous la loi du premier Testament, l'ordre des lévites; les moines devaient se placer à la tête de la société religieuse, comme les clercs l'avaient fait jadis, lorsqu'ils prirent la primauté sur l'ordre laïque; l'Évangile traditionnel ne tomberait point tout entier, comme un livre désormais inutile, de la main des fidèles. Car l'Évangile éternel lui-même ne sera point un livre remplaçant l'Ancien et le Nouveau Testament: mais il procédera de l'un et de l'autre, comme l'Esprit procède du Père et du Fils; il donnera le sens dernier des révélations antérieures; il sera la communion intime des âmes avec le Saint-Esprit. Et ainsi sera justifiée, par l'accomplissement des promesses johannites, l'espérance séculaire de l'humanité.

Les écrits de Joachim firent tressaillir l'Italie, de la Sicile aux Alpes. Toute la chrétienté, le Saint-Siège, les princes de l'Occident furent comme éblouis par la vision du solitaire de Flore. Cette figure singulière devait laisser un long souvenir et une impression de mystère très propre à grandir, à travers plusieurs générations, la renommée d'un prophète. Joachim répondait aux nécessités religieuses de son siècle, mais il n'y répondait qu'en partie. On ne voulut point voir, à la première heure, les contradictions de sa doctrine, le côté décevant de sa théorie ; on ne comprit point le double aspect d'un personnage qui se tournait à la fois vers le passé et vers l'avenir, et confiait à la tradition mystique du passé la rénovation spirituelle de l'avenir. La vue supérieure de Joachim, l'achèvement de la religion au sein du christianisme même, mais d'un christianisme sublime, dégagé de la lettre étroite, purifié par l'Esprit, cette vue était bien faite pour réjouir la conscience italienne, que les sectes hérétiques ne parvenaient point à détacher de la vieille foi. L'Italie entendit volontiers annoncer la déchéance de l'ordre clérical, du Saint-Siège temporel, de l'Église séculière, dont la fonction pastorale passerait aux contemplatifs et aux saints, « de la mer jusqu'à la mer[1] ».

Le rêve d'Arnauld de Brescia deviendrait donc une réalité. Mais Arnauld, qui fut un tribun plus encore qu'un mystique et qui chercha la liberté religieuse dans l'affranchissement de la société civile, n'eût certes point accepté l'état d'immobilité hiératique où l'abbé Joachim voulait fixer la chrétienté. En réalité, celui-ci, au lieu d'élargir l'Église afin d'y embrasser la multitude des fidèles, en fermait les nefs et n'y laissait plus de place

---

1. *Concord.*, lib. V, cap. 57.

que pour quelques saints agenouillés sous la lampe de l'autel. Il exaltait le monachisme au moment même où l'Italie laïque venait de constituer, en vue des intérêts du siècle, la commune bourgeoise, et abandonnait pour toujours la conception que le moyen âge ecclésiastique avait eue de l'ordre social. Les lis qui ne filent point ne pouvaient être la fleur symbolique d'un monde dont l'activité pénétrait la Méditerranée, l'Europe et l'Orient. La vie contemplative suppose une noblesse éminente de l'âme, le détachement des choses terrestres, le dédain de l'action, la parfaite solitude. Elle dénoue les liens de la communauté humaine et se passe trop aisément de la charité pour ne point aboutir à l'égoïsme. Elle ne satisfait point assez à la parole divine recueillie par l'apôtre Jean : « Aimez-vous les uns les autres ». Le vieil Évangile, dont le texte avait si longtemps consolé les hommes, n'était-il pas encore plus riche d'espérances que l'Évangile éternel? Saint François d'Assise, en rouvrant le Testament de Jésus, découvrira tout à l'heure le secret que personne avant lui n'avait soupçonné. Il pressentit que le salut de la famille chrétienne, le salut des pasteurs comme celui du troupeau, serait l'œuvre des âmes, même des plus obscures, et que le christianisme se transformerait le jour où les consciences les plus humbles reviendraient librement aux vertus de l'âge évangélique. Il ne voulut ni réformer Rome, ni rajeunir l'antique monachisme, ni déposséder les évêques et les clercs, mais simplement réveiller en chaque chrétien l'homme intérieur, et, par l'élan unanime des fidèles, entraîner l'Église. C'est pourquoi, dans sa pauvre chapelle de la Portiuncule, il put célébrer, lui qui n'était point prêtre, la Pâque de Joachim et convier la chrétienté universelle à la fête que son précurseur avait réservée seulement à l'élite des moines.

CHAPITRE III

SAINT FRANÇOIS D'ASSISE ET L'APOSTOLAT
FRANCISCAIN

I

Joachim de Flore venait à peine de mourir, et l'Italie, rejetée par lui dans les terreurs de l'Apocalypse, attendait la catastrophe de l'Antéchrist. Tout à coup, sur les campagnes d'Assise, de Pérouse, d'Agubbio, d'Orvieto, de Spolète, descendit un large rayon de soleil et comme la grâce exquise d'une matinée d'avril. Ces petites villes, que n'avait point touchées la civilisation supérieure de Florence, de Milan, de Venise, et qui formaient encore, dans la région du haut Tibre, autour du lac Trasimène, au fond du vieux désert étrusque de la Chiana, un monde isolé et candide, étaient un berceau d'élection pour une renaissance religieuse. Le moyen âge s'était montré particulièrement rude pour ces contrées que les empereurs ne pouvaient protéger efficacement, et dont les papes avaient fait une enceinte fortifiée pour la défense du patrimoine ecclésiastique. Le régime communal n'y adoucissait point, comme dans les grandes cités, les ennuis de sa constitution par l'orgueil de la vie publique. La paix était précaire dans ces petits pays : Pérouse se battait contre Assise, les barons et l'Église se disputaient sans cesse Orvieto, Spolète ou Narni. L'Église était là moins présente qu'ailleurs; le massif du Cimino semblait cacher Rome à l'Ombrie, l'ordre de saint Benoît n'y avait point placé de monastère considérable; le pape n'y paraissait qu'un maître féodal assez incommode. Aussi, au premier appel de saint François, des milliers d'âmes s'épanouirent. L'Italie n'avait jamais écouté un apôtre plus consolant. Il ne prêchait point l'ascétisme désespéré des moines et des ermites; il ne bouleversait point la foi, comme les missionnaires cathares ou vaudois; il ne menaçait point les hommes d'une crise dans les consciences et d'une interprétation nouvelle de l'Évangile, comme avait fait Joachim; il ne soulevait point une croisade contre la vieille Église, comme avait tenté de le faire Arnauld de Brescia. On vit en lui, dès les premiers actes de sa vocation, un Méridional, un Italien, un poète, ami du mouvement et de la lumière, ignorant de la tristesse, que jamais une pensée amère n'avait inquiété. Il faut se l'imaginer tel que ses premiers disciples l'ont dépeint, avec sa figure fine et souriante, ses lèvres vermeilles, ses yeux noirs et étincelants, sa taille délicate, sa démarche leste et non point avec le visage émacié et la mine lugubre qu'ont inventés sans aucun doute les artistes espagnols. Il est bien le fils d'un siècle d'action. Il croit que tout est bon ici-bas, la société et la nature. Il recherche le commerce de ses semblables; il a pour tout ce qui vit, même pour les bêtes les plus humbles, un élan de tendresse et une parole de bénédiction. Il est à son aise dans la main paternelle de Dieu. Son cœur est trop pur pour s'effrayer des pièges de Satan, sa foi trop enfantine pour se décourager jamais. Tout jeune, il avait espéré faire de grandes choses, et saluait d'avance son propre avenir. Comme il était, durant toute une année, prisonnier de guerre de Pérouse, il étonna ses gardiens par son inaltérable allégresse. « Que pensez-vous de moi? leur disait-il, savez-vous bien qu'un jour le monde m'adorera? » Ses amis le croyaient alors un peu fou et ne comprenaient point la portée de ces autres paroles qu'il répétait volontiers : « Mon corps est captif, mais j'ai l'esprit libre, et je suis content ».

Il naquit en 1182. Il appartenait à la classe des privilégiés d'Assise, commune alors florissante par ses relations commerciales avec les cités voisines. Son père était du peuple d'en haut, et allait jusqu'en France pour vendre ses draps. Quant à lui, dans sa première jeunesse, il faisait libéralement honneur aux florins de Bernardone. Il était très joyeux, écrit Thomas de Celano, son plus ancien biographe. Il se promenait la nuit dans Assise à la clarté des torches, entouré de jeunes gens de son âge, revêtu de beaux habits et tenant à la main le bâton de commandement[1]. C'était le temps où la civilisation provençale égayait les cités italiennes. Les troubadours rendaient à la péninsule la culture raffinée de notre Midi, le goût des vers d'amour et des fêtes brillantes. François semble s'être servi souvent du français, c'est-à-dire du provençal, comme d'un idiome plus noble que le dialecte de l'Ombrie. Ce fils de

---

1. Voir pour la biographie de saint François aux *Acta Sanctorum*, octob., t. II. *Thomas de Celano*, 1229, les *Tres Socii*, 1247, saint Bonaventure, 1263. WADDING, *Annal. Minorum.* Pour le caractère intime du saint, les *Fioretti*, l'évangile populaire du franciscanisme, xive siècle. Le *Liber conformitatum* de Bartol. de Pise, seconde partie du xive siècle, d'un raffinement extraordinaire d'analyse, montre la ressemblance théorique, trait pour trait, de François avec Jésus. Sur le premier apostolat, Frà Jordano à Jano, aux *Analecta franciscana*, t. I. Sur la crise qui éclata au lendemain de la mort de saint François, l'*Historia Septem Tribulationum Ordin. Minor.* à l'*Archiv für Literat. und Kirch. Gesch.*, t. II, l'*Archiv. stor. ital.*, fascic. 5, 1886. Pour l'influence de saint François sur la poésie et l'art en Italie, HENRI THODE, *Franz von Assisi und die Anfänge der Kunst der Renaiss. in Ital.*, Berlin, 1885. Voir aussi, pour l'intelligence de la vie et de l'âme de saint François, HASE, *Franz von Assisi, ein Heiligenbild*, Leipzig, 1856. RENAN, *Nouv. Ét. d'hist. relig.* OZANAM, *Poët. francisc.* GÖRRES, *Der heil. Franc. von Assisi, ein Troubadour*, Strasbourg, 1826.

bourgeois, nourri de romans français, de fabliaux et de sirventes, rêvait même de chevalerie et de grandes aventures dans les bandes normandes de Gaulthier de Brienne. « Je serai un grand baron », disait-il souvent à ses amis.

Cependant, mille impressions douloureuses, l'âpreté de son père, l'égoïsme de ces laborieux citadins, les misères qu'il rencontrait à chaque pas, les pauvres qui s'amassaient à la porte des églises, les lépreux qui erraient dans les champs, les dangereux pèlerins qui rôdaient autour des bourgs, et, le soir venu, se transformaient en voleurs, les serfs fugitifs qui mendiaient « pour l'amour de Dieu », tous ces spectacles, chaque jour renouvelés, étendaient une ombre sur ses plaisirs. Dans la nature riante d'Assise, au sein de la plaine ombrienne, toute parée de grandes vignes, abritée, comme en un berceau, par ses montagnes, sur cette terre où la vie, la liberté et la joie semblent couler du ciel, l'homme seul paraissait à François chétif et déshérité, obligé par le monde à une lutte ingrate contre ses semblables, dédaigné par Dieu lui-même, dont les voies s'obscurcissaient de tous côtés. L'Église, tourmentée par l'hérésie, souffrait des puissances séculières toutes sortes de violences. On avait vu, à la fin du XIIe siècle, Henri, fils de Frédéric Barberousse, arracher au pape toutes les cités de la région d'Orvieto, de Pérouse et de Spolète.

Saint François, tout petit, vit, pour quelque temps, selon le mot d'un contemporain, l'Église romaine « réduite à la mendicité ». L'adolescent tomba malade, et, quand il regarda, pour la première fois, les collines et les champs, il reçut une impression de grande mélancolie. Il voulut partir pour les provinces napolitaines ; mais il eut en route des visions singulières. Il répondait à l'appel de Dieu : « Seigneur, qu'ordonnes-tu que je fasse ? » La libre voix de la conscience personnelle commençait à parler en lui. Il revint à Assise, et partagea encore pendant quelque temps les plaisirs de ses amis. Un jour, à l'issue d'un festin, où on l'avait, pour la dernière fois, couronné prince de la jeunesse, comme ils l'entraînaient en chantant dans les rues de la ville, François s'arrêta tout à coup et parut plongé dans une profonde rêverie. « Qu'as-tu, lui dirent ses compagnons, songes-tu à te marier ? — Vous dites vrai, je pense à prendre une noble et belle fiancée. » La voix divine lui criait alors : « François, ce que tu as aimé jusqu'aujourd'hui sur la terre, il faut le haïr et l'abandonner ». Il prend le chemin de Rome, mendie à la porte de Saint-Pierre, puis retourne à Assise, où il se dévoue aux lépreux, dont la vue lui faisait horreur autrefois. La chapelle de Saint-Damien tombait en ruines : le jeune homme emporte en secret à Foligno les plus beaux draps de son père et les vend pour réparer la maison du

Seigneur. A ce moment, Bernardone jugea dangereuse la vocation de cet enfant prodigue : il le cita devant les consuls; mais François récusa la juridiction communale et en appela à l'évêque, qui est, disait-il, « le père et le seigneur des âmes ».

Il se tournait ainsi, pour un instant encore, vers le passé de l'Église, afin d'échapper à la prise du régime social dont la discipline lui paraissait bien dure pour l'indépendance et la fraternité des âmes. François pouvait prier son évêque, le jour où il se jeta à ses pieds, de lui conférer le sacerdoce; il pouvait aussi se réfugier en quelque cloître, et mourir au monde sous la robe bénédictine. Mais il sentait vaguement que, ni l'Église séculière, ni le monachisme ne favoriseraient plus dans leur sein l'invention apostolique, que l'ancien régime ecclésiastique ne répondait plus aux besoins de la chrétienté, et que l'Italie renouvelée attendait, selon l'expression consacrée par la langue même de l'Église, « une religion nouvelle ». Il était alors altéré surtout de liberté et voulait courir vers Dieu, seul, par des voies non frayées. En quelques heures il a renoncé au monde, à l'héritage paternel, et, couvert du manteau que lui a donné l'évêque, il s'en va dans les bois d'Assise, chantant des vers français. Des voleurs l'arrêtent : il leur dit en riant qu'il est le héraut d'un grand roi. Ils le laissent dans un fossé plein de neige. Il poursuit sa marche, et s'offre à un couvent en qualité de cuisinier. Il passe un mois parmi les lépreux d'Agubbio, puis il mendie sur les chemins de la plaine d'Assise. Ses anciens compagnons de fêtes le raillent sans pitié, ils lui jettent de la boue au visage; son père et son frère se détournent à sa vue. « De toutes les peines que j'ai eu à endurer, dit-il plus tard, celle-ci m'a été la plus cruelle. » Il essaya de se consoler en priant un vieux mendiant de l'accepter pour fils. Mais son noviciat apostolique était dès lors accompli ; par la charité et la pauvreté volontaire, par l'humilité et l'amour, cette âme généreuse avait trouvé la pleine liberté et la joie qui le soutinrent jusqu'au dernier jour de sa mission. Il avait su rouvrir l'Évangile à la page du Sermon de la montagne; il était prêt à rendre à l'Italie le sourire de miséricorde et les paroles enchantées avec lesquelles l'Église berça jadis l'enfance du christianisme. Quand il eut groupé autour de lui quelques disciples, il leur dit : « Allons vers notre mère la Sainte Église romaine, et montrons au Saint-Père ce que le Seigneur a commencé par notre œuvre, afin que nous poursuivions notre tâche selon le bon vouloir du pape ». C'était en l'année 1209. Le pape était alors Innocent III. Saint François apportait à Rome le dessein de sa première Règle[1]. La

[1]. Cette Règle de 1209, aujourd'hui perdue, a été restituée, avec une grande vraisemblance, par M. K. Müller, *Die Anfänge*

hiérarchie pontificale et la jeune société franciscaine, la tradition historique de l'Église et l'avenir de la chrétienté italienne allaient se rencontrer dans le désert solennel de Saint-Jean de Latran.

II

Or, en ce temps même, le Saint-Siège romain apparaissait avec une incomparable grandeur. Les récents orages, qu'il avait traversés sans périr, l'avaient porté plus haut peut-être qu'il ne fut aux jours de Grégoire VII. Jamais le problème du double pouvoir pontifical, du spirituel et du temporel, n'avait semblé plus difficile à résoudre qu'aux dernières années du xiie siècle. L'Église penchait réellement sur la tête d'Innocent. A Rome, la commune, tantôt oligarchique, tantôt démocratique, toujours hostile, était autonome et brutale; la démagogie, fidèle au souvenir d'Arnauld de Brescia, remontait sans cesse sur le Capitole; la plupart des nobles pactisaient avec le peuple; les terribles Orsini venaient d'entrer

des Minoriten Ordens, ch. I. Il convient de la substituer à la première Règle traditionnelle, qui est de 1221.

dans l'histoire de la papauté; partout, dans la ville, au Colisée, aux thermes de Paul-Émile, au théâtre de Marcellus, au Quirinal, se dressaient les tours des barons rebelles. Des hauteurs du Latran, où il vivait seul, protégé par les Annibaldi, le pape entendait nuit et jour la cloche du Capitole sonnant la guerre civile. Autour de Rome, les barons et le sénateur communal étaient maîtres de tout le pays; plus loin, les comtes allemands, capitaines de l'empereur, campaient sur toutes les provinces de l'Église; plus loin encore, aux Deux-Siciles, Henri VI avait établi le pivot de l'Empire. Au nord de Rome, les communes, malveillantes en Toscane, douteuses partout ailleurs, par la ruine de l'épiscopat féodal avaient privé le Saint-Siège de sa meilleure ressource en Italie : elles pouvaient d'un jour à l'autre se ranger autour de l'empereur contre le pape. Dans la plus florissante moitié de l'Italie, l'hérésie occulte gagnait tous les ordres de la société; dans toute une moitié de la France, l'hérésie, soutenue par les seigneurs, triomphait avec éclat; à Paris enfin, l'hérésie scolastique d'Amaury de Chartres niait l'éternité du christianisme. La chrétienté italienne ne paraissait plus obéir à la voix de son premier pasteur. Innocent III, plus jeune et plus docte que Grégoire VII, aussi pur que lui, vit clairement ce qu'il fallait faire pour sauver le Saint-Siège, l'Église romaine et peut-être l'unité de la foi. Avant tout, c'était Rome qu'il devait tenir entre ses mains. Il commença, en 1198, par se soumettre le préfet impérial et imposer le serment de fidélité au sénateur communal. Le désordre qui suivit la mort de Henri VI lui rendit le patrimoine de saint Pierre et les anciens fiefs toscans de Mathilde; l'interrègne et la compétition d'Othon IV et de Philippe de Souabe, par la désorganisation du parti impérial et le relâchement des liens qui unissaient à l'Empire un grand nombre de villes, lui permirent enfin de se montrer à la péninsule comme le chef de l'indépendance nationale, le protecteur des communes, et, écrivait-il huit mois après son élection, « le tuteur paternel de l'Italie ».

Il fondait ainsi la tradition qui soutint la papauté jusqu'à Boniface VIII, jusqu'à l'exil d'Avignon. Tradition sans cesse interrompue par les révoltes des barons et du peuple romain, longtemps compromise par les efforts désespérés des derniers Hohenstaufen pour faire de l'Italie la province impériale par excellence, toujours relevée par le Saint-Siège qui, atteint déjà dans sa suzeraineté œcuménique et son prestige spirituel, et n'ayant point encore le principat ecclésiastique du xve siècle, ne pouvait se maintenir au sommet de la péninsule que par l'hégémonie morale et politique du parti guelfe. Innocent III se dévoua à cette œuvre avec une constance que les douleurs de son propre règne ne démentirent point. Il s'enfuit de Rome en flammes au printemps de 1203, et, dix mois plus tard, rentrait dans sa métropole, jetait ses partisans contre le maître démagogique de la commune, Jean Capocci, et, tout en livrant bataille dans les rues, achetait à prix d'or les chefs du peuple. Il obtint cette fois tout ce qu'il voulait, le droit de nommer et de déposer le sénateur ou le podestat, à qui appartenait dans la ville le pouvoir exécutif. Il recouvrait par cette constitution Rome du manteau de l'Église. S'il avait tenté de détruire alors la commune romaine, et d'établir la monarchie papale plus d'un siècle avant que la péninsule ne commençât un mouvement d'ensemble vers la tyrannie, il eût abdiqué, par cette dangereuse création, le protectorat des villes républicaines de l'Italie et laissé le Saint-Siège, isolé et désemparé, entre l'Empire et les communes. Ce n'est point par humilité qu'il se contentait de cette mesure de puissance temporelle, lui qui, vers cette époque, disait aux envoyés de Philippe Auguste : « Le Seigneur a appelé les prêtres des dieux ; le sacerdoce est seul d'institution divine, l'empire n'est qu'une extorsion humaine ». Mais il lui suffisait d'être le haut seigneur ecclésiastique de Rome et du patrimoine pour grouper les communes autour de la croix pontificale, d'être sans conteste l'évêque de Rome, pour parler à l'occident comme évêque universel, régler l'intégrité de la foi catholique, imposer à Paris les sentences de ses théologiens, décréter une croisade d'inquisiteurs contre la France méridionale. Il retenait en tutelle, dans l'ombre d'un palais arabe de Palerme, le petit-fils de Barberousse, l'enfant qui, devenu empereur, sera plus tard l'angoisse de l'Église; avec Frédéric de Souabe, le parti gibelin tout entier semblait ainsi remis entre les mains du pape. La double mission du Saint-Siège au XIIIe siècle, la primauté en Italie et le rétablissement de la discipline religieuse, commençait donc par l'œuvre toute politique d'un pontife homme d'État; elle ne pouvait durer et grandir que par la suite de cette même politique; et, plus encore qu'autrefois, la force morale et l'ascendant mystique de l'Église de Rome avaient pour condition première un intérêt essentiellement temporel.

C'est pourquoi Innocent et son sacré-collège accueillirent avec un sincère étonnement la rêverie évangélique de ces douze inconnus qui, du fond de l'Ombrie, venaient solliciter du vicaire de Dieu la permission de prêcher aux simples, de mendier pour les affamés, de consoler les mourants et de se partager la conquête du monde en possédant pour tout fief le petit champ et la chapelle en ruines de la Portiuncule, au pied de la colline d'Assise. Ils s'inclinaient devant le pape, en se recommandant des paroles de Jésus, qui sont en saint Mathieu : « Si tu veux être parfait, va et vends tous tes biens et donne l'argent aux pauvres, et tu auras un trésor dans le ciel ». Mais l'Église séculière ne pouvait comprendre alors que les choses religieuses fussent à un tel point détachées de tout intérêt terrestre. Le pape et les cardinaux hésitèrent quelques jours à accepter la Règle de la nouvelle communauté; ils jugeaient trop dure la profession de pauvreté et de renoncement absolu. Innocent III paraît même avoir pressenti qu'un schisme ne tarderait pas longtemps à diviser l'ordre naissant. Mais un cardinal dit, dans le conseil pontifical : « Si nous repoussons comme chose trop difficile la requête de ce pauvre, prenons garde de contredire à l'Évangile de Jésus-Christ ». Innocent bénit donc le fondateur et son œuvre et renvoya ces pèlerins à la grâce de Dieu. Il eut alors un songe, qui demeura dans la mémoire du siècle; il vit la basilique du Latran qui penchait comme un vaisseau battu par la tempête, et l'enfant d'Assise qui lui prêtait son épaule et la soutenait.

III

Il faut considérer de près la vie spirituelle de cet apôtre qui s'est dépouillé des choses de la terre non pas pour son propre salut, à la manière des moines, mais pour la réformation de tous ses frères; non pour retrouver Dieu dans la solitude d'un cloître, mais pour le chercher et le glorifier librement dans les villes populeuses, sur les montagnes et dans les vallées. Plus il s'oublie lui-même, plus il semble maître de sa volonté et de son cœur. Il a si bien vaincu, par l'habitude du sacrifice, l'égoïsme vulgaire, que la souffrance et l'humiliation lui donnent un plaisir très vif; plus il se fait petit sous la main de Dieu, plus fort et plus joyeux il se montre à ses disciples. Il voulut un jour que frère Léon, avec « sa simplicité de colombe », l'accablât de reproches, et, afin que l'épreuve réussît mieux, il lui dictait de sa bouche toutes sortes de paroles terribles. « O frère François, tu as fait tant de mal et de péchés dans le siècle, que tu es digne de l'enfer, et du plus profond. » Mais Léon répétait tout à rebours : « Dieu fera tant de bien par toi que tu iras au paradis ». Alors saint François, se frappant la poitrine, avec beaucoup de larmes et de soupirs, dit à haute voix : « O mon Seigneur du ciel et de la terre, j'ai commis contre toi tant de péchés, que je suis vraiment digne de ta malédiction ». Et frère Léon répondit : « O frère François, Dieu te fera tel que, parmi les bénis, tu seras singulièrement béni ! » Un soir d'hiver, comme ils cheminaient tous les deux, par un froid très piquant, de Pérouse à

Assise, saint François, tout en courant derrière son compagnon, lui apprit ce qu'il fallait entendre par « la joie parfaite ». « Frère Léon, brebis du bon Dieu, sais-tu quelle est, pour les frères mineurs, la joie parfaite? Ce n'est pas d'édifier le monde par leur sainteté, de rendre la vue aux aveugles, de chasser les démons, de ressusciter des morts de quatre jours; ce n'est pas non plus de posséder toutes les langues, sciences et écritures, et de prophétiser, de connaître les étoiles, la vertu des plantes et des eaux, de prêcher si bien qu'ils convertissent les infidèles. — Qu'est-ce donc, Père, dit Léon, que la joie parfaite? — Eh bien, quand nous serons à Sainte-Marie-des-Anges, trempés de pluie, percés de froid, couverts de boue, mourant de faim, nous frapperons à la porte; le portier viendra tout en colère et dira : « Qui êtes-vous? — Deux de vos frères. — Ce n'est « pas vrai, criera le portier, vous êtes deux ribauds, « deux vagabonds qui volent l'aumône des pau- « vres. » Et il nous laissera dehors à la pluie et au froid, et nous penserons avec humilité que ce portier nous connaît bien. Et si nous continuons à frapper et qu'il nous chasse avec un bon bâton bien noueux, en criant : « Allez-vous-en, méchants « larrons, allez à l'hôpital; il n'y a ici pour vous ni « souper, ni lit »; s'il nous prend par nos capuchons et nous jette dans la neige et que nous supportions tout cela en pensant aux souffrances du bien, aimé Jésus, frère Léon, voilà vraiment la joie parfaite. »

Cette gaieté religieuse fut l'une des forces de son apostolat. Il charma ses frères, et ceux-ci, à leur tour, charmèrent l'Italie par la sérénité riante avec laquelle ils accueillaient les grandes misères, les petites tribulations et les humbles douceurs de la vie. Tout à l'heure, lui chétif, il n'avait reçu dans un village que quelques croûtes de pain sec, tandis que Frà Masseo, qui était, disent les *Fioretti*, « grand et beau de corps », récoltait de bons morceaux de pain frais. On étale toute cette quête sur une large pierre blanche, près d'une source claire, au soleil, et saint François s'émerveille de la beauté du festin. « Mais, Père, dit Masseo, nous n'avons ni nappe, ni couteau, ni écuelle, ni table, ni maison, ni valet, ni servante. — Et pour quoi comptes-tu donc, répliqua François, cette belle pierre, cette eau limpide et ces morceaux de pain? » Comme il avait toujours le cœur en fête, il n'aimait à avoir autour de lui que des visages de belle humeur, et ne permettait point que l'on portât dans le chapitre aimable de ses mineurs la préoccupation chagrine du *mea culpa*. Il disait à un novice : « Mon frère, pourquoi cette figure triste? As-tu commis quelque péché? *Cela ne regarde que Dieu et toi*. Va prier. Mais devant moi et devant les frères, aie toujours une mine saintement joyeuse; car il ne convient pas, lorsqu'on est au service de Dieu, de montrer un air maussade et refrogné ». (*Lib. Conformit.* Éd. de 1590, p. 185.) Et, dans la Règle de 1221, il fit de la joie une obligation canonique, au même titre que la chasteté et l'obéissance. Les vrais franciscains doivent toujours être « *gaudentes in Domino* », « allègres et de bonne grâce ». Il n'y a point de vallée de larmes dans la Terre-Sainte de l'Ombrie.

Ils sont bien pauvres cependant; ils tendent chaque jour la main à la porte des maisons et des églises; ils n'ont, pour s'abriter, près d'Assise, que quelques huttes de roseaux. L'Italie communale, l'Italie guelfe des changeurs et des notaires, pour qui le florin est une chose sainte, un pain quotidien, fut à la fois étonnée et attendrie par le spectacle, merveilleux pour elle, de consciences si légères, en un tel dénûment de tout bien terrestre. Un siècle plus tard, Dante et Giotto exaltaient encore les fiançailles de saint François avec la Pauvreté « qui privée du Christ, son premier époux, durant plus de mille et cent années, était restée méprisée et obscure ». Elle fut, en effet, la vertu cardinale du christianisme franciscain. Dans l'hiver de 1209, pendant la messe, François avait entendu une voix qui lui disait : « Allez, ne portez ni or, ni argent, ni monnaie dans votre bourse, ni sac, ni deux vêtements, ni souliers, ni bâton ». Il choisit donc le costume des plus pauvres artisans et des pêcheurs, la tunique de drap grossier, le capuchon et la ceinture de corde ; il interdit, en principe, l'usage des sandales et, d'une façon absolue, le contact des pièces de monnaie. « Les pauvres du Christ, écrit Jacques de Vitry, ne portent en voyage ni besace, ni provisions, ni chaussures, ni bourse dans leur ceinture. Ils n'ont ni monastères, ni églises, ni champs, ni vignes, ni bêtes de somme, ni rien au monde où ils puissent reposer leur tête. » De leurs bréviaires, de leurs pauvres meubles, des ustensiles familiers, ils n'ont, selon un bref de Grégoire IX, que l'usufruit et non la propriété. Du vivant même de saint François, des divergences se manifestèrent sur cette idée fondamentale ; dès le lendemain de sa mort, l'ordre devait se diviser, et les nécessités mêmes de la discipline forcèrent l'immense institut des mineurs à posséder des couvents plus dignes de ce nom que les cabanes dont il s'était d'abord contenté. Aux xiiie et xive siècles, le débat sur la pauvreté évangélique, exagéré par le zèle de frères de la règle étroite, agita l'Église et poussa même jusqu'au bord de l'hérésie une partie de la famille franciscaine. Mais ces querelles de théologiens n'ont point altéré d'une manière sensible l'œuvre apostolique des mineurs dans la société italienne. Ils purent racheter par la charité ce qu'ils avaient gagné en richesses temporelles. Le haut idéal de saint François demeura longtemps intact. Par la pauvreté il était revenu au Dieu, méconnu depuis tant de siècles, qui était né dans une étable de rencontre, tandis que les renards avaient leur tanière et les oiseaux leur nid. Il l'a dit lui-même à Jésus, dans cette prière magnifique : « Elle était dans la crèche, et, comme un écuyer fidèle, elle s'est tenue tout armée dans le grand combat que vous avez soutenu pour notre rédemption. Dans votre Passion, elle a été la seule à ne pas vous abandonner. Marie votre mère s'est arrêtée au pied de la croix, mais la Pauvreté, y montant avec vous, vous a enserré de son étreinte jusqu'à la fin. C'est elle qui a préparé avec amour les rudes clous qui ont percé vos pieds et vos mains, et, lorsque vous mouriez de soif, épouse attentive, elle vous faisait préparer du fiel. Vous avez expiré dans l'ardeur de ses embrassements ; mort, elle ne vous a point quitté, ô Seigneur Jésus, et elle n'a point permis à votre corps de reposer ailleurs que dans un sépulcre d'emprunt. C'est elle enfin qui vous a réchauffé au fond du tombeau. O très pauvre Jésus, la grâce que je vous demande, c'est de m'accorder le trésor de la très haute Pauvreté : faites que le signe distinctif de notre ordre soit de ne jamais posséder rien en propre sous le soleil, pour la gloire de votre nom, et de n'avoir d'autre patrimoine que la mendicité[1] ! »

---

1. Aux *Acta Sanctor., Vita a Tribus sociis*.

IV

On entrevoit ici l'admirable passion à laquelle François d'Assise a dû tout son génie. Son cœur est embrasé par l'amour :

In foco l'amor mi mise,

« L'amour m'a mis dans la fournaise, il m'a mis dans la fournaise d'amour », lit-on dans un poème que lui attribue saint Bernardin de Sienne. A force d'amour, il chancelle comme un homme ivre. Jésus, dit-il, lui a volé son cœur. « O doux Jésus ! embrasse-moi et donne-moi la mort, mon amour ! » Le Dieu pathétique de l'Évangile, le Dieu de la veillée douloureuse au jardin des oliviers, trahi par ses disciples, vendu par un apôtre, outragé par son peuple, battu de verges et couronné de ronces, le Dieu misérable du calvaire qui, agonisant sur un gibet, crie désespérément que son Père lui-même l'abandonne, Jésus crucifié possède l'âme de François. Dans sa retraite du mont Alvernia il veut revivre une à une les dernières heures mortelles du Fils de l'Homme. « O mon Seigneur, je te demande deux grâces avant de mourir : fais que je ressente dans mon âme et dans mon corps toutes les douleurs amères que tu as endurées, et, dans mon cœur, l'immense amour qui t'a porté à pâtir de telles souffrances, toi, fils de Dieu, pour nous, pauvres pécheurs! » Mais ces extases n'ont rien de commun avec les visions de Joachim de Flore. Les larmes qu'il verse en ces heures de ravissement sont toutes de tendresse et de béatitude. Un ange lui apparaît, tenant un violoncelle, et, au premier coup d'archet, François se pâme d'amour et voit s'ouvrir le paradis d'azur où rayonne la face de son Dieu. Les hautes roches de l'Alvernia étincellent à ses yeux de plus de rubis et de saphirs que la Jérusalem triomphante de saint Jean. Jésus entoure de ses bras sanglants le mystique d'Assise, imprime sur ses mains, sur ses pieds et sur son cœur les stigmates de sa Passion, et l'emporte, fou d'amour, au sein du Père céleste.

Mais, si haut qu'il soit, il ne perd jamais la terre de vue, cette humanité souffrante que Jésus consolait, la foule des petits et des simples dont le Sermon de la montagne enchantait les misères. Il soigne de ses mains les lépreux, avec la douceur d'une sœur de charité, purifiant les plaies de l'âme en même temps que celles du corps. Aux voleurs que le gardien d'un de ses couvents avait repoussés, il envoie le pain et le vin destinés à son propre repas, avec des paroles si touchantes qu'ils courent se jeter à ses pieds et le prient de les prendre dans son ordre[1]. Si, le jour du chapitre général, des milliers de pèlerins se réunissent dans la plaine d'Assise, on voit venir, vers midi, par tous les chemins qui mènent à Spolète, à Orvieto, à Pérouse, des cortèges de mulets, de chevaux, de charrettes chargés de provisions, pain, vin, fèves, fromage, disent les *Fioretti*, « et autres bonnes choses à manger pour les pauvres de Jésus-Christ ». Une nuit de Noël, dans la vallée de la Greccia, il convia les paysans et les bergers à souhaiter la bienvenue à celui qu'il appelait « le petit enfant de Bethléem ». Dans la paix de minuit, les bois s'éclairèrent tout à coup de la lueur des torches qui marchaient en hâte vers une étable où saint François attendait, près de la crèche pleine de paille, entre l'âne et le bœuf. Quand tout le monde fut agenouillé, il lut, en sa qualité de diacre, au côté droit de la crèche, comme à un maître-autel, l'Évangile selon saint Luc; puis il se tourna vers les fidèles prosternés dans l'ombre, et leur prêcha la naissance du Sauveur. Certes, à la même heure, il y avait moins de foi et d'amour dans la basilique de Saint-Jean-de-Latran, sous la coupole impériale de la chapelle Palatine de Palerme. Quelques-uns crurent voir, sur la paille de la crèche, un enfant endormi qui

---

1. *Fioretti*, XXVI. Règle de 1221, cap. VII : *Et quicumque ad eos venerint, amicus vel adversarius, fur vel latro, benigne recipiatur.*

semblait peu à peu s'éveiller et qui ouvrait les bras. C'était, en effet, le Dieu des pauvres, que la voix de François tirait d'un bien long sommeil, et qui, de nouveau, souriait au fond des consciences.

V

Et, en même temps, c'était une religion nouvelle que les hommes de bonne volonté recevaient de François d'Assise, comme jadis ils l'avaient reçue sous le ciel étoilé de Bethléem. Nous touchons ici au point capital de l'œuvre franciscaine. Par l'amour et la pitié, François ramenait l'Italie au pacte évangélique; sans théologie ni scolastique, il restaurait le christianisme primitif; sans hérésie ni lutte, il rajeunissait l'Église et donnait à son siècle la liberté religieuse. Il signait un concordat nouveau entre Dieu et la chrétienté.

Il réconcilie l'homme avec Dieu. Il le pousse au giron de celui qui a dit : « Bienheureux ceux qui pleurent! » Il dissipe le malentendu séculaire qui avait assombri le christianisme. Il chasse les vieilles terreurs, les angoisses poignantes du moyen âge; il a mis en Dieu la bonté à la place de l'inflexible justice, et, dans le cœur du chrétien, il ramène l'espérance du paradis, la confiance filiale, la paix de la vie terrestre. A la place de l'Église, c'est Jésus qu'il offre directement aux consciences. Le vrai médiateur, selon lui, c'est Jésus, qui a voulu souffrir et mourir pour la famille d'Adam, afin d'en payer la dette ; il est le vrai prêtre, l'évêque des âmes, *Episcopus animarum nostrarum*, est-il écrit dans la Règle de 1221 ; et François ajoute, avec l'apôtre Jean : « Vous êtes tous des frères ; n'appelez personne père sur la terre, car vous n'avez qu'un seul père, Celui qui est dans les cieux. Ne prenez pas pour vous-mêmes le nom de maîtres, car vous n'avez qu'un seul maître, Celui qui est dans les cieux. » C'est donc à lui, Père, Pasteur, Docteur, Évêque suprême, qu'il faut apporter ses misères, pour qu'il les allège, les blessures de son cœur, pour qu'il les guérisse. Il sait mieux que personne ce qu'il faut à ses enfants, car, répétait saint François, « c'est l'œil seul de Dieu qui juge de la valeur de l'homme ». Devant lui, aucune conscience n'est plus haute qu'une autre, car il est pour toutes, avec une égale bonté, la source de tout mérite. « Toutes vertus et tous biens, est-il dit dans les *Fioretti*, sont de Dieu, et non de la créature ; nulle personne ne doit se glorifier en sa présence, mais si quelqu'un se glorifie, que ce soit dans le Seigneur. » Le rôle du prêtre diminue du moment que le fidèle communie spontanément avec Dieu ; celui du saint n'a plus de raison d'être, puisque le fils présente librement ses souffrances et ses vœux à son Père. L'intercession des saints disparaît en quelque sorte du christianisme franciscain. Marie, les deux saints Jean et les Anges partagent seuls la dévotion qu'il offre à Jésus. Le chrétien devient ainsi son propre prêtre, l'arbitre de sa foi, l'artisan de son salut. La religion des œuvres perd tout ce que la religion intérieure a gagné. « Ne vous flattez pas, disait-il, d'être parfaits en accomplissant tout ce qu'un méchant peut faire : il peut jeûner, prier, pleurer, crucifier sa chair : une seule chose lui est impossible, c'est d'être fidèle à son Seigneur[1]. »

L'Église franciscaine tient étroitement, sans doute, à l'Église de Rome, par l'intégrité du symbole de foi, la nécessité des sacrements, l'autorité du pape et des évêques, que saint François reconnaît solennellement, non sans quelques réserves. Les frères, disent les deux Règles, seront soumis aux clercs « pour tout ce qui touche au salut »; mais elles ajoutent : « et en tout ce qui n'est point contraire à notre ordre ». Ils sont dispensés des fêtes que le pape pourrait créer en dehors du bréviaire canonique, à moins qu'elles ne leur soient imposées expressément. En réalité, ce christianisme essentiellement mystique enlève à l'Église séculière la surveillance incessante de la

---

1 *Acta Sanctor.*, p. 757.

vie spirituelle; il échappe à la hiérarchie ecclésiastique et s'organise en dehors de toute discipline traditionnelle. Saint François observe à la lettre la belle formule pontificale : *Servus servorum Dei*. Lui-même et tous les chefs des groupes franciscains ne sont que les *ministres*, les gardiens, les serviteurs vigilants de leurs frères; l'épiscopat monacal et féodal des abbés est inconnu dans l'institut nouveau. Le testament de saint François défend aux frères de solliciter de Rome aucun privilège pour la prédication ou contre la persécution. Le plus grand nombre des franciscains n'a point pris les degrés supérieurs de la cléricature; le fondateur ne fut que simple diacre; tous cependant ils remplissent l'office apostolique par excellence de la prédication. La prière de saint François monte aussi près de Dieu que les paroles liturgiques de l'évêque de Rome. Les frères qui ont bien pratiqué la vie évangélique, dit le curieux opuscule sur les *Stigmates*, entreront droit au paradis, ceux dont le zèle a été faible ne languiront au Purgatoire que le temps prescrit par saint François lui-même; chaque année, au jour anniversaire de sa mort, le saint descendra aux limbes pour en tirer les âmes de ses frères et sœurs des trois ordres et celles des chrétiens qui ont aimé le pénitent d'Assise. Une fois même, François fut plus fort que les portes de l'enfer. Il lui avait été révélé que le frère Élie de Cortone, son premier successeur au généralat, se révolterait contre l'ordre et l'Église et serait damné. Il obtint que la sentence serait effacée, et qu'Élie, éclairé à sa dernière heure, mourrait avec le pardon du pape, revêtu de la robe franciscaine.

La voie du salut, si âpre jadis, s'est donc aplanie, et l'on y chemine plus librement. L'observance religieuse se simplifie, comme si Dieu se contentait, en échange de l'amour des âmes, d'une vertu plus douce; les devoirs de piété s'accommodent d'une plus souple interprétation. Saint François prie sans cesse, non par obligation, mais parce que la prière le réjouit; il croit que l'oraison muette du cœur est meilleure que celle que balbutient les lèvres : *mentaliter potius quam vocaliter*. Selon lui, un simple *Pater*, ou quelques larmes versées sur la Passion du Sauveur, sont la plus belle des prières (*Lib. Conform.*, 178, 262). « Tu ne sais pas ce qu'est la véritable oraison, disait frère Egidio à un novice qui refusait d'aller mendier le pain de la communauté sous prétexte qu'il était occupé à ses prières : obéir humblement, cela vaut mieux que de converser avec les anges. » Saint François ne veut pas que les siens bâtissent de grandes églises; il les exhorte à ne point faire célébrer dans leurs chapelles plus d'une seule messe par jour; « si les prêtres sont plusieurs, qu'ils se contentent d'assister à la messe de l'un d'eux; car le Seigneur comble de sa grâce les absents comme

les présents à l'autel, pourvu qu'ils soient dignes de lui. » Que les mineurs, à défaut de prêtre de l'ordre ou de prêtre séculier pour se confesser, s'agenouillent provisoirement devant leur frère, *confiteantur fratri suo*, selon le conseil de l'apôtre saint Jacques. (Règle de 1221, cap. xx.) L'appareil extérieur du culte touche peu saint François : il aimerait mieux dépouiller l'autel de la Vierge de son dernier ornement que de manquer à la loi de pauvreté en amassant quelques florins pour les besoins de son ordre. Une vieille femme, dont les deux fils s'étaient faits mineurs, lui demande l'aumône, mais il ne reste plus rien au couvent que la Bible qui sert à chanter l'office dans le chœur. « Donnez-lui la Bible, dit le saint; Dieu sera plus content du bien que nous ferons à cette pauvre femme que de nos psalmodies à la chapelle; elle a donné ses enfants à l'ordre, elle peut tout nous demander. » « Saint François, racontent les *Fioretti*, était une fois, au commencement de son ordre, avec frère Léon, en un endroit où ils n'avaient pas de livre pour dire l'office divin. Quand vint l'heure de matines, il dit à frère Léon : « Mon
« très cher, nous n'avons pas de bréviaire avec le-
« quel nous puissions dire matines, mais, afin d'em-
« ployer le temps à louer Dieu, je parlerai et tu me
« répondras comme je t'enseignerai. » Pareil accident était survenu jadis à Joachim de Flore, mais ce parfait moine, au lieu d'inventer allègrement

des matines très libres, inspiré tout à coup par l'Esprit saint, avait fait réciter l'office canonique à son compagnon de route, sans qu'il oubliât un seul verset, jusqu'à la dernière syllabe.

« Dieu, disait saint François, veut la miséricorde et non pas le sacrifice. » (*Lib. Conf.*, p. 243.) L'austérité farouche du fidèle qui se met à la torture afin d'agréer au Seigneur n'a plus de sens dans ce christianisme. Elle paraîtrait un manque de confiance en Dieu. Saint François glisse dans ses préceptes toutes sortes de tempéraments, afin de soutenir la faiblesse humaine. Comme autrefois Jésus aux apôtres, il permet à ses frères de manger et de boire ce que leur présente leur hôte, tout du long de leurs voyages. Si la fête de Noël tombe un vendredi, il défend que l'on observe l'abstinence. « C'est un péché, dit-il, de faire pénitence le jour où est né l'Enfant Jésus; ce jour-là, les murs eux-mêmes devraient manger de la chair. » Une nuit, un de ses moines, épuisé par le jeûne, se trouve mal. Saint François se relève, met la table, s'y assied à côté du jeune homme, et oblige tous les frères à un souper extraordinaire, pour que le novice ne soit pas humilié de manger seul. « Je vous le dis en vérité, chacun doit tenir compte de ses forces et prendre la nourriture qui lui est nécessaire, afin que le corps rende un bon et loyal service à l'esprit. Gardons-nous de deux excès : il ne faut ni trop manger, ce qui nuirait au corps et à l'âme, ni jeûner immodérément, parce que le Seigneur préfère les œuvres de charité à l'observance extérieure de la religion » (*Lib. Conformit.*, p. 244.) Si frère Sylvestre a une envie secrète de manger du raisin, saint François le conduit lui-même à la vigne, la bénit et rassasie son ami de fruits délicieux. Au chapitre général d'Assise, s'il apprend qu'un certain nombre de mineurs portent sur leur chair des cercles de fer hérissés de pointes ou des scapulaires de métal, il interdit cette pratique sanglante et ordonne que l'on fasse aussitôt un amas de ces engins de pénitence; on en recueillit plus de cinq mille, qui furent abandonnés dans les champs. Vers la fin de sa vie, malade, il eut lui-même conscience d'avoir trop durement châtié son corps. Il entendit une nuit ces paroles : « François, il n'y a pas au monde un seul pécheur à qui Dieu ne pardonne s'il revient à lui ; mais celui qui se tue par excès d'austérité ne trouvera point de compassion dans l'éternité ». Une fois même, il se confessa de cette sévérité pour « son frère âne », c'est-à-dire pour son corps. Il eut, dans le même temps, le désir d'ouïr encore une fois les airs de musique qu'il avait aimés en sa jeunesse; mais il n'osait pas demander qu'on appelât des musiciens. Pendant la nuit, comme la souffrance le tenait éveillé, il entendit le frémissement d'une lyre invisible dont les notes semblaient tomber des étoiles; la mélodie venait toujours plus près, toujours plus douce, et il s'endormit bercé par le chant des anges.

Pour ce cœur si tendre, l'amour de tous les êtres vivants n'est point seulement l'effet d'une poésie instinctive; dans les créatures, c'est encore son Dieu qu'il croit embrasser. Il respire dans les fleurs des champs l'odeur de la tige de Jessé, dont le parfum ranimait les morts. Les campagnes de l'Ombrie sont pour lui un véritable paradis terrestre, où il converse familièrement avec les bêtes, qu'il appelle frères et sœurs; il fait signe à tous ces petits, écarte avec soin le ver de terre du sentier battu par le pied des hommes, et, pendant l'hiver, fait disposer pour les abeilles des vases de miel ou de vin. La vue d'un agneau, figure symbolique de Jésus, le remplit toujours d'émotion ; il donne au boucher, pour le racheter, son manteau et son capuchon. Et les bêtes s'attachent à lui, comme à un ami sûr : il leur parle avec un grand sérieux, et la légende ne doute point qu'elles ne lui répondent selon leur pouvoir. Un jeune lièvre qu'on a pris au lacet et qu'on lui apporte, se jette dans son sein, puis, remis en liberté, le suit pas à pas, à la façon d'un chien, jusqu'à la forêt prochaine. Une cigale qui s'égosillait sur la branche d'un figuier, près de sa cellule, appelée par lui, se pose sur sa main. « Chante, ma sœur cigale, et loue le Seigneur avec ton cri de jubilation. » Pendant huit jours elle revint, à la même heure, accompagner de son petit cantique la prière de François. L'agneau dont on lui a fait présent entre derrière lui à l'église, s'arrête au même autel que lui, et, au moment de l'élévation, s'agenouille. Dans son désert de l'Alvernia, c'est un faucon, son voisin, qui, chaque nuit, l'éveille à l'heure de vigiles; quand le saint est malade, l'oiseau attend, pour sonner l'office, que l'aube blanchisse les montagnes. Si un jeune garçon lui donne des tourterelles sauvages, il les apprivoise et leur fait de ses mains des nids dans les buissons, tout autour de sa communauté d'Assise. Thomas de Celano raconte qu'un jour, comme il prêchait au peuple en pleine campagne, les hirondelles firent un bruit si aigu qu'il dut s'arrêter; il attendit patiemment quelque peu, et, comme elles criaient de plus belle, il leur dit : « Mes chers sœurs, c'est à mon tour de parler, car vous avez assez crié; écoutez donc la parole du Seigneur et taisez-vous jusqu'à la fin du sermon ». Elles se turent, et n'osèrent pas s'envoler avant qu'il n'eût dit : *Amen*. Une autre fois, près de Bevagna, il prêcha tout exprès pour les petits oiseaux. « Louez toujours et partout votre créateur qui vous a donné l'air du ciel pour royaume, les rivières et les sources pour vous désaltérer, les montagnes et les vallées pour refuge et qui vous donne de chauds vêtements pour vous et vos enfants. » Les oiseaux, qui couvraient la terre et les arbres, battaient joyeusement des ailes, agitaient leurs têtes et gazouillaient de plaisir. Le saint marchait tout en parlant et les touchait de sa robe, sans qu'un seul s'effrayât et prît la fuite. Puis il les bénit d'un signe de croix, et tous, remontant droit au ciel, avec une chanson triomphale, se séparèrent en forme de croix vers les quatre coins de l'horizon.

Saint François s'abandonne à toutes les caresses de la nature sans s'inquiéter, comme les moines du vieux temps, des séductions que les mauvais anges y ont peut-être cachées. Le monde invisible se manifeste à ses yeux avec une grandeur simple que n'avaient pas connue les troubadours provençaux, ses maîtres en poésie; dans sa Galilée de l'Ombrie, au bord du lac limpide de Pérouse, sous la feuillée des chênes de l'Alvernia, il entend l'immense, l'éternel murmure de la vie divine. A son tour, il veut participer au chœur universel; dans le *Cantique du Soleil* il glorifie le Seigneur pour toutes les choses excellentes et belles que ses mains ont prodiguées :

Laudato sia, Dio mio signore,
Con tutte le tue creature!

L'*Alleluia* d'Assise, où la lumière du jour, la douceur étoilée des nuits méridionales, le souffle tiède du vent, le bruissement des eaux vives et les grâces maternelles de la terre, *nostra madre terra*, toute parée d'herbes, de fleurs empourprées et de fruits, sont évoqués tour à tour, éclate, comme un chant de fête, sur le berceau de la poésie italienne. Mais c'est aussi le cantique du christianisme franciscain qui ne veut point voir de contraste douloureux entre la sérénité de la nature et les misères humaines, et qui fait de la souffrance même une chose sacrée : « Sois loué, mon Seigneur, pour ceux qui pardonnent au nom de ton amour, pour les faibles qui endurent la tribulation ! Bienheureux les malheureux et les pacifiques, car toi, le Très-Haut, tu leur donneras une couronne ! »

Laudato sia, mio Signore,
Per quelli che perdonano per tuo amore
Et sosteneno infirmitate et tribulatione :
Beati quelli que sostenerano in pace,
Che da ti altissimo serano incoronati.

VI

L'Italie vit donc, vers l'année 1210, se renouveler l'enthousiasme des temps apostoliques. On accourut en foule à saint François, dont la parole consolait et délivrait les âmes. Il versait sur toutes les blessures le baume de l'Évangile. A ceux qui traînaient avec impatience le joug du régime communal, il montrait le royaume de Dieu comme prix des injustices et des tyrannies de la vie terrestre. Il calmait le malaise des consciences qui, afin d'échapper aux ennuis du siècle, s'étaient détachées peu à peu de l'Église : il témoignait, par l'exemple même de sa personne, des trésors de joie que l'on pouvait encore recueillir, tout en demeurant un chrétien régulier. Il instituait non pas le libre examen, mais la liberté de l'amour; il allégeait la main de l'Église, cette main pontificale que le moyen âge avait faite si rude, et sous laquelle ployait la chrétienté latine; à l'Église elle-même il apportait la force de l'apostolat primitif, il l'arrachait à la mélancolie stérile du cloître, à l'orgueil de l'épiscopat féodal, pour la jeter, non plus en maîtresse hautaine, mais en mère de miséricorde, au sein des cités populeuses, dans la fermentation des communes, parmi les serfs de la campagne; il la ramenait à ses souvenirs les plus beaux en lui rendant, comme une parole magique, le cri sublime de Jésus : « *Misereor super turbam* ».

C'est bien par l'Évangile retrouvé que commence l'apostolat franciscain. Il n'est question, à l'origine, ni d'un ordre nouveau, ni d'un institut rigoureusement constitué. La première pensée du fondateur s'arrête quelques années à une libre confraternité, dont la Règle de 1209 contient les traits essentiels, que celle de 1221 a marqués avec plus de précision. Les grandes vertus évangéliques y sont recommandées, la pauvreté, l'humilité, la charité, la prière. La pratique de ces vertus prend très vite une physionomie particulière; l'humilité amène au mépris absolu de toutes choses, l'humilité et la pauvreté, à la mendicité « pour l'amour de Dieu ». La charité ne se contente point des pauvres et des infirmes : elle embrasse, dans sa sollicitude, les lépreux, les criminels, les païens. Deux fonctions se manifestent, dans les premiers temps, d'une façon très nette : la prédication et le travail des mains. Cette prédication se révèle comme une parole active, perpétuelle, jetée à tous les vents du ciel et qui volera jusqu'aux régions les plus lointaines du monde. Quant au travail, dont le salaire n'est représenté que par les choses nécessaires au corps, il fait voir à quel point les franciscains de la première heure s'en tenaient aux conditions communes de la vie sociale. Rien ne rappelle encore, chez les frères, la discipline conventuelle : la Règle de 1221 n'impose point d'offices extraordinaires aux prêtres; les offices des laïques se bornent à la récitation du *Pater*, du *Credo*, du *Miserere* et du *de Profundis* pour les morts. Le groupe franciscain de 1209 ressemble plus au futur tiers ordre qu'à une milice religieuse. C'est pourquoi, dès les premiers jours, toutes les classes de la société italienne, rassurées autant que consolées par saint François, s'émeuvent et se livrent à lui. L'aîné de ses disciples est un bourgeois d'Assise, Bernard de Quintavalle, « l'un des plus nobles, des plus riches et des plus sages de la ville », qui, touché par l'abnégation du jeune apôtre, distribue tous ses biens aux veuves, aux orphelins, aux prisonniers, aux pèlerins, aux hôpitaux; puis, c'est un prêtre, Silvestre, jusqu'alors fort avide d'argent, qui se donne au parti de la pauvreté parfaite et conversera avec Dieu « comme un ami avec un ami »; de petites gens du peuple, Léon, Ruffin, Masseo; un soldat, Angelo; des nobles, Egidio, Valentin de Narni; un chanoine de la cathédrale d'Assise, Pierre Cattani, « jurisconsulte et maître des lois »; un poète de cour, Pacifique; deux étudiants de Bologne, dont l'un « était très lettré et grand décrétaliste, » Pellegrino et Rinieri; trois brigands de grands chemins, « larrons homicides », disent les *Fioretti*. Son moyen d'action est la parole, et il n'y eut jamais de prédication plus populaire. L'Écriture sainte est toute sa théologie. Le développement du *Pater*, la mort du pécheur, le récit attendri de la Passion sont ses sujets préférés. Il prêche sans aucun apprêt oratoire; il rit, il pleure, il fait pleurer; il joue le personnage dont il entretient la foule; il bat des mains ou des pieds; il bondit de joie dans la chaire, il bêle comme un agneau en prononçant le nom de Bethléem. Il prêche un jour devant le pape Honorius III ; son sermon avait été étudié et appris par cœur. Dès le premier mot il se trouble, perd la mémoire et s'arrête court; alors il improvise librement, à sa manière, et il semble, dit saint Bonaventure, que c'est l'esprit de Dieu qui parle par sa bouche.

Quand il entre dans une ville, tous les habitants courent à sa rencontre. A Bologne, la grande place communale est trop étroite pour le concours des fidèles. Quand il passe à travers les campagnes, les confréries des villes, les corporations, les enfants vont en chantant l'attendre sur le chemin avec des bannières et des branches de verdure ; les petites cloches de l'Ombrie sonnent comme pour une messe de Pâques; on se pousse autour de lui pour toucher le bord de sa robe ou découper en reliques le drap de son capuchon. A Borgo-San-Donnino il s'évanouit, à demi étouffé, dans les bras de ses adorateurs ; à Gaëte il est forcé de se réfugier sur une barque, afin de mettre la mer entre lui et la multitude ; à Rieti, les habitants, trop empressés, foulent aux pieds la vigne du presbytère où François reçoit l'hospitalité; le pauvre prêtre se lamente sur sa vendange perdue, mais son hôte le console en lui promettant une récolte miraculeuse, et jamais le curé de Rieti ne vit d'automne plus riant, ni ses pressoirs plus remplis.

Saint François, aussitôt qu'il eut fait bénir ses premiers frères par la main d'Innocent III, envoya ses missionnaires deux à deux à travers l'Italie, en leur disant : *Ite et docete.* « Ce n'est pas seulement pour notre salut que Dieu nous a appelés dans sa bonté, c'est aussi pour le salut des peuples.... Ayez garde de juger et de mépriser les riches qui vivent dans la mollesse et portent des vêtements somptueux, car Dieu est leur Seigneur aussi bien que le nôtre ; il peut les appeler et les justifier. Nous devons les honorer comme nos frères et nos maîtres, puisque, par leur secours, ils viennent en aide aux gens de bien. Allez donc annoncer la paix aux hommes et prêcher la pénitence pour la rémission des péchés. Les uns vous accueilleront avec joie et vous écouteront volontiers ; les autres, impies, orgueilleux et violents, vous blâmeront et s'élèveront contre vous. Dans peu de temps, beaucoup de nobles et de savants se joindront à vous. Soyez patients dans la tribulation, fervents dans la prière, courageux dans le travail, modestes dans vos discours, graves dans vos mœurs, reconnaissants pour le bien qu'on vous fera, et le royaume des Cieux sera votre récompense[1]. » Au premier chapitre général, en 1216, il renouvela les mêmes préceptes de tolérance et de charité. « Que la paix soit encore

---

1. WADDING, *Annal. minor.*, t. 1, p. 61. Le *Lib. Conformit.* retranche tout le passage relatif aux riches, p. 146

plus au fond de vos cœurs que sur vos lèvres. Ne donnez à personne occasion de colère ou de scandale; portez tout le monde à la bénignité, à la concorde, à l'union. Guérir les blessés, consoler ceux qui pleurent, ramener les pauvres égarés, voilà votre vocation. Il en est qui paraissent être les membres du diable et qui seront un jour les disciples de Jésus-Christ. »

Et les frères s'en allaient de bourg en bourg, de ville en ville, disant leur bréviaire tout en marchant; ils entraient dans les maisons, prêchaient familièrement sous le porche des églises. Ce monde franciscain était d'une activité extraordinaire. Le fondateur ne souffrait point de paresseux, d'*ocieux*, dans sa communauté. « Va-t'en, frère mouche, disait-il à un novice qui ne songeait qu'à manger et à faire la sieste à l'ombre après le dîner. Il y a assez longtemps que tu vis à la manière des frelons, qui ne font pas de miel et dévorent celui des abeilles. » Il faut voir frère Egidio allant à huit milles de Rome faire des fagots, abattant les noix dans la campagne, glanant les épis au profit des pauvres gens, portant l'eau dans les rues. Ceux qui étaient prêtres confessaient les fidèles; on aimait ces pasteurs errants qui disparaissaient le lendemain, emportant les secrets fâcheux des consciences, et que l'on pensait ne revoir jamais. Ils arrangeaient les querelles de familles, calmaient les haines des partis, apaisaient les ré voltes publiques. En 1210 ils intervinrent entre les serfs et les barons des environs d'Assise et firent signer aux seigneurs une charte d'affranchissement. En 1220, à Bologne, saint François exhortait, avec une persuasion véhémente, les factions communales à se réconcilier. Le loup très féroce d'Agubbio qu'il ramena, docile comme un mouton, dans la mystique petite cité fameuse pour ses belles enluminures de missels, n'était sans doute, comme le soupçonne le pieux Ozanam, qu'un baron, un *Ysengrin* peu endurant, ou même « le peuple du moyen âge » ; mais je serais presque tenté de regretter le loup qui mit si dévotement, selon la légende, sa patte dans la main du saint, jura d'être pacifique à l'avenir, et vieillit en ami au foyer des bonnes gens d'Agubbio. Les *Fioretti* laissent presque entendre qu'il mourut en odeur de sainteté.

Une organisation très simple contribua aux rapides progrès de l'ordre des mineurs. Elle n'apparaît point encore dans la Règle de 1209, où les « pénitents de la cité d'Assise » semblent confiés à la surveillance exclusive du clergé séculier et de l'évêque. Elle se manifeste, dans la Règle de 1221, par l'institution un peu vague des *ministres*, serviteurs et conseillers de leurs frères ; elle prend sa forme dernière dans la Règle définitive de 1223, qui fut consacrée par Honorius III. Ici nous trouvons une véritable constitution de l'ordre rendue indispensable par les nécessités de la discipline. Comme les frères ne s'enfermaient point encore en de grandes maisons monacales, et campaient, pour ainsi dire, au cœur de la chrétienté, ils se multiplièrent très vite, sans aucun souci d'intérêt temporel, et attirèrent à eux ceux que séduisait la liberté aventureuse du nouvel apostolat. Quand ils furent une armée, il fallut bien leur donner une hiérarchie. Saint François distribue l'Occident par provinces. Le ministre provincial surveille les gardiens ou ministres délégués à la direction des couvents ; le ministre général, dont Assise est la métropole, est élu par les provinciaux et les gardiens au grand chapitre convoqué chaque trois ans en Ombrie, le jour de la Pentecôte ; il peut être déposé par le même concile. Un cardinal protège l'ordre dans les conseils du Saint-Siège. Le général est, pour le pape, le représentant responsable de l'institut entier.

Les titres aristocratiques d'abbé, de prieur, disparaissent, en même temps que l'esprit du monachisme bénédictin, où la communauté, constituée féodalement, dépendait absolument de son abbé, où le seul lien fédéral entre les communautés était la Règle de saint Benoît. Saint François comprit que, pour le vin nouveau, il fallait des amphores neuves. Il présenta donc à l'Italie communale du xiiie siècle non plus une oligarchie, mais une république religieuse qui, grâce au parlement d'Assise, est très libre en elle-même, très forte par son unité en face du monde séculier, très indépendante du côté de Rome par la souplesse même de sa hiérarchie. Il fit plus encore. Tandis qu'il offrait, en 1219, la clôture rigoureuse des clarisses aux femmes dont la faiblesse fuyait les dangers du monde, il trouva le moyen de vivifier jusqu'en ses profondeurs la société laïque par le génie de son institut. En 1221 il fonda la confrérie des « frères de la pénitence » appelée *tiers ordre* en 1230, pour les hommes et les femmes qui vivent de la vie commune, au foyer domestique, pour les époux, même pour les prêtres séculiers; c'est à Faenza, puis à Florence, qu'il en mit les premières associations. Le tiers ordre s'ouvre à tous, riches ou pauvres, artisans ou nobles; il n'est, à l'origine, réglementé par aucune constitution écrite. La prétendue Règle des tertiaires, de 1221, est postérieure à la mort de saint François. Elle a été rééditée, dans le texte que nous possédons, par la bulle *Supra montem* de Nicolas IV, en 1289. Toute l'observance prescrite par le fondateur se rapporte aux grands préceptes de foi et de charité chrétiennes, rehaussés par une sérieuse discipline. Les frères sont tenus de respecter les commandements de Dieu et de l'Église, de se réconcilier avec leurs ennemis, de restituer le bien injustement acquis, de se vêtir simplement, de faire leur testament dans les trois mois qui suivent la profession, d'éviter les bals, les festins, les théâtres, les procès, les vains serments. « Ils ne porteront aucune arme offensive, si ce n'est pour la défense de l'Église romaine et de leur patrie. » Jusqu'au milieu du xiii° siècle, les tertiaires ne ressemblent en rien à une milice organisée : leurs chefs légitimes sont les évêques diocésains. Ainsi, la commune franciscaine remplit l'enceinte de la commune municipale, mais elle en confond les classes jusqu'alors divisées; le tiers ordre d'une ville réunit autour du même autel, comme à une table fraternelle, tous ceux que le régime des arts et des corporations éloignait les uns des autres. Il adoucit l'orgueil des riches, il relève l'humilité des petits, il ranime la pitié dans les cœurs. « Invitez les pauvres à votre belle maison, à vos festins somptueux, écrit un notaire florentin du xiv° siècle à un marchand des arts majeurs, afin que Dieu ne vous dise pas avec reproche : Pourquoi n'as-tu jamais convié mes amis à la maison que je t'avais donnée[1] ? »

Mais l'affiliation des tertiaires va plus loin encore que les murs de la cité, elle rapproche toutes les cités et toutes les provinces; elle fait passer le même mot d'ordre dans la péninsule entière; elle affermit les consciences dans une union plus intime avec l'Église; elle entretient dans l'âme des

---

1. Ser Lapo Mazzei, *Lettere*, t. I, p. 214.

citoyens le sentiment des libertés italiennes. Une lettre attribuée au chancelier de Frédéric II, Pierre de la Vigne, mais qui émane plutôt de l'épiscopat gibelin, est bien significative. « Les frères mineurs et les prêcheurs se sont élevés contre nous. Ils ont réprouvé publiquement notre vie et nos entreprises; ils ont brisé nos droits et nous ont réduits au néant; et voici que, pour achever de détruire notre prépondérance et de nous enlever l'affection des peuples, ils ont créé deux nouvelles fraternités qui embrassent universellement les hommes et les femmes. Tous y accourent. A peine se trouve-t-il quelque personne dont le nom n'y est point inscrit. » (Petri de Vin., *Epist.*, I, 37.) Enfin, au delà de l'Italie, et à partir de la seconde moitié du siècle, le tiers ordre rétablit dans l'Occident, divisé par les intérêts politiques, une communauté religieuse indépendante de toute Église nationale, et pareille à celle du christianisme primitif. Un lien direct rattache les uns aux autres tous les membres de la famille franciscaine, ils forment, d'un bout à l'autre de l'Europe, une ligue de prière et de paix. On trouve, à ce propos, dans les *Fioretti*, une gracieuse légende qui, dépourvue de toute valeur historique, est comme le symbole touchant de cette fraternité européenne. Saint Louis frappa un jour, vêtu en pauvre pèlerin, au couvent de Pérouse et demanda le frère Egidio. L'ami de François d'Assise, averti par le portier, comprit aussitôt que ce passant obscur était le roi de France. Il courut à la porte du couvent et trouva le roi; ils s'agenouillèrent l'un devant l'autre, et, sans prononcer une seule parole, se tinrent longtemps embrassés; puis, sans rompre le silence, saint Louis reprit son pèlerinage, et Egidio rentra dans sa cellule. Comme les frères reprochaient à Egidio de n'avoir rien dit à ce visiteur extraordinaire, « J'ai lu dans son cœur, répondit-il simplement, et il a lu dans le mien. »

La conversion des hérétiques ne semble pas avoir préoccupé beaucoup François, soit qu'il ait cru à l'inépuisable pitié de Dieu pour les dissidents du christianisme, soit qu'il ait prévu que l'institut des prêcheurs, *Domini canes*, disait le moyen âge, suffisait pour garder le troupeau et faire la chasse aux brebis vagabondes. Il n'entendait rien aux profondeurs de la théologie; il était encore plus étranger aux subtilités de l'École. Il tenait en médiocre estime les sciences profanes, les lettres et les livres. Peut-être aussi les exploits de l'Inquisition dominicaine dans le midi de la France l'éloignèrent-ils d'une mission évangélique où intervenait si efficacement le bras séculier, et où la croix n'allait guère sans l'épée ou la torche. Il abandonna donc les hérétiques italiens à la prédication impétueuse de son disciple portugais, saint Antoine, ancien chanoine augustin, qui fut le premier théologien et le premier canoniste de l'ordre des mineurs. Le génie de François se trouvait plus à l'aise en face des païens. La conversion des lointains infidèles fut dès le xiiie siècle l'une des grandes œuvres franciscaines ; le frère Planocarpini, qui était en 1223 provincial de Saxe, devait aller, au nom d'Innocent IV, jusqu'en pleine Tartarie, frayant ainsi la route à Marco Polo. François avait inauguré cet apostolat : en 1219 il était sous les murs de Damiette, au milieu des assiégeants chrétiens que le Soudan, campé sur le Nil, s'efforçait de rejeter hors de l'Égypte. Il songeait à convertir les Sarrasins et se présenta à Malek al-Kamel, à qui il demanda l'épreuve du feu. Il s'agissait pour lui de traverser, en compagnie d'un imam, un bûcher enflammé. Aucun prêtre musulman n'eut la curiosité de tenter le miracle, et saint François revint au camp des croisés, emportant, selon Jacques de Vitry, archevêque d'Acre, cette bonne parole du prince païen : « Prie pour moi, afin que Dieu me révèle la foi qui lui plaît le mieux ». Il dut se contenter de prêcher aux chrétiens qui avaient grand besoin d'un apôtre, mais il perdit près d'eux sa peine et ses sermons. L'historien de cette croisade écrit, en effet : « Cil hom qui comença l'ordre des Frères Menors, si ot nom frère François... vint en l'ost de Damiate, et i fist moult de bien, et demora tant que la ville fut prise. Il vit le mal et le péché qui comença à croistre entre les gens de l'ost, si li desplot, par quoi il s'en parti, et fu une pièce en Surie, et puis s'en rala en son païs[1]. »

VII

Il retrouvait son Église florissante, aimée du Saint-Siège, confirmée par le concile de Latran de 1215. Il passa sept années encore à visiter sans cesse les provinces italiennes de l'ordre, avec la joie du père de famille qui voit mûrir la moisson sur le champ dont il a arraché les pierres et les ronces. Il rencontra, dit-on, en 1222, l'empereur Frédéric, dont il charma la cour à demi musulmane par sa pureté et sa candeur. De plus en plus, il s'enfermait de longues semaines dans la solitude de ses montagnes ombriennes, sentant que la fin de son pèlerinage était proche et qu'il entrerait bientôt au sein de Dieu. Il était malade, épuisé par la pénitence, pouvant à peine se tenir debout, ne pouvant plus manger, presque aveugle. Il disait à son médecin : « Il m'est indifférent de vivre ou de mourir », et à un frère qui trouvait Dieu trop sévère à son égard : « Si je ne connaissais ta simpli-

1. *Histor. des Crois.*, t. II. *L'Est. de Eracles Empereur*, liv. XXXII, ch. xv.

cité, je te renverrais d'ici, toi qui oses blâmer Dieu des souffrances qu'il m'envoie ». Il disait à un autre : « Mon fils, le plus cruel martyre serait encore plus doux que trois journées des souffrances que j'endure ; mais j'aime mieux ma souffrance, puisque Dieu a bien voulu me l'envoyer ».

Au printemps de 1226, le frère Élie le ramena avec peine et lentement de Sienne à Cortone, puis à Assise, où il voulait mourir. Tous les habitants sortirent des murs pour le recevoir. L'évêque le recueillit dans sa maison, où il languit plusieurs mois. Il ajouta, en ce temps-là, un verset au *Cantique du Soleil*, en l'honneur de sa sœur, la mort corporelle. Le médecin l'ayant averti de l'approche de sa dernière heure, il se fit porter entre les bras de ses frères à Sainte-Marie-des-Anges. Le cortège s'arrêta en face du couvent. Saint François demanda qu'on le mît à terre, le visage tourné vers la ville où avait reposé son berceau ; il leva la main droite et bénit plusieurs fois Assise, en disant : « Sois bénie de Dieu, cité sainte, car par toi beaucoup d'âmes seront sauvées, et en toi habiteront beaucoup de serviteurs de Dieu, et beaucoup de tes enfants seront élus au royaume de la vie éternelle ! » Les frères le soulevèrent de nouveau et le déposèrent à l'infirmerie de la Portiuncule. Il se fit coucher sur un lit de cendres, dépouillé de sa robe. Le gardien lui ordonna, au nom de la sainte obéissance, de recevoir, à titre de suprême aumône, une tunique et un capuchon d'emprunt. Il ouvrit alors les bras et bénit les mineurs. La nuit était descendue déjà sur ses yeux ; il touchait les têtes inclinées et on lui nommait l'un après l'autre chacun de ses fils ; il commença par Élie de Cortone et Bernard de Quintavalle. Il se fit lire ensuite le *Cantique du Soleil*, comme pour dire adieu à la lumière du ciel et au sourire de la terre, puis, comme pour prendre congé de la sainte Église, le chapitre de l'Évangile de Jean qui commence par ces paroles : « Avant la fête de Pâques, Jésus sut que son heure était proche et qu'il allait retourner de ce monde à son Père, et, comme il avait aimé les siens en ce monde, il les aima jusqu'à la fin ». Le lecteur continua jusqu'au dernier verset du XVIIIe chapitre et s'arrêta à la Passion. Saint François prononça les paroles du Psaume : « Avec ma voix je crie vers le Seigneur ; avec ma voix je prie le Seigneur ». Les frères agenouillés, en larmes, faisaient le cercle autour du lit de cendres et priaient tout bas. Selon Thomas de Celano et saint Bonaventure, ses derniers mots furent les suivants : « J'ai accompli ce que je devais faire ; Jésus-Christ vous enseignera ce qui vous regarde. Voici que Dieu m'appelle. Adieu, mes enfants. Demeurez dans la crainte du Seigneur. Le trouble et la tentation viendront ; heureux ceux qui persévéreront dans le bon chemin ! Pour moi, je vais à Dieu : qu'il ait pitié de vous tous ! » On était dans les premiers jours d'octobre; c'était le soir, un soir d'automne italien, au long crépuscule azuré, et, dans le grand silence de la campagne, éclairée seulement par les lueurs mourantes du ciel, la famille franciscaine attendait que l'âme du Père prît son vol. Il se passa alors une chose merveilleuse, dont la légende est en saint Bonaventure. Une nuée d'alouettes, qui ne gazouillent jamais que dans un rayon de soleil, *Alaudæ aves lucis amicæ*, vint s'abattre en chantant sur l'église de Sainte-Marie-des-Anges, sur le toit des cellules, dans la cour du petit couvent. Saint François expira, pleuré par un chœur d'oiseaux.

Cette nuit-là, les enfants de l'Ombrie firent retentir de cantiques glorieux les vallées et les collines, selon la tradition de l'Église primitive, qui célébrait avec allégresse la mort des martyrs et des confesseurs. Le lendemain, un peuple immense, tenant des branches d'olivier et des cierges allumés, porta en triomphe saint François, sa blanche figure découverte, à la cathédrale de Saint-Georges, en passant par le couvent de Saint-Damien, afin que sainte Claire et ses nonnes le vissent une dernière fois par une fenêtre de la clôture. Deux ans plus tard, le vieux Grégoire IX, qui avait été son ami, et le premier protecteur de l'ordre dans le sacré collège d'Innocent III, vint proclamer sur son tombeau la béatitude du Père Séraphique. En 1230 on descendit le saint dans une chapelle souterraine de la sombre église inférieure d'Assise, dont l'accès ne fut retrouvé qu'en notre siècle; en 1236 l'église d'en haut était terminée, l'église aérienne et lumineuse qui couronne le reliquaire où l'apôtre dort dans la paix des choses éternelles.

VIII

Saint François laissait à l'Italie une œuvre durable et très grande. L'ordre franciscain, emporté par l'élan d'imagination que le fondateur avait provoqué, devait avoir, dans la péninsule, des fortunes assez diverses; tantôt il défendit avec ardeur le siège de Rome et l'intégrité du *Credo* antique, tantôt, novateur téméraire, troublé par son propre mysticisme, il embrassa sans effroi la pensée du schisme. Mais, quelle que soit l'inspiration dominante qu'il suivra dans l'avenir, qu'il se laisse entraîner par Jean de Parme ou gouverner par saint Bonaventure, qu'il prenne, au xiv° siècle, le parti du Christ pauvre contre son vicaire pontifical, il sera toujours fidèle à la vocation de ses premières années; il demeurera le levain actif des consciences, il entretiendra dans les âmes les hautes et tendres passions religieuses que François avait réveillées. Les traits distinctifs de la religion franciscaine, la liberté d'esprit, l'amour, la pitié, la sérénité joyeuse, la familiarité formeront, pendant longtemps, l'originalité du christianisme italien, si différent de la foi pharisaïque des Byzantins, du fanatisme des Espagnols, du dogmatisme scolastique de l'Allemagne et de la France. Rien de ce qui, partout ailleurs, a assombri ou rétréci les consciences, ni la métaphysique subtile, ni la théologie raffinée, ni les inquiétudes de la casuistique, ni l'excès de la discipline et de la pénitence, ni l'extrême scrupule de la dévotion, ne pèsera désormais sur les Italiens. Comparez saint François à saint Dominique, et l'esprit des deux grands fondateurs des mendiants, sainte Catherine de Sienne à saint Ignace, Dante à Calderon, Savonarole à Calvin ou à Jansénius. Du côté de Dieu, ils n'ont plus d'angoisse, parce qu'ils comptent sur sa bonté; du côté de l'Église, ils n'ont plus de terreur, parce qu'ils se font en eux-mêmes leur propre Église. Machiavel, qui n'était point un mystique, mais qui eut l'intelligence profonde du génie de sa race, écrit, dans ses *Discours sur Tite Live,* à la suite de jugements sévères sur l'œuvre sociale et politique de l'Église romaine en Italie, les lignes suivantes : « Il faut que les religions se rajeunissent en retournant à leur principe; le christianisme serait tout à fait éteint si saint François et saint Dominique ne l'avaient renouvelé et ne l'avaient replacé dans le cœur des hommes par la pauvreté et l'exemple de Jésus-Christ; ils ont ainsi sauvé la religion, que perdait l'Église[1]. »

Mais une renaissance religieuse, par cela même qu'elle renouvelle la vie intérieure et qu'elle affecte la vie sociale, s'empare nécessairement de la civilisation entière d'un peuple. Le génie italien qui, au début du xiiie siècle, cherchait encore sa voie, se vit donc entraîner par l'évolution du christianisme italien. Toutefois il put suivre, au sein de ce vaste mouvement, une orbite indépendante. Il ne se perdit point dans le mysticisme transcendant qui, après saint François, ne fit que s'exalter de plus en plus dans le monde franciscain. Une attraction puissante, celle de la civilisation toute rationaliste du midi gibelin, devait modérer l'élan des âmes, tempérer les esprits, pénétrer de son influence le christianisme lui-même, j'entends celui de la société laïque, et, sans détourner l'Italie du royaume de Dieu, la rendre à l'amour de la vie terrestre.

---

[1]. Lib. III, cap. 1. Quant à saint Dominique, Machiavel le voit à travers Savonarole, dont il fut l'auditeur enthousiaste, mais Savonarole, au xiiie siècle, eût été vraisemblablement plutôt franciscain que prêcheur.

CHAPITRE IV

L'EMPEREUR FRÉDÉRIC II ET L'ESPRIT RATIONALISTE DE L'ITALIE MÉRIDIONALE

Une civilisation originale avait été fondée, dans le midi de l'Italie et en Sicile, au temps même du premier apostolat franciscain, et devait y grandir jusqu'à la chute définitive de la maison de Souabe. Les provinces normandes, puis impériales, de la péninsule, que l'abbé Joachim avait fascinées, au déclin du xiie siècle, par ses prophéties, apparurent tout d'un coup avec une culture toute nouvelle pour le moyen âge chrétien et un état politique extraordinaire pour l'Occident féodal. Un homme étonnant, à demi mystérieux pour nous, l'empereur Frédéric II, a semblé, à l'Église, seul responsable des inventions dangereuses qui troublèrent alors la foi. Pour l'histoire, il demeure le véritable créateur d'un régime religieux et social que rien, dans le passé de la chrétienté, ne laissait pressentir. Par lui a commencé une initiation intellectuelle dont l'effet fut durable dans la conscience religieuse de l'Italie.

I

Si l'on embrasse dans leur ensemble la vie et l'œuvre de Frédéric II, on reconnaît vite à quel point l'empereur a changé les traditions sur lesquelles le monde vivait depuis la fin de l'âge carolingien. Entre lui et son aïeul Barberousse il y a certainement un abîme. Frédéric Ier est l'Empereur médiéval par excellence, un roi des Romains analogue à tous ses prédécesseurs : il incarne l'ordre féodal européen, il règne en vertu d'une théorie théologique ; son pouvoir émane de Dieu aussi bien que celui du pape; s'il se heurte, comme l'ont fait ses prédécesseurs, à la puissance pontificale, c'est qu'il se forme, comme eux, une idée trop superbe de sa mission divine. Son droit et sa force ont deux points d'appui inébranlables : le droit de Dieu, dont il est le vicaire armé, et qui lui livre le gouvernement temporel de l'occident; la force de la hiérarchie féodale, dont il est la tête, et qui fait de lui un roi œcuménique. La communauté politique à laquelle il préside est, elle aussi, constituée et vivifiée par une notion religieuse : un lien mystique rapproche tous les hommes et toutes les races que le baptême a donnés à Jésus-Christ : c'est la chrétienté qui, si elle relève de l'Empereur pour les choses de la terre, appartient, pour les choses du ciel, au Pape romain. Dieu, dans cette conception du monde, est le suzerain universel. Mais le Pape a reçu un sacrement plus haut que n'est celui de l'Empereur ; il remonte à Jésus, et l'Empereur ne descend que de César. L'Empereur ne peut frapper le Pape que par un sacrilège, et, chaque fois qu'il lui oppose un antipape, c'est l'intégrité même de la sainte Église qu'il viole; le Pape peut atteindre l'Empereur par l'excommunication et retrancher le maître du monde de la communion des simples fidèles. Depuis près de trois cents ans, la chrétienté attendait vainement qu'un accord vînt mettre la paix entre les deux vicaires de Dieu, dont chacun s'arrogeait une puissance infinie et qui, grâce au régime féodal, rapprochés d'une façon trop étroite l'un de l'autre, étaient dans la nécessité constante de se limiter et de s'abaisser l'un l'autre. C'est ce problème séculaire que le petit-fils de Barberousse voulut résoudre au xiiie siècle.

Frédéric II a le titre, le prestige et les prétentions de l'Empereur traditionnel; à plusieurs reprises, dans sa lutte contre Rome, il écrit, comme Empereur, et avec toute l'autorité de sa fonction, aux rois, aux comtes, aux républiques de l'Europe chrétienne. Cependant il abandonne à ses fils, à Henri, puis à Conrad, l'exercice du pouvoir impérial au nord des Alpes, avec le titre de roi des Romains; quant à lui, né en Italie, Italien et Grec par l'éducation, musulman même par une sorte d'instinct secret, il prend pour domaine la Sicile, l'ancienne Grande-Grèce, la Campanie, la Pouille. Toute une partie de l'Italie supérieure est livrée à son légat Ezzelino. L'effort qu'il tente contre la Lombardie, la doctrine qu'il fait répandre par les familiers de sa cour de l'excellence d'un pontificat chrétien délivré de tout patrimoine temporel, permettent de penser que l'un des premiers buts de son ambition a été la restauration du royaume italien. C'est déjà une singulière nouveauté que cette révolution géographique de l'Empire, dont le pivot n'est plus à Aix-la-Chapelle, à Nuremberg ou à Spire, mais à Naples, à Foggia ou à Palerme. De la Méditerranée, qui lui ouvre la route de toutes les régions politiques de l'ancien monde, Frédéric II regarde vers l'Empire grec, Jérusalem et l'Égypte. La royauté italienne est pour lui le point de départ d'une royauté universelle où le Soudan du Caire et l'Empereur de Nicée entreront comme alliés ou vassaux et qui ira des rivages de la Baltique aux steppes de la Mongolie. « Son cœur, écrit Brunetto Latini, ne battoit à autre chose fors que à estre sire et souverain de tout le monde. »

Mais voici une innovation bien autrement grave. La notion fondamentale de l'État, des relations entre le souverain et ceux qu'il régit, est transformée radicalement par Frédéric. L'Empire féodal disparaît du royaume des Deux-Siciles. Les princes normands avaient modifié, dans ces provinces, l'ordre féodal au profit de la noblesse, dont les baronnies étaient devenues en quelque sorte indépendantes. Frédéric impose à ces mêmes barons la monarchie absolue. L'Église, les cités, les corporations, toutes les formes de la vie en communauté doivent passer sous un niveau égal pour toutes; ici le moyen âge semble finir deux siècles et demi au moins plus tôt que nulle part ailleurs en Europe : l'État moderne, organisé despotiquement, le prototype de la tyrannie des Sforza ou de la royauté de Louis XI, est inventé. Toutes les œuvres de gouvernement exercées jadis par l'aristocratie, par les évêques, par les magistratures communales, passent à une hiérarchie d'officiers et de fonctionnaires impériaux, nommés par la Chancellerie impériale. Cours de justice, conseils politiques, règlements d'administration publique, perception des impôts, tout aboutit au prince et à ses délégués : ce qui subsiste encore de juridictions locales et féodales dépend, par le droit d'appel, des tribunaux de l'Empire : les jurisconsultes ont rendu à Frédéric, comme une arme terrible contre la féodalité, le principe essentiel du droit romain qui ne connaît ni droit d'aînesse, ni héritage privilégié, et morcelle en parts égales les patrimoines. Quant aux villes qui oseraient renouveler leurs anciennes élections communales, elles sont menacées de la dévastation, et leurs habitants de la servitude. Par un édit de sa jeunesse, daté de la basilique de Saint-Pierre, en 1220, Frédéric frappe d'infamie, d'exil, de confiscation, tous les hérétiques, les femmes comme les hommes, cathares, patarins, arnaldistes, tous ceux qui se réservaient de penser librement au moins sur Dieu et la voie du salut, quand même ils seraient simplement suspects, *sola suspicione notabiles*, de révolte contre « l'éternelle majesté[1] ». Une seule volonté, une seule autonomie, une seule raison subsistent donc, l'Empereur, qui s'intitule « la loi vivante sur la terre ». Bien qu'un conte du *Novellino* prête à Frédéric II la parole d'un roi dévoué à la justice idéale et plus fort que les séductions de l'orgueil (*Nov.*, 52), l'histoire nous oblige à penser que, pour lui, la loi c'était son bon plaisir. Et, comme il a absorbé en lui-même tous les droits politiques de ses sujets, il attire à lui toutes les sources de richesse de

---

1. Huillard-Bréholles, *Histor. diplom. Fred. II*, t. II, p. 2, t. VI, p. 257. Voir J. Zeller, *Fréd. II*, passim.

son royaume. Par le cadastre et l'impôt sur la consommation, le monopole du sel et des métaux, il remplit son trésor, il est l'armateur privilégié pour les ports de la Méditerranée; il retarde le départ des navires qui ne portent point ses marchandises. C'est aux écoles de Naples et de Salerne que la jeunesse des Deux-Siciles est forcée d'étudier. L'empereur se sent si bien isolé au cœur de son domaine et en face de la chrétienté, il a si résolument rompu le lien de fidélité féodale, qu'il ne forme plus le corps principal de ses armées à l'aide de la chevalerie féodale : ses Sarrasins et ses janissaires, qui, par dévouement fanatique, sont capables de toutes les horreurs, sont à la fois ses chevaliers, sa garde impériale, ses sbires de police et ses bourreaux. Tel est, en ses grandes lignes, le régime édifié par Frédéric II. Les hommes de ce siècle y reconnurent sans peine une inquiétante imitation de la politique des khalifes, une conception toute musulmane du gouvernement. Que Frédéric fût un despote, écrasant sans pitié toute liberté individuelle, le moyen âge l'eût compris; mais ce qui parut une insupportable impiété, ce fut l'attentat impérial contre les libertés collectives au sein desquelles le moyen âge, guidé par son instinct religieux, avait abrité la faiblesse et enchaîné l'orgueil de l'individu. La chrétienté se désagrégeait par la destruction des cadres où elle s'était si longtemps renfermée. La primauté mystique du Saint-Siège s'évanouissait puisque, au nom de la raison d'État comme par la constitution de l'État, l'empereur se plaçait entre les évêques et le pape, entre l'évêque de Rome et les consciences. Par ce seul fait qu'il sécularisait absolument l'État, il parut à ses contemporains l'implacable ennemi du christianisme.

II

Pour les bons chrétiens, pour l'Église, pour les guelfes, Frédéric fut une figure de l'Antéchrist. La lutte qu'il soutint contre deux papes inflexibles, Grégoire IX et Innocent IV, eut, aux yeux des amis du Saint-Siège, la grandeur d'un drame apocalyptique. Satan seul avait pu souffler une telle malice dans l'âme d'un prince que l'Église romaine avait tenu tout enfant entre ses bras, au temps d'Innocent III. « C'était un athéiste », affirme Frà Salimbene, qui énumère tous les vices de l'empereur, la fourberie, l'avarice, la luxure, la cruauté, la colère, et les histoires étranges que l'on contait tout bas, au fond des couvents, sur ce personnage formidable. Au moment où Frédéric venait de dénoncer à tous les rois et à l'épiscopat

Grégoire IX comme faux pape et faux prophète, celui-ci lançait l'encyclique *Ascendit de mari.* « Voyez la bête qui monte du fond de la mer, la bouche pleine de blasphèmes, avec les griffes de l'ours et la rage du lion, le corps pareil à celui du léopard. Elle ouvre sa gueule pour vomir l'outrage contre Dieu ; elle lance sans relâche ses javelots contre le tabernacle du Seigneur et les saints du ciel. » L'année suivante, Grégoire écrivait : « L'empereur, s'élevant au-dessus de tout ce qu'on appelle Dieu et prenant d'indignes apostats pour agents de sa perversité, s'érige en ange de lumière sur la montagne de l'orgueil.... Il menace de renverser le siège de saint Pierre, de substituer à la foi chrétienne les anciens rites des peuples païens, et, se tenant assis dans le Temple, il usurpe les fonctions du sacerdoce. » « A force de fréquenter les Grecs et les Arabes, écrit l'auteur anonyme de la *Vie de Grégoire IX* (MURATORI, *Scriptor.*, t. III, p. 585), il s'imagine, tout réprouvé qu'il est, être un Dieu sous la forme humaine. » L'avocat pontifical Albert de Beham, familier d'Innocent IV, écrit encore, en 1245 : « Nouveau Lucifer, il a tenté d'escalader le ciel, d'élever son trône au-dessus des astres, pour devenir supérieur au vicaire du Très-Haut; il a travaillé à créer un pape; il a institué et déposé des évêques; assis dans le temple du Seigneur comme s'il était le Seigneur, il se fait baiser les pieds par les prélats et par les clercs, il ordonne qu'on l'appelle saint[1]. » Et plus loin : « Il a voulu s'asseoir dans la chaire de Dieu comme s'il était Dieu ; non seulement il s'est efforcé de créer un pape et de soumettre à sa domination le siège apostolique, mais il a voulu usurper le droit divin, changer l'alliance éternelle établie par l'Évangile, changer les lois et les conditions de la vie des hommes. » En 1245 et 1248, Innocent IV déliait du serment de fidélité le clergé et les sujets du royaume des Deux-Siciles, enlevait l'Église sicilienne aux juridictions impériales, retranchait de la société politique, comme de la communion religieuse, les comtes et les bourgeois fidèles au parti de l'empereur, autorisait les seigneurs ecclésiastiques à fortifier leurs châteaux contre l'empereur, et jurait solennellement d'écraser jusqu'aux derniers rejetons de « cette race de vipères[2]. »

Pierre de la Vigne et les courtisans du prince souabe répondaient d'une voix aussi sonore que celle des champions de l'Église. Pierre était le confident de Frédéric. « J'ai tenu, dit son âme à Dante, les deux clefs de son cœur, que j'ouvrais et refermais d'une main très douce » ; on peut croire que, chaque fois qu'il écrivait, il n'était que l'écho

---

1. Huillard-Bréholles, *Vie et correspond. de P. de la Vigne*, p. 196.
2. *Histor. diplom.*, t. VI, p. 326, 614, 618, 676.

de la pensée de l'empereur. Mais la façon dont il exalta la mission religieuse de son maître, par l'exagération des idées et des images, a trop d'analogie avec les invectives lancées par les défenseurs du Saint-Siège. Pour le chancelier, même pour l'archevêque de Palerme Beraldo, pour le notaire impérial Nicolas de Rocca et les prélats gibelins qui font leur cour à César à l'aide des textes de l'Évangile, Frédéric est une sorte de Messie, un apôtre chargé par Dieu de révéler l'Esprit saint, le pontife de l'Église définitive, « le grand aigle aux grandes ailes » qu'Ézéchiel a prophétisé. Quant à Pierre de la Vigne, il sera le vicaire de Frédéric, comme le premier Pierre a été celui de Jésus ; il est la pierre angulaire, il est la vigne féconde dont les branches ombragent et réjouissent le monde. Le Galiléen a renié trois fois son Seigneur, le Capouan ne reniera jamais le sien. La fonction mystique de l'Église romaine est sur le point de finir. « Le haut cèdre du Liban sera coupé, criaient les prophètes populaires, il n'y aura plus qu'un seul Dieu, c'est-à-dire un monarque. Malheur au clergé ! S'il tombe, un ordre nouveau est tout prêt. » Innocent IV trouvait sur sa table des vers annonçant la déchéance prochaine de la Rome des papes. (*Histor. diplom.*, Introd.) Et les troubadours provençaux, les exilés de la croisade albigeoise, qui avaient vu leurs villes livrées aux inquisiteurs, chantaient dans les palais de Palerme et de Lucera les strophes furieuses de Guillaume Figueira : « Rome traîtresse, l'avarice vous perd et vous tondez de trop près la laine de vos brebis.... Rome, vous rongez la chair et les os des simples, vous entraînez les aveugles dans le fossé, vous pardonnez les péchés pour de l'argent ; d'un trop mauvais fardeau, Rome, vous vous chargez.... Rome, je suis content de penser que bientôt vous viendrez à mauvais port, si l'Empereur justicier mène droit sa fortune et fait ce qu'il doit faire. Rome, je vous le dis en vérité, votre violence, nous la verrons décliner. Rome, que notre vrai sauveur me laisse bientôt voir cette ruine ! »

Mais des cris de guerre et des formules de malédiction sont des témoignages bien vagues pour une recherche de la réalité historique. Il faut laisser retomber la poussière de ce champ de bataille, si l'on veut apercevoir clairement quelle fut l'action de l'empereur contre le Saint-Siège et l'Église chrétienne. Quelques documents considérables et l'un des épisodes les plus importants de sa vie, la croisade de 1229, permettent, croyons-nous, de retrouver les traits principaux du plan de campagne qu'il avait conçu.

Il est, avant tout, certain qu'il n'a jamais tenté de provoquer un schisme dans l'Église. Il appelait avec mépris Milan « la sentine des patarins » A ses ennemis implacables, Grégoire IX et Innocent IV, il n'a point opposé d'antipape. Il n'a point soutenu le faux pape de 1227 qui, appuyé par les barons romains, siégea six semaines à Saint-Pierre. Dans les actes de sa chancellerie il nommait l'Église romaine « sa mère ». Il invoquait Dieu à témoin de sa fidélité au symbole approuvé par l'Église romaine, selon la discipline universelle de l'Église (*Hist. diplom.*, t. VI, p. 336, 473, 811). Sur son lit de mort, écrit son fils Manfred au roi Conrad, « il a reconnu d'un cœur repentant, humblement, comme chrétien orthodoxe, la sacrosainte Église romaine, sa mère ». Ainsi, jusqu'à la fin, il maintint son adhésion extérieure au christianisme romain. En 1242, dans le long interrègne qui suivit la mort de Célestin IV, et au moment où il revenait sans cesse en face des murs de Rome, que défendaient contre lui les barons guelfes, il écrivait aux cardinaux d'une façon aussi pressante que saint Louis lui-même, sur la nécessité de rendre sans retard à l'Église son pasteur suprême. Innocent IV élu, il le félicita avec des paroles toutes filiales; mais, six mois plus tard, il menaçait le Sénat et le peuple romain de sa colère si Rome ne se soumettait point « au maître absolu de la terre et de la mer, dont tous les désirs doivent s'accomplir ». En avril 1244 il annonçait à Conrad sa réconciliation avec le Pape, il se réjouissait d'avoir été admis par le pontife, en sa qualité de « fils dévot de l'Église, et comme prince catholique, dans l'unité de l'Église »; mais il ajoutait : « comme fils aîné et unique, et *patron* de l'Église, *sicut primus et unicus Ecclesie filius et patronus*, notre devoir est d'en favoriser la grandeur.... Nous tâchons de toutes nos forces, nous souhaitons d'un cœur sincère cette réformation de l'Église qui nous donnera la paix, ainsi qu'à nos amis et fidèles, pour toujours. » (*Hist. diplom.*, t. VI, p. 176.)

Voilà des paroles qui éclairent singulièrement l'histoire religieuse de Frédéric II. Le patron, le protecteur de l'Église, pour lui n'est autre que le maître absolu de l'Église. Il entend que celle-ci se courbe, aussi docilement que la noblesse féodale et les villes, sous la loi rigide de l'État. Il prétend disposer des choses ecclésiastiques aussi librement que des intérêts séculiers de l'Empire. Il écrivait déjà en 1236, à Grégoire IX, au sujet de la collation des bénéfices : « Vous vous irritez de ce que nous ayons choisi des personnes jeunes et indignes.... Mais n'est-ce pas, en vertu du droit divin, un sacrilège de disputer sur les mérites de notre munificence, c'est-à-dire sur la question de savoir si ceux que l'Empereur nomme sont dignes ou non ». Il écrira, en 1246, à tous les princes de la chrétienté : « Le pontife n'a le droit d'exercer contre nous aucune rigueur, même pour causes légitimes. » (*Hist. diplom.*, t. IV, p. 910, t. VI, p. 391.) En 1248, dans une épître à l'empereur de Nicée, son gendre, il se plaint amèrement des rapports insupportables que les princes de l'Occident ont avec les chefs de l'Église latine; dans tous les troubles de l'État, toutes les révoltes et toutes les guerres, il dénonce la main toujours présente de l'Église, qui abuse d'une liberté pestilentielle. Pour lui l'Orient seul, l'Orient schismatique de Byzance et les Khalifats musulmans ont résolu le problème des relations entre l'Église et l'État; ils n'ont point affaire à des pontifes-rois; chez eux, la société cléricale n'est point un corps politique. Ceci est la plaie de l'Europe et de l'Occident. L'Asie est bien heureuse: elle jouit de la paix religieuse; la puissance du prince n'y connaît point de limite, parce que là-bas, en dehors du sanctuaire, l'Église n'existe plus. (*Hist. diplom.*, t. VI, p. 685.)

Mais ce protectorat impérial, ce gouvernement césarien de l'Église par le maître de l'Empire a pour condition nécessaire la réformation de l'Église. Ce n'est point assez que le pape et les évêques n'aient plus aucune action politique, que la souveraineté temporelle du pape à Rome disparaisse aussi bien que la souveraineté féodale des évêques dans leur diocèse. Il faut encore que la hiérarchie ecclésiastique renonce à sa force sociale, que le champ de son influence soit borné à l'apostolat direct des consciences, que, pour elle, les chrétiens ne soient plus les membres d'une société politique, mais simplement des âmes individuelles. Dans son encyclique de 1246, Frédéric écrivait : « Les clercs se sont engraissés des aumônes des grands, et ils oppriment nos fils et nos sujets, oubliant notre droit paternel, ne respectant plus en nous ni l'empereur, ni le roi.... Notre conscience est pure, et, par conséquent, Dieu est avec nous ; nous invoquons son témoignage sur l'intention que nous avons toujours eue de réduire les clercs de tous les degrés, et surtout les plus hauts d'entre eux, à un état tel qu'ils reviennent à la condition où ils étaient dans l'Église primitive, menant une vie tout apostolique et imitant l'humilité du Seigneur. Les clercs de ce temps conversaient avec les anges, faisaient d'éclatants miracles, soignaient les infirmes, ressuscitaient les morts, régnaient sur les rois par la sainteté de leur vie et non par la force de leurs armes. Ceux-ci, livrés au siècle, enivrés de délices, oublient Dieu ; ils sont trop riches, et la richesse étouffe en eux la religion. C'est un acte de charité de les soulager de ces richesses qui les écrasent et les damnent. Que vous tous, unis à nous, s'emploient donc à cette œuvre, que les clercs déposent leur superflu, se résignent à la médiocrité, afin de mieux obéir à Dieu. » (*Hist. diplom.*, t. VI, p. 391.) En 1249, il accuse, en face de la chrétienté entière, Innocent IV d'avoir séduit le médecin qui, à Parme, tenta d'empoisonner l'empereur; il invoque le concours de tous les princes pour le salut de « la sainte Église, sa mère », qu'il a, dit-il, le droit et la volonté « de réformer pour l'honneur de Dieu ».

Frédéric II revenait ainsi à la théorie d'Arnauld de Brescia, que Frédéric Ier avait frappée jadis dans la personne d'Arnauld. Mais l'Empereur légendaire qui, allant à la délivrance du Saint-Sépulcre, disparut tout à coup, dans une vallée de la lointaine Asie, ne prévoyait guère l'étrange façon dont un Hohenstaufen comprendrait un jour la croisade et traiterait l'une des plus augustes traditions historiques de l'Empire, de Rome et de la chrétienté.

Cette croisade de 1229 tient étroitement à l'œuvre politique de Frédéric II. Elle a déconcerté le moyen âge. Le Saint-Siège n'y voulut voir qu'un acte d'apostasie; Grégoire IX déclara que l'empereur partait pour la Terre Sainte non en chevalier et en pèlerin, mais en pirate musulman. Il l'avait condamné pour le retard qu'il mit à accomplir le vœu fait en 1215 à Innocent III ; il l'excommunia pour la manière toute nouvelle dont il entendait remplir ce vœu. Frédéric ne s'embarqua qu'après avoir négocié avec le Soudan d'Égypte, maître de la Palestine, par usurpation sur son neveu, le Soudan de Damas; à Jaffa, les deux princes signaient la paix et se partageaient le royaume de Jérusalem. La ville sainte était rendue aux chrétiens, sous la réserve de la mosquée d'Omar et du temple de Salomon, où les musulmans seuls pouvaient pénétrer. Les villes évangéliques, Nazareth, Bethléem, tous les postes échelonnés entre Jérusalem et Jaffa, entre Jaffa et Saint-Jean-d'Acre, étaient rendus à l'empereur. Frédéric et le Soudan s'alliaient contre tout ennemi, même chrétien, de leur domaine asiatique. Cette clause visait les Templiers et les Hospitaliers. Le traité devait durer dix ans, cinq mois et quatorze jours.

Le 17 mars 1229, Frédéric entra dans Jérusalem. Le soir venu, les chrétiens illuminèrent leurs maisons et firent entendre des chants de fête dans les rues. Le lendemain, l'empereur pénétra avec quelques fidèles dans le Saint-Sépulcre, et, sur le tombeau du Sauveur, où ne l'attendait ni un prêtre ni un moine, il se couronna de ses propres mains roi de Jérusalem. Le lendemain, l'archevêque de Césarée vint à son tour et frappa d'interdit l'église et la ville. L'empereur pourvut à la hâte aux fortifications de Jérusalem, puis, presque seul, il traversa la cité sainte déserte et muette et, poursuivi par l'anathème pontifical, reprit le chemin de Jaffa. Il sentait bien que cette conquête, qui n'avait pas coûté une goutte de sang à la chrétienté, semblait à l'Église un sacrilège, et qu'étant le fruit d'une diplomatie indifférente à la foi du siècle, elle ne pouvait durer.

Cependant la croisade du César excommunié eut

une conséquence fort importante, qu'il avait certainement prévue et cherchée. Ce rapprochement pacifique entre l'Europe et l'Asie, entre l'islamisme et la chrétienté, modifia les idées dont le moyen âge s'était nourri depuis le temps de Pierre l'Ermite. Le préjugé de la croisade se dissipa du jour où l'on comprit qu'il n'était point nécessaire de revêtir la croix et de courir à un stérile martyre pour obtenir des infidèles que le berceau et la tombe de Jésus fussent une enclave sacrée en terre sarrasine. L'entreprise de 1229 a marqué le terme de la croisade œcuménique. On ne verra plus la chrétienté tressaillir et se soulever en songeant aux douleurs de Jérusalem. Dès ce moment l'Allemagne et l'Italie, par conséquent l'Empire, renoncent à la Palestine. Et ce n'est plus à Jérusalem, mais en Égypte, puis à Tunis, que le dernier des rois croisés tentera de ressaisir la clef du Saint-Sépulcre. Mais, ce que la chrétienté perdit dès lors en enthousiasme, le Saint-Siège devait le perdre en prestige ; ce duel séculaire, ce jugement de Dieu était pour lui une cause de grandeur ; chaque fois qu'il l'avait provoqué, il avait fait l'expérience magnifique de sa force spirituelle et reconnu que le diocèse de l'évêque de Rome n'avait d'autres limites que celles du monde chrétien. Désormais, et jusqu'au XVIᵉ siècle, chaque fois qu'il appellera les peuples et les princes à la croisade, il étalera sa propre impuissance, *vox clamantis in deserto*.

Un patrimoine idéal venait d'être enlevé à l'Église, une période très noble de son apostolat était fermée pour toujours.

III

Le régime constitué par Frédéric II, si peu favorable aux libertés de la vie publique, encourageait les libertés de l'esprit par l'atteinte même qu'il portait aux traditions du moyen âge. L'Italie méridionale, que le spectacle des choses nouvelles tenait en éveil, se prêta avec une sorte d'allégresse à cette renaissance de la pensée humaine. D'autre part, la politique religieuse de l'empereur provoquait contre l'Église et la foi l'esprit de critique, toutes les hardiesses de l'incrédulité. Il était dangereux, sans doute, de professer dans les Deux-Siciles les vieilles hérésies du catharisme ou de se réclamer d'Arnauld de Brescia; on passait alors pour un révolutionnaire, tout au moins pour une raison arriérée. Ici l'état des consciences, où le doute, l'indifférence, l'ironie, se jouent déjà avec une grâce toute moderne, est réellement philosophique. La réflexion s'y applique aux choses de la foi, tranquillement, comme à un objet de recherche désintéressée ; la valeur de la religion est méditée par des âmes que ne tourmente plus l'angoisse de leur destinée religieuse, qui s'habituent à comparer entre elles les religions connues du temps, à les juger avec sérénité.

Un livre précieux pour l'intelligence de cette heure singulière dans l'histoire de la civilisation méridionale, le *Novellino*, nous a conservé quelques-uns des souvenirs populaires de l'Italie sur la crise traversée alors par le christianisme. Le *Novellino*, qui est, en ses plus anciens textes, l'œuvre d'un compilateur unique, probablement florentin, des trente dernières années du xiiie siècle, renferme un groupe distinct de contes venus de la cour souabe et des amis de Frédéric II. L'empereur y est célébré comme « véritable miroir de l'univers pour la sagesse », l'esprit de mesure, la justice, la libéralité ; son fils Conrad, encore enfant, par pitié délicate, y veille sur ses fautes, afin d'en épargner le châtiment à ses pages. Dans cette cour, où les âmes sont si hautes, la pratique étroite, pharisaïque, du culte chrétien est dédaignée, et s'efface devant l'intention droite de la conscience. On a dénoncé à Frédéric un forgeron « qui tout le temps travaillait en son art, et ne respectait ni dimanches, ni jour de Pâques, ni aucune autre fête, si grande qu'elle fût » (*Nov.*, 139). L'empereur, en sa qualité de « seigneur et maître de la loi », fait venir l'artisan et l'interroge. « Il me faut gagner quatre sous par jour; je donne douze deniers à Dieu, douze à mon père pour sa vie, car il est si vieux qu'il ne peut plus gagner; j'en jette douze par la fenêtre, ceux que je donne à ma femme; les douze derniers sont pour ma dépense. » L'empereur se résout sans peine à sacrifier la lettre de l'observance religieuse, à la condition que l'ouvrier saura tenir sa parole et éviter un piège. Celui-ci se tire d'une épreuve ingénieuse, tout en se faisant compter cent besants d'or par les seigneurs de la cour. « L'empereur, entendant son récit, se mit à rire et lui dit : « Va, « bonhomme, tu as été plus fort que tous mes « sages. Que Dieu te donne bonne aventure ! » Le forgeron rentra donc à sa maison sain et sauf, et maître de faire comme il voudrait.

En face de Frédéric II, nous trouvons, dans le *Novellino*, Saladin, le Soudan de la troisième croisade, « très noble seigneur, preux et libéral ». Par lui, l'islamisme fait grande figure à côté de la religion chrétienne; il donne même, à l'occasion, une leçon de piété aux chevaliers chrétiens. Un jour de trêve, Saladin fit une visite au camp des croisés. Il vit manger les seigneurs à des tables « couvertes de nappes très blanches »; il vit le repas du roi de France, et loua fort ce bel ordre. « Mais il vit les pauvres gens misérablement à terre, il blâma hautement cela, disant que les amis de leur Seigneur Dieu mangeaient d'une façon plus vile que les autres. » Puis, ce fut le tour des croisés d'aller au camp de Saladin. Le Soudan les reçut dans sa tente, où ils foulèrent aux pieds un tapis dont le dessin représentait des croix; « ils crachaient dessus comme sur la terre nue ». Il parla alors et les reprit sévèrement : « Vous prêchez la croix, et vous venez de l'outrager sous mes yeux; vous n'aimez votre Dieu qu'en paroles et faux-semblants, et non en action. » (*Nov.*, 71.)

Il restait une religion à relever, la vieille foi juive, la mère des deux autres qui, en Occident comme en Orient, la traitaient avec une telle dureté. C'est en présence de Saladin que la Bible prendra, selon le conteur, sa revanche de l'Évangile et du Coran. Le Soudan avait besoin d'argent: il fit venir un riche juif, afin de le dépouiller. Il lui demanda quelle était la meilleure foi; si le juif répondait: la juive, c'était une injure à la foi du maître; s'il disait: la sarrasine, c'était une apostasie; dans l'un et l'autre sens, un prétexte à confiscation. Mais le juif avait en réserve une histoire édifiante, qui remonte peut-être à la captivité de Babylone : « Messire, il y eut un père qui eut trois fils et un anneau orné d'une pierre précieuse, la meilleure du monde. Chacun des fils priait le père de lui laisser la bague en mourant. Et le père, pour contenter chacun, appela un bon orfèvre et lui dit: « Maître, fais-moi deux anneaux

« semblables à celui-ci et mets à chacun une pierre
« pareille à celle-ci. » Le maître fit les anneaux si
ressemblants que personne, hormis le père, ne
pouvait distinguer le vrai. Il fit venir ses fils
chacun à part, et dit le secret à chacun, et chacun
crut recevoir le vrai anneau, que le père seul
connaissait bien. C'est l'histoire des trois religions, messire. Le père qui les a données sait
quelle est la meilleure, et chacun de ses fils,
c'est-à-dire nous autres, nous croyons que nous
avons la bonne. » Le Soudan fut émerveillé, et
laissa le juif s'en aller sans lui faire de mal.
(*Nov.*, 112.)

Voilà un apologue qui dut faire grande fortune
dans ce Midi italien si peu propre au fanatisme,
soit religieux, soit politique. Après les Byzantins,
il avait accepté les Arabes en Sicile, puis les Normands dans les Deux-Siciles ; il avait vu, sans étonnement, les princes souabes remplacer les aventuriers français, et quand, dans la cour à demi
orientale de Frédéric II, il contemplait le bon accord
des évêques latins et des évêques grecs, des imams
arabes et des rabbins juifs, cette harmonie de toutes
les religions et de tous les clergés lui semblait un
symbole touchant de son histoire si variée. Mais
cette paix religieuse aperçue de loin par l'Italie
guelfe, par le monde des moines, paraissait un
pacte abominable avec Satan, une nouvelle et plus
odieuse trahison de l'empereur contre la foi chré-

tienne. L'optique très particulière selon laquelle Rome a considéré de tout temps les opinions contraires à l'orthodoxie romaine, montra aux partisans du Saint-Siège la réalité sous un jour étrange. Tolérer et concilier comme également bonnes toutes les révélations, fit bientôt l'effet d'un outrage égal infligé à toutes. Moïse, Jésus et Mahomet recevaient ainsi le même soufflet de la main impériale. Le *De Tribus Impostoribus*, qui causa au moyen âge une terreur d'autant plus profonde que personne n'en vit jamais une seule ligne, ce livre légendaire fut donc attribué, sans hésitation, à Frédéric II. A l'origine, ce titre « *les Trois Imposteurs* » n'avait été qu'un blasphème prêté gratuitement par les scolastiques au philosophe arabe Averroès. Le pape Grégoire IX en fit une doctrine, dont il nomma délibérément l'inventeur : « Ce roi de pestilence assure que l'univers a été trompé par trois imposteurs, *tribus baratoribus*; que deux d'entre eux sont morts dans la gloire, tandis que Jésus a été suspendu à une croix » (*Histor. Diplom.*, t. V, p. 339). Et, de cette doctrine démoniaque, l'imagination populaire, échauffée sans merci par la prédication des mendiants, fit, du vivant de l'empereur, un livre que l'on rechercha et dont on voulut trouver l'auteur pendant cinq siècles. Après Frédéric II, Pierre de la Vigne, Machiavel et Giordano Bruno, Spinoza fut l'un des derniers philosophes que les chrétiens zélés accusèrent de l'avoir écrit.

IV

Grégoire IX dit encore de Frédéric II, dans le document que je viens de citer : « Il ment au point d'affirmer que tous ceux-là sont des sots qui croient qu'un Dieu créateur de l'univers et tout-puissant est né d'une vierge.... Il ajoute qu'on ne doit absolument croire qu'à ce qui est prouvé par les lois des choses et par la raison naturelle. » Nous touchons enfin à la véritable hérésie de l'empereur. Il ne s'agit plus, ici, de réduire la puissance politique de l'Église, d'enlever aux papes la direction supérieure de la chrétienté ; c'est le prestige même de la foi chrétienne qu'il veut atteindre, et, de même qu'il a sécularisé l'État, en soumettant toutes les forces de la société, l'Église comme les autres, à la volonté d'un seul maître, il sécularise la science, la philosophie, la foi, en leur donnant pour maîtresse unique et souveraine la raison.

Il a, pour cette grande nouveauté, des alliés venus de bien des côtés et qui s'entendent sans peine autour de lui et avec lui, les Arabes, les juifs et les épicuriens, c'est-à-dire les incrédules épars dans toute l'Italie. Ajoutez à cette armée qui se recrute dans le monde entier, en Syrie comme en Espagne, des Grecs savants, asiatiques ou siciliens, tels que ce maître Theodoros, qui fut comme le chancelier philosophique de l'empereur, et rédigeait la correspondance arabe du maître avec les sultans du Caire, de Tunis et du Maroc; des mathématiciens tels que Leonardo Fibonacci, de Pise, le premier algébriste chrétien; des transfuges du Midi albigeois, troubadours ou rabbins, qui apportaient les souvenirs d'une contrée où la civilisation chevaleresque s'était accommodée soit de l'hérésie, soit de l'indifférence religieuse. A l'aide de tous ces esprits libres ou de ces mécontents, Frédéric II fit voir au moyen âge, à l'heure où la scolastique allait jeter en France son plus vif éclat, que la pensée de l'homme, affranchie de toute discipline théologique et des textes de l'Écriture, pouvait scruter les secrets de Dieu, interroger les mystères de l'âme, découvrir les lois de la nature.

Ce qui caractérise surtout la rénovation intellectuelle dirigée par les Hohenstaufen, c'est la prédominance de la culture arabe. Mais, remarquons-le, ce n'est point l'islamisme que l'empereur opposait au christianisme; la tradition musulmane à laquelle il s'est rattaché est celle des dissidents même de l'islamisme. Le mouvement de libre examen, inauguré à Bagdad dès le VIIIe siècle, et dirigé contre la divinité du Coran et le dogme de la prédestination, avait passé en Espagne avec les Ommiades. Là, malgré le fanatisme populaire et les violences des Almoravides, il avait grandi en Andalousie, dans l'école de Cordoue, et s'était incarné, au xiie siècle, dans la personne d'Averroès. Averroès fut, pour le moyen âge, le philosophe arabe par excellence, et l'ensemble des négations accumulées par quatre siècles de dialectique et recueillies par lui sembla une si monstrueuse impiété, que l'Église le marqua, à son tour, comme « Patriarche de l'athéisme » et comme Antéchrist. Ibn Tofaïl, qui passa pour l'un de ses maîtres, avait déjà professé l'indifférence absolue en matière religieuse et le droit de la conscience à connaître librement le bien et le vrai. Averroès est tout rempli de dédain aristocratique pour le dévot médiocre, condamné à la foi des simples, aux superstitions théologiques; il prouve d'après le Coran même que Dieu ordonne la recherche de la vérité par la raison et la science, que le philosophe seul comprend vraiment la religion. « La religion propre aux philosophes, dit-il, est d'étudier ce qui est. » (RENAN, *Averroès et l'aver.*, 2e édit., p. 167.) Les croyances courantes sur Dieu, les anges, les prophètes, les cérémonies sacrées, la prière, la pénitence, sont excellentes pour l'ignorant, l'homme du peuple. Quant au sage, il gouverne sa conscience comme il lui plaît, il peut choisir, entre plusieurs religions, la plus noble, ou se contenter d'une exégèse idéaliste des symboles et des dogmes de la religion établie. Sa raison renferme une révélation complète : il y trouve la doctrine, la morale et le culte, selon la mesure qui sied à une âme d'élite.

L'averroïsme fut donc le bienvenu à la cour souabe, où, suivant une tradition incertaine, les deux fils d'Averroès auraient représenté quelque temps la sagesse paternelle. La civilisation sicilienne se laissa volontiers pénétrer par ce scepticisme élégant des Arabes qui devint son allié contre les ennemis de l'empereur, l'intolérance des papes, le zèle farouche des guelfes, les clameurs des moines et du petit clergé. Frédéric II montra, par la conduite de toute sa vie, à quel point l'éclectisme dédaigneux des docteurs musulmans convenait à son génie : il sut garder, avec la religion dominante de l'Occident, les relations indispensables à la politique de l'Empire, tout en guerroyant sans trêve contre le Saint-Siège et tout en se réservant, au fond des harems de Lucera et de Capoue, parmi ses eunuques et ses astrologues, de perpétuels retours à l'islamisme.

Mais les Arabes et, à côté d'eux, les juifs espagnols ou provençaux, leurs disciples immédiats, devaient initier encore les Deux-Siciles à une œuvre rationnelle plus haute que le scepticisme ou l'indifférence religieuse. La fonction naturelle de la raison, dès qu'elle s'est dégagée du côté de la théologie ou de la foi, est de se poser à elle-même les problèmes que la religion résout, et d'expliquer l'ensemble des choses sans recourir à l'action divine. Cette enquête très libre, dont la science est le fruit, avait été inaugurée par les philosophes grecs, et, depuis plusieurs siècles déjà, les Arabes, guidés par le sentiment juste des traditions intellectuelles, s'avançaient sur le chemin frayé jadis par la Grèce à l'humanité. Ils y avaient rencontré aussitôt Aristote; ils en avaient lu, commenté et traduit la prodigieuse encyclopédie. L'Occident chrétien, l'Université de Paris s'étaient formé, à leurs leçons, une idée souvent bien trouble du péripatétisme et de la sagesse antique. L'Église, étonnée qu'on pût tirer d'Aristote des solutions si contradictoires, tantôt condamnait, tantôt embrassait avec vénération le vieux maître. Elle employait toutes ses forces à le plier au régime de la scolastique, à mettre le rationalisme grec au service de la théologie, à trouver dans les traités du Stagirite une exégèse continue pour sa métaphysique, sa physique et sa cosmologie religieuses. A l'époque même où nous sommes arrivés, vers le milieu du XIIIe siècle, Aristote allait régner sur l'École par ses grands interprètes, Alexandre de Halès, Albert le Grand, saint Thomas d'Aquin. Mais cet Aristote, que l'Église regarde alors comme une sorte de précurseur païen de Jésus-Christ et qui, au xive siècle, dans les peintures d'Orcagna, de Gozzoli, de Gaddi, de Traini, se tient, parfois à la façon d'un diacre, à côté de saint Thomas foulant aux pieds Averroès ou Mahomet, n'est plus un docteur bien inquiétant : c'est le maître du syllogisme, qui laisse les scolastiques ratiociner d'une manière assez innocente sur la matière et la forme, le principe d'individuation, le dernier ciel incorruptible, le premier moteur immobile.

Ce n'est point là l'Aristote hérésiarque d'Averroès et des Arabes, celui que l'empereur Frédéric avait associé à son entreprise philosophique. A Bagdad, au Caire, à Tolède, à Cordoue, le péripatétisme musulman avait extrait de la *Métaphysique* et du *Traité de l'Ame* deux questions dangereuses dont la solution confirma singulièrement, au sein de l'islamisme, la révolte des consciences incrédules. Or les livres d'Averroès donnaient avec clarté l'état dernier de ces questions, l'une, l'éternité de la matière, qui implique la négation d'un Dieu créateur, l'autre, l'intellect actif et universel, qui mène à la négation de l'immortalité personnelle. (RENAN, *Averroès*, ch. II.) Sur le premier de ces problèmes, les plus graves que doive trancher d'abord toute religion, l'interprétation arabe a serré de fort près la pensée du Stagirite. Si la matière originelle n'est que la simple possibilité d'être, toute substance est ainsi éternelle par sa matière, c'est-à-dire par sa puissance d'être. La matière n'a pas été engendrée, elle est incorruptible. La série des générations sorties de ce fond éternel est infinie; le mouvement, qui est la condition du devenir, est, lui aussi, éternel et continu, puisque tout mouvement a sa cause dans celui qui le précède. Le monde est donc incréé, éternel : Dieu n'en connaît que les lois générales, il s'occupe de l'espèce et non de l'individu, car, s'il connaissait le particulier, il y aurait innovation perpétuelle dans son être. La doctrine de l'intellect unique est parallèle à cette métaphysique; mais, comme elle se dégage avec une précision moindre de l'œuvre d'Aristote, l'imagination philosophique des Arabes, qui n'ont jamais eu, dit M. Renan, un sens très net de la personnalité de la conscience, y a marqué davantage son empreinte. Pour Averroès, l'intellect actif, commun à tout le genre humain, n'est autre chose que l'universalité des principes de la raison, l'unité de nature psychologique dans l'espèce entière. La raison, indépendante de l'individu, est une chose absolue, impassible; l'humanité, qui est l'acte même de cette raison, est nécessaire, éternellement renaissante. L'intellect universel, séparable du corps, est incorruptible. Il est seul immortel, comme les lois qu'il pense; l'intellect individuel, sensibilité, mémoire, passion, souffrance, amour, tout ce qui fait de l'homme une personne distincte des autres hommes, est corruptible, périssable, se dissipe avec les éléments mortels du corps. Mais l'intellect immortel est absolument dépourvu de conscience. Que l'homme n'attende donc ni résurrection, ni joies paradisiaques et qu'il rie des douleurs éternelles. Le péripatétisme arabe a chassé comme des rêveries d'enfant les deux grandes espérances, en même temps que la suprême angoisse de l'humanité, le Dieu créateur et paternel et la vie future.

Frédéric II se préoccupait sincèrement de ces hauts problèmes, non point comme un chrétien qui demande à la sagesse profane la confirmation de sa foi, mais comme un esprit libre qui aspire à la vérité, quelque affligeante qu'elle puisse être pour les croyances communes de son siècle Il dirigeait à sa cour une véritable académie philosophique. Un disciple des écoles d'Oxford, de Paris et de Tolède, Michel Scot, chrétien régulier, que protégea Grégoire IX, lui avait apporté, en 1227, traduits en latin, les principaux commentaires aristotéliques d'Averroès et, entre autres, celui du *Traité de l'Ame*. En 1229, l'empereur, tout en négociant avec le Soudan, chargeait les ambassadeurs musulmans de questions savantes pour les docteurs d'Arabie, d'Égypte et de Syrie. Plus tard il interrogeait encore sur les mêmes points de métaphysique le juif espagnol Juda ben Salomo Cahen, l'auteur d'une encyclopédie, l'*Inquisitio sapientiæ*; il renouvelait enfin, vers 1240, cette enquête rationnelle, dans le monde entier de l'islam, puis près d'Ibn Sabin de Murcie, le plus célèbre dialecticien de l'Espagne. Celui-ci répondit « pour l'amour de Dieu et le triomphe de l'islamisme », et le texte arabe de ses réponses est conservé, sous le titre de *Questions Siciliennes*, avec les demandes de l'empereur, dans un manuscrit d'Oxford. « Aristote, interrogeait Frédéric, a-t-il démontré l'éternité du monde? S'il ne l'a pas fait, que valent ses arguments? Quel est le but de la science théologique, et quels sont les principes préliminaires de cette science, si toutefois elle a des principes préliminaires, entendons, si elle relève de la pure raison? Quelle est la nature de l'âme? Est-elle immortelle? Quel est l'indice de son immortalité? Que signifient ces mots de Mahomet : Le cœur du croyant est entre les doigts du miséricordieux[1]? »

Ces idées hardies, vers lesquelles jusqu'alors le moyen âge ne s'était tourné que pour les exorciser, ont traversé la civilisation de l'Italie impériale, tout en suivant, comme en un lit parallèle, la direction même de la politique de l'empereur. Le parti gibelin se sentit d'autant plus libre du côté de l'Église de Rome, que la philosophie patronnée par son prince affranchissait plus résolument la raison humaine de l'obsession du surnaturel. Et

---

1. Renan, *Averroès*. Amari, *Journ. asiatiq.*, 1853, p. 240. Di Giovanni, *Stor. della Filos. in Sicil.*, t. I, p. 124.

comme le fond de toute métaphysique recèle une doctrine morale, les partisans de l'empereur, ceux qui aimaient la puissance temporelle, la richesse et les félicités terrestres, tout en s'inquiétant assez peu de l'éternité du monde et de l'intellect unique, accueillirent avec empressement une sagesse qui les rassurait sur le lendemain de la mort, rendait plus douce la vie présente, déconcertait le prêtre et l'inquisiteur, éteignait les foudres du pape. Les *Épicuriens* de Florence, en qui le XIIIe siècle avait vu les pires ennemis de la paix sociale, puisqu'ils attiraient sur la cité les colères du ciel, furent, à deux reprises, vers la fin du règne de Frédéric et sous Manfred, les maîtres de leur république. Les Uberti tinrent alors la tête du parti impérial dans l'Italie supérieure : ils dominèrent avec dureté et grandeur d'âme, et, à côté d'eux, « plus de cent mille nobles, dit Benvenuto d'Imola, hommes de haute condition, qui pensaient, comme leur capitaine Farinata et comme Épicure, que le paradis ne doit être cherché qu'en ce monde » (*Comm. ad Infern.*, X). Jusqu'à la fin du XIIIe siècle, à travers toutes les vicissitudes de leur fortune politique, ces indomptables gibelins portèrent très haut leur incrédulité religieuse, peut-être même un matérialisme radical. « Quand les bonnes gens, dit Boccace, voyaient passer Guido Cavalcanti tout rêveur dans les rues de Florence, il cherche, disaient-ils, des raisons pour prouver qu'il n'y a pas de Dieu. » (*Decamer.*, VI, 9.) On avait dit la même chose de Manfred, qui ne croyait, écrit Villani, « ni en Dieu, ni aux saints, mais seulement aux plaisirs de la chair ». On attribua au cardinal toscan Ubaldini, qui soutint vaillamment à Rome le parti maudit des Hohenstaufen, cette parole déjà voltairienne : « Si l'âme existe, j'ai perdu la mienne pour les gibelins ». On le voit, chez tous, le trait caractéristique de l'incrédulité est le même ; ils ont rejeté, comme superstitieuses, les croyances essentielles de toute religion ; qu'ils le sachent ou non, ils procèdent d'Averroès. Dante a groupé quelques-uns d'entre eux, Farinata, Frédéric II, Ubaldini, Cavalcante Cavalcanti, dans la même fosse infernale ; mais le plus « magnanime » de tous, Farinata, ne veut pas croire à l'enfer, dont la flamme le dévore ; il se dresse debout, de la ceinture en haut, hors de son sarcophage embrasé, et promène un œil altier sur l'horrible région, qu'il méprisera éternellement :

> *Ed ei s'ergea col petto e colla fronte,*
> *Come avesse l'inferno in gran dispitto.*
> (*Inf.*, X, 35.)

A cette métaphysique d'incrédulité, à cet effacement du surnaturel dans la vie des consciences, correspond une vue nouvelle de la nature. Ici, le miracle s'est évanoui, l'omniprésence de Dieu, cette joie des âmes pures, l'embûche perpétuelle de Satan, cette terreur des esprits faibles, ont disparu ; il ne reste plus que les lois immuables qui règlent l'évolution indéfinie des êtres vivants, les combinaisons des forces et des éléments. La renaissance des sciences naturelles avait pour première condition une théorie toute rationnelle de la nature.

C'est encore vers Aristote, naturaliste et physicien, que les Arabes, alchimistes et médecins, ramenèrent l'Italie méridionale. Vers 1230, Michel Scot traduisit pour Frédéric l'abrégé fait par Avicenne de l'*Histoire des Animaux.* Maître Théodore était le chimiste de la cour et préparait des sirops et diverses sortes de sucres pour la table impériale. La grande école de Salerne renouvelait, pour l'Occident, les études médicales, d'après les méthodes de la science arabe, l'observation directe des organes et des fonctions du corps humain, la recherche des plantes salutaires, l'analyse des poisons, l'expérimentation des eaux thermales Frédéric rétablit le règlement des empereurs romains qui interdisait la médecine à quiconque n'avait pas subi d'examen et obtenu la licence. Il fixa à cinq années le cours de médecine et de chirurgie. Il fit étudier les propriétés des sources chaudes de Pouzzoles. Il donnait lui-même des prescriptions à ses amis et inventait des recettes. On lui amenait d'Asie et d'Afrique les animaux les plus rares et il en observait les mœurs; le livre *De arte venandi cum avibus*, qui lui est attribué, est un traité sur l'anatomie et l'éducation des oiseaux de chasse. Les simples contaient des choses terribles sur ses expériences. Il éventrait, disait-on, des hommes pour étudier la digestion ; il élevait des enfants dans l'isolement, pour voir quelle langue ils inventeraient, l'hébreu, le grec, le latin, l'arabe, ou l'idiome de leurs propres parents, dit Frà Salimbene, dont toutes ces nouveautés bouleversent l'esprit; il faisait sonder par ses plongeurs les gouffres du détroit de Messine; il se préoccupait de la distance qui sépare la terre des astres. Les moines se scandalisèrent de cette curiosité universelle; ils y voyaient la marque de l'orgueil et de l'impiété; Salimbene la qualifie, avec un ineffable dédain, de superstition, de perversité maudite, de présomption scélérate et de folie (*Cron.*, 169, 170). Le moyen âge n'aimait point que l'on scrutât de trop près les profondeurs de l'œuvre divine, que l'on surprît le jeu de la vie humaine ou celui de la machine céleste. Les sciences de la nature lui semblaient suspectes de maléfice et de sorcellerie. L'Italie, engagée par les Hohenstaufen dans les voies de l'observation expérimentale, devait être longtemps encore la seule province de la chrétienté où l'homme contemplât, sans inquiétude, les phénomènes et les lois du monde visible.

V

Enfin, partout où se répandit la culture souabe, on trouve des foyers de poésie en langue vulgaire où l'indifférence religieuse et la philosophie naturelle que je viens de décrire se manifestent encore. L'amour en est le thème unique, non plus l'amour purifié par une sorte de mysticisme, l'amour plus fort que la mort elle-même, tel que la France du nord le connaissait par les romans de la Table-Ronde; non point l'amour ardent, sensuel, mais tourmenté par la honte et la peur du péché, tel que les lettres douloureuses d'Abélard et d'Héloïse l'avaient révélé au moyen âge; mais la passion élégante, curieuse du plaisir, étrangère à toute souffrance aiguë, très résignée au changement et qui se joue allègrement parmi les petits orages qu'elle aime à soulever, l'amour raffiné que les Provençaux chantaient depuis deux siècles. Ici évidemment, les modèles, imités de trop près par les troubadours siciliens[1], ont quelque peu altéré l'originalité du sentiment; on ne soupçonne

---

1. GASPARY, *Sicilian. Dichterschule des dreizehnt. Jahrhund.* ch. II.

guère les voluptés violentes des sérails des Deux-Siciles dans les soupirs caressants, les jolies querelles en langage subtil, la musique charmante et légèrement enfantine de la lyre provençale[1]. Tous, l'empereur, le roi Frédéric, le roi Enzo, Pierre de la Vigne, comme les poètes d'un nom moins illustre, ils chantent sur le même ton le sourire et la perfidie de leur maîtresse, « fleur entre les fleurs ».

La fiore d'ogne fiore,

si fine, et d'un visage si pur,

Tant è fine e pura,

blonde, avec sa figure blanche comme l'argent,

Bionda, viso d'argiento.

Ne les croyez qu'à demi s'ils vous disent, comme Pierre de la Vigne, qu'ils « meurent d'amour » ou, comme Tommaso di Sasso di Messina, qu'ils « deviennent fous à force d'amour »,

Son divenuto paccio, troppo amando.

Cette dévotion chevaleresque n'est qu'un jeu d'esprit ; ces âmes raisonnables ont trop franchement renoncé à l'idéalisme pour consentir aux grandes

---

1. Voir notre ouvrage *les Orig. de la Renaiss. en Ital.*, ch. VI.

angoisses de l'amour malheureux; elles recherchent trop ingénument les douceurs réelles de la passion, pour en savourer volontiers les désenchantements ou les amertumes. S'ils se lamentent sur la mort de leur maîtresse, ils laissent entendre que tout est bien fini, sans espérance; ils n'entrevoient point *l'au delà* des vrais poètes de l'amour, la région où survit le fantôme immortel des amours terrestres. Le passé et ses joies, maintenant détruites, occupent tout leur cœur. Un amant s'écrie : « Mort féroce, impitoyable,... tu m'as enlevé mes plaisirs et mes jeux »,

Tollo m'ài 'l sollazo e' l gioco.

Une maîtresse qui pleure son amant dit à la mort : « Tu m'as enlevé mes jeux et mon allégresse, tu as changé mes ébats en grande tristesse[1] »,

del mio diporto
Messa m'ài in gran tristeza.

Cette émotion est sincère, et ne doit rien à l'artifice littéraire. C'est déjà le cri de la Fiammetta de Boccace, que son amant a délaissée. L'épicurien, pour employer le nom que le moyen âge italien a donné aux représentants du monde

1. D'Ancona et Comparetti, *le Antiche Rime volgari*, t. I, 51, 17, 38, 21, 74, 75.

souabe, ne sait point se consoler de la jouissance perdue par le charme mélancolique du souvenir, encore moins peut-il vivre pour un amour sans volupté et comme affranchi de sa loi de nature. On n'imagine pas aisément Dante ou Pétrarque chantant Béatrice ou Laure dans les fêtes sarrasines de Frédéric II.

VI

On peut maintenant déterminer avec précision quelle fut, pour la conscience italienne, l'importance de la civilisation gibeline. Dans l'œuvre historique de l'empereur, les entreprises même qui ont le plus fortement frappé l'imagination du siècle, à savoir, la lutte contre le Saint-Siège, l'effort tenté pour dépouiller le pape de sa primauté sociale, la croisade toute diplomatique de 1229, la constitution d'un empire despotique dégagé du pacte féodal et de la vieille tradition mystique sur le balancement des deux pouvoirs, ont été, croyons-nous, les nouveautés les moins graves; elles ont seulement confirmé le moyen âge italien en quelques-unes de ses idées les plus anciennes, celles-ci, par exemple, que l'état de la société politique, aussi bien que celui de l'Eglise elle-même, n'était point immuable comme un dogme; que les rapports entre les hommes et leurs maîtres temporels ou spirituels pouvaient changer selon les nécessités du temps; que l'ascendant de l'Église sur l'humanité était l'effet de conditions transitoires et, par conséquent, aussi mobile que ces conditions mêmes. On verra tout à l'heure que, dans la suite du XIIIe siècle, les plus dangereux ennemis, non seulement du Saint-Siège, mais de l'orthodoxie romaine, ont été les exaltés du christianisme, qui croyaient procéder de Joachim de Flore et de saint François, et maudissaient de la façon la plus véhémente le nom et le souvenir de Frédéric II.

C'est par l'esprit philosophique que cette civilisation a véritablement apporté quelque chose de nouveau dans la vie religieuse de l'Italie. Elle a montré qu'il était possible, par le développement naturel de la raison, de se détacher absolument du christianisme. Mais, comme en esprits réellement libres qu'ils étaient, les Hohenstaufen n'ont jamais essayé de substituer à la communion romaine soit une religion différente, soit une hérésie hostile, ils n'ont point fait entendre qu'il fût rigoureusement nécessaire d'abandonner le christianisme. Ils ont donné à la péninsule une leçon d'indépendance intellectuelle. Par cela, ils répondaient aux instincts profonds de l'âme italienne.

Ils permettaient aux hommes convaincus de l'excellence de la vie rationnelle, comme à ceux qui répugnaient le plus ouvertement à l'action du prêtre sur l'individu, à l'action de l'Église sur la société, de réserver en leur cœur la mesure de foi chrétienne qu'ils jugeaient bonne. La culture sicilienne a produit beaucoup d'incrédules ou d'indifférents, mais elle a raffermi, chez les Italiens, le doût de la religion personnelle, la recherche libre des choses divines; dans l'âge de saint François et comme le fit saint François, elle les arracha pour longtemps au christianisme scolastique qu'Abélard avait contredit au xiie siècle et que l'Université de Paris allait constituer par un si dur labeur. Seulement, par l'effet même de sa philosophie dominante, elle posa, au sein de la chrétienté italienne, un lest très utile qui maintint loin des extrémités du mysticisme individuel les plus raisonnables de ses chrétiens.

CHAPITRE V

EXALTATION DU MYSTICISME FRANCISCAIN.
L'ÉVANGILE ÉTERNEL
JEAN DE PARME. — FRÀ SALIMBENE

Saint François d'Assise avait, comme tous les fondateurs religieux, jugé très haute la nature humaine; il crut que l'idéal de pureté, d'ascétisme et de charité embrassé par ses premiers frères serait toujours la lumière de son ordre et la consolation de l'Italie. Cette âme excellente ne se trompa qu'à demi. Pendant plus d'un siècle, l'élan mystique continua dans l'institut d'Assise, il alla même parfois si haut et si loin que les franciscains qui voulaient sincèrement rester fidèles à la révélation du maître perdirent de vue la terre, la société civile et même l'Église. Saint François n'avait pas prévu que les vertus qui firent la noblesse de l'ordre naissant deviendraient un danger le jour où celui-ci, remplissant toute la chrétienté, manifesterait un christianisme apostolique en contradiction avec la discipline, les traditions historiques et les nécessités temporelles de l'Église romaine. L'appréhension d'un conflit entre les *religions* traversa peut-être un instant l'esprit d'Innocent III. Saint François n'était point capable de le soupçonner. Tout au plus entrevit-il, dans les derniers jours de sa vie, que beaucoup parmi ses frères se lasseraient vite d'une règle trop rigide, et, par faiblesse ou découragement, chercheraient à s'accommoder avec le siècle. Il put croire à des apostasies, mais il avait en Dieu une confiance trop candide pour que la pensée triste d'un schisme fût jamais entrée dans sa conscience.

I

L'exaltation croissante du christianisme franciscain s'explique par deux raisons très fortes. La première est dans le prestige même de saint François. Il avait laissé dans le souvenir de ses disciples une image presque divine. Le peuple disait, même de son vivant : « Il exauce ceux que Dieu ne ne veut plus entendre ». On le considérait comme une sorte de messie, chargé par Dieu d'accomplir les promesses de Jésus ; de là à regarder la bonne nouvelle d'Assise comme le canon définitif de la croyance religieuse, et la chapelle de la Portiuncule comme le tabernacle de l'Église universelle, il n'y avait qu'un pas à franchir. La seconde de ces raisons est la liberté extraordinaire que François rendit aux consciences enflammées par le zèle d'une perfection toujours plus haute. C'était un ferment toujours en travail, qui souleva le xiiie siècle italien et fit éclore comme une floraison de créations religieuses. On croyait d'ailleurs imiter le fondateur, en cherchant à se rapprocher de Dieu, comme il l'avait fait jadis, par un mouvement tout personnel. Ainsi, l'adoration accordée à cette grande figure et l'invention individuelle de la voie du salut devaient porter le monde franciscain à se tenir pour une famille d'élite, plus soucieuse de l'indépendance de sa foi que de l'obédience commune à la hiérarchie ecclésiastique et du respect de la lettre étroite de la doctrine.

C'est la vertu caractéristique de l'ordre, et la plus facile à pratiquer, pour chaque affilié, puisqu'elle était à la charge de la communauté tout entière, la pauvreté parfaite, qui fut l'occasion d'une longue crise, dont la première période seule se rattache au dessein de ce livre. Jusqu'en 1312, au temps du concile de Vienne, le débat ne porta en apparence que sur une question de discipline franciscaine. Les vrais fidèles de saint François, les observants, les *spirituels*, défendaient le précepte du renoncement absolu contre ceux qui devinrent les *conventuels*, bâtirent de grands couvents, revinrent à la propriété monastique, aux lettres humaines, aux sciences profanes. A partir de 1312, la question s'agrandit tout à coup; il s'agit alors de la pauvreté même du Christ et des apôtres qui, n'ayant rien possédé en propre, faisaient aux chrétiens, de cette vertu, un article strict de foi. L'Église séculière, la papauté d'Avignon furent profondément troublées par cette nouveauté que soutenaient, parmi les *spirituels*, les plus ardents, les *petits frères*, les *fraticelles*. L'affaire se compliqua en outre par l'entrée de la politique dans la théologie et l'intérêt que l'empereur et les princes portèrent à une doctrine très propre à diminuer la force temporelle de l'Église. L'ordre franciscain compta alors, surtout dans le midi de la France, des hérétiques et des martyrs[1].

Il ne s'agit ici que de la longue préparation à cette crise aiguë, de la période marquée par le livre singulier de Frà Angelo Clareno, l'*Historia*

---

1. Voir *Biblioth. de l'École des Chartes*, 1886, la thèse de M. L. RICHARD: *Jean XXII et les Franciscains*, et, au t. III de l'*Archiv für Litterat. und Kirch. Gesch. des Mittelalt.*, fasc. 1, Fr. EHRLE, *Zur Vorgeschichte des Concils von Vienna*.

Septem Tribulationum ordinis Minorum, que Wadding n'a connue qu'imparfaitement[1]. Angelo résuma, dans ce livre, conformément à la méthode chronologique des joachimites, en six époques de tribulations, les luttes et les douleurs de la communauté des *spirituels* à partir du milieu du xiiie siècle; la septième époque, qui est commencée au moment où l'auteur écrit, conduira les vrais frères jusqu'au jour du triomphe final de leur chrétienté. Frà Angelo se débattit pendant soixante-dix ans contre la persécution; il fut accusé d'hérésie, condamné à la prison perpétuelle, délivré, en 1289, par le général Raymond Gaufridi, puis, après un court repos sous le pontificat de Célestin V, obligé de se cacher dans une île de l'Adriatique ou les ermitages de la campagne romaine et du royaume de Naples, afin d'échapper à Boniface VIII. Il mourut en 1337, chargé de jours, après avoir recueilli dans sa chronique les souvenirs des derniers compagnons de François d'Assise et le témoignage du grand combat que lui-même il avait soutenu, pendant plus d'un demi-siècle, pour la bonne doctrine, entre l'âge de Jean de Parme et celui de Dante.

Il avait écrit en 1317 au pape Jean XXII une

---

1. Voir à l'*Archiv.* t. I, fasc. 4, Ehrle, *Die Spiritualen, ihr Verhältniss zum Franciscanerorden und zu den Fraticellen*; t. II, fasc. 2, l'*Histor. Sept. Tribulat.* Fel. Tocco, *Docum. franciscani*, à l'*Archiv. stor. ital.*, 1886, Disp. V.

longue épître apologétique pour défendre l'orthodoxie de ses frères; à la même époque, de sa résidence d'Avignon, plus tard encore, des environs de Rome ou du fond de la Basilicate, il écrivit des lettres aux *spirituels* épars dans toute l'Italie, afin de les raffermir dans leur foi, selon la tradition des premiers apôtres. Ces documents sont des plus précieux; ils exposent, avec plus de clarté et de sérénité que l'*Histoire des Tribulations*, le fond dernier de la doctrine des franciscains rigides, telle qu'elle fut fixée au lendemain de la mort de saint François et se perpétua, comme un symbole adopté par toutes sortes de sectes, accepté par les joachimites du xiiie siècle, jusqu'à la crise des *fraticelles*. L'*Epistola excusatoria* témoigne d'un ferme attachement à la foi de l'Église romaine, « la seule Église véritable ». Elle repousse les calomnies dont les mystiques ont été accablés sous Boniface VIII, celles-ci, entre autres, que, pour eux, l'Église de Rome avait perdu l'Esprit saint, que le véritable sacerdoce résidait dans la communion des *spirituels*, que l'Église d'Orient est meilleure que celle d'Occident. « Nous sommes seulement des pauvres ou des frères ermites, qui observent au désert la pauvreté à laquelle ils ont engagé leur vie. » Mais, à ses frères, Angelo écrit d'un ton moins humble. « Le Christ nous a parlé par les Pères, les Apôtres, les Prophètes, les martyrs, les docteurs, les saints, il nous a parlé en dernier lieu par son fils séraphique

François, héritier de tous ses autres témoins.... Le bienheureux François a été dans le monde sous la forme du Christ crucifié ; il s'est humilié, c'est pourquoi le Christ l'a exalté. Il a appelé François à la pratique de la pauvreté parfaite, il l'a choisi pour cette mission et lui a ordonné d'adopter la règle évangélique; et le pape Innocent a annoncé au monde, dans un concile général, que, par obéissance pour le Saint-Siège, saint François avait choisi la vie évangélique et avait promis de la garder pour complaire au Christ. » « Chercher les choses célestes, désirer les spirituelles, mépriser les terrestres, tendre à celles qui sont en avant, oublier celles qui sont en arrière, là est notre vœu, l'imitation du Christ, le gage de notre immortalité, l'observance parfaite, contre laquelle ni loi ni décret ne peuvent rien, à laquelle doit céder toute autorité et toute puissance.... Que si un roi *ou un pape* nous ordonnait quelque chose de contraire à cette foi, à la confession de cette foi, à cette charité et à ses œuvres, *nous obéirions à Dieu plutôt qu'aux hommes*... Le Christ, sauveur unique, enseigne à tous, par l'exemple de sa vie et sa prédication divine, le chemin du salut et de la justice; aux époux qui ont des épouses et des biens, aux clercs et aux chanoines qui possèdent en communauté, à ceux qui, imitant sa vie et celle des apôtres, ne possèdent rien, font vœu de ne rien avoir, de ne rien vouloir en propre.... Fuyez ceux qui vivent mal, obéissent au ventre et à l'avarice, ne leur parlez point, mais pleurez sur eux et priez pour eux. *Honorez le seigneur archevêque et les autres clercs, et ne considérez pas leurs péchés, car vous avez promis de vivre comme si vous étiez morts pour eux et étrangers aux choses qu'ils font....* La Règle est supérieure à toute autorité, l'obéissance à la Règle passe avant l'obéissance aux ministres, au général, au cardinal protecteur.... Il n'y a pas d'autorité dans la Règle contre la Règle, comme il n'y en a pas dans l'Église contre l'Église.... La Règle est le remède à la tyrannie des faux prélats, car rien ne peut prévaloir contre elle.... Saint François n'y a rien mis de lui-même, il écrivit sous la dictée de Jésus-Christ. » Le hardi franciscain termine cette lettre par une consultation bien curieuse sur le cas d'un homme « de bonne et sainte volonté » à qui l'autorité ecclésiastique a interdit les saints mystères et qui sollicite l'absolution du pontife. Angelo cite l'apôtre : « Tout ce qui ne procède pas de la foi est péché »; la foi, ajoutait-il, est le jugement même de la conscience. Sans doute, il serait bon que le pape donnât l'absolution à cet homme, mais Angelo ne veut pas que l'on rétrécisse la conscience par la casuistique, et qu'on effraie ce pécheur par les difficultés du sacrement. « Nous sommes tous renfermés, à cause de nos péchés, dans l'ombre de la mort; prions donc d'un cœur repentant, *afin que la grâce efface les souillures de nos fautes*; nous aurons ainsi, par cette confession anticipée, *confessione previa*, une rémission et une absolution intérieure plus larges que ceux qui nous absoudraient ne pourraient les comprendre. Toute crainte sera chassée de nos cœurs, nous goûterons la paix par la foi, le témoignage de notre cœur et de l'esprit du Christ. Car, lorsque l'esprit de contrition touche l'âme, il enlève la tache du péché, et il nous enseigne ensuite l'obéissance et le respect qu'il convient d'accorder aux ministres de l'Église et aux sacrements divins. »

II

Cette théorie, écrite seulement au début du xiv° siècle, répond, dès le milieu du xiii°, à l'inévitable évolution du christianisme d'Assise. Par la pauvreté et la vie intérieure, ce monde des *spirituels* échappait à la main de l'Église. Celui qui est dénué de toutes choses, mais à qui l'aumône ne manquera jamais, est insaisissable : il est libre comme l'oiseau. Mais l'homme qui se charge de purifier lui-même sa conscience par ses larmes n'a plus à se préoccuper du prêtre, des œuvres qu'il ordonne, de la pénitence qu'il impose : le salut résulte d'une entente directe entre le chrétien et Dieu. Il est clair qu'une société religieuse où se manifeste une théologie aussi libre forme une Église dans l'Église, une chrétienté indépendante dans le christianisme. Les mystiques se détachaient de Rome, revenaient à la solitude des anciens ermites, s'éloignaient peu à peu de la famille chrétienne. Ils retournaient à l'ascétisme de Joachim de Flore, compromettant ainsi, dans son œuvre de charité, la fondation même de saint François.

L'apôtre est à peine mort, que le conflit s'annonce entre les frères qui veulent demeurer unis au Saint-Siège, et ceux pour qui l'inspiration évangélique est supérieure à la discipline hiérarchique. Les *spirituels* de la première heure se heurtèrent au vicaire de saint François, Élie de Cortone, qui gouverna pendant quelques années la société franciscaine, avec une énergie et une finesse remarquables[1].

C'était un politique, un homme avisé, très capable de fourberie, peut-être un lettré. Il songea à substituer le régime despotique à la constitution parlementaire de l'ordre. Il dit aux frères que la Règle stricte était bien dure, faite seulement pour des hommes pareils au fondateur et

---

1. Les premières chroniques ne sont d'accord ni sur le moment où il fut élu général, ni sur le nombre de fois qu'il occupa cette dignité.

« voisins de Dieu »; il obtenait en même temps du Saint-Siège des adoucissements à la loi de pauvreté et la permission de recevoir de l'argent *per interpositas personas*. C'était le moyen de tourner la Règle et de rapprocher l'ordre de l'Église par la communauté des intérêts terrestres. Tous ceux « qui gardaient l'inspiration de saint François » se réunirent en secret, par crainte « de la puissance de cet homme et du nombre de ses adhérents ». Élie, disait-on, vivait comme un prince, grâce à l'argent recueilli pour la basilique d'Assise : il avait des valets, des chevaux, une table somptueuse, le train d'un évêque féodal; le bon Bernard de Quintavalle, premier disciple de saint François, entrait parfois à l'heure du dîner chez le général, et s'asseyait sans être invité, disant : « Moi aussi, je veux manger avec toi les bonnes choses que le Seigneur prodigue à ses pauvres ». Mais Antoine de Padoue prenait les choses au tragique : il reprochait à Élie de ruiner l'ordre par ces privilèges et de détruire « l'état évangélique qu'on avait promis d'observer ». Ce théologien portugais, homme d'action, irascible, opiniâtre, qui osa s'attaquer au vicaire de Frédéric II, Ezzelino, groupa le troupeau timide des mystiques et le traîna jusqu'aux pieds de Grégoire IX : le pape, troublé par les clameurs d'Antoine, soupira et se résigna à déposer Élie de Cortone. Élie porta sa déchéance avec une bonne grâce admirable : il passa tranquillement à l'empereur Frédéric, près de qui il séjourna d'abord comme intermédiaire pacifique entre le pape et César; plus tard, sous Innocent IV, repoussé à chaque chapitre de la Portiuncule du généralat qu'il sollicitait de nouveau, il embrassa ouvertement, en véritable révolté, la cause impériale; il fut même un jour ambassadeur de Frédéric à la cour de Constantinople. L'empereur mort, Élie revint à Cortone, dans sa maison. Là il bâtit, avec ses richesses, une grande église franciscaine; il était excommunié, libre, fort heureux, n'obéissant ni à l'évêque ni au pape, sans inquiétude d'ailleurs pour son salut, jusqu'à la dernière heure. Sur le point de mourir, il fit sa paix avec le Saint-Siège et avec Dieu « au nom des mérites de saint François ».

Il avait survécu plus de vingt ans à son adversaire Antoine. Si ces deux héritiers de l'œuvre de François d'Assise, au lieu de se faire la guerre et de pousser l'ordre à une crise dogmatique dont la suite fut si grave, avaient mis d'accord leur bonne volonté, leur passion et leur génie, l'histoire franciscaine et l'histoire religieuse de l'Italie et de la chrétienté eussent été tout autres qu'elles ne furent. L'apostasie d'Élie fit scandale dans l'Eglise : Antoine de Padoue fut canonisé. Néanmoins c'est avec le parti d'Élie que Rome s'entendra bientôt le plus facilement; les conventuels, assagis par le soin de leurs intérêts séculiers, firent vite cause commune avec le Saint-Siège, qui, en échange de leurs services, leur prodigua les bulles tempérant la sévérité de la Règle primitive. Saint Antoine, qui mourut en 1231, eut le temps de former ses frères aux habitudes d'esprit les plus caractéristiques des *spirituels*. Il leur inspira le respect superstitieux de la lettre même de la Règle. On voit, par les sermons du fougueux franciscain, quelle valeur il attribuait aux paroles de tout texte sacré. Ce ne sont que citations de l'Écriture, rapidement commentées. Il n'est point jusqu'aux figures symboliques de l'Ancien Testament qu'il n'applique avec rigueur à sa démonstration; c'est à Coïmbre, au pied des chaires savantes des augustins, qu'il s'était façonné à cette méthode toute scolastique de prédication. Or, le précepte de pauvreté une fois embrassé, par la raison seule qu'il se trouvait dans les paroles canoniques de la Règle, il n'était plus possible de l'adoucir par l'esprit de mesure et de charité qui avait été l'âme de la cont stitution franciscaine et l'un des dons apostoliques de saint François. Saint Antoine légua encore aux siens une tradition originale des *observants*, la méfiance contre le clergé séculier, les prélats et les évêques, portée parfois jusqu'au mépris. Il a prêché contre l'Église d'un ton aussi passionné que Savonarole, lui reprochant ses richesses, sa puissance, sa sensualité et le déclin des bonnes mœurs avec autant de colère, cherchant dans les textes bibliques les vives images que le moine florentin évoquera au fameux carême de 1493. *Circumdederunt me vituli multi : tauri pingues obsederunt me.* Il aggrava ce premier texte par l'injure sanglante que Savonarole empruntera à son tour au prophète Amos : *Audite verbum, vaccæ pingues.* Il tire de cette inspiration un tableau d'une trivialité toute populaire que Savonarole n'osera pas présenter aux Florentins de Laurent de Médicis : « La viande des génisses est suspendue à la fumée, où elle attend qu'on la mange. Ainsi les démons suspendront à la fumée infernale la chair des mauvais prélats, où elle attendra un incendie plus cruel, les chaudières ardentes dont parle l'Écriture, c'est-à-dire l'enfer, le lieu de l'anathème, du deuil, de l'ineffable douleur. » Sans cesse le frère Antoine, à qui saint François n'avait donné ni sa tendresse ni sa pitié, revenait à cette satire véhémente des clercs : les moines répéteront longtemps les mêmes invectives ; mais ce Portugais criera tout haut à l'Italie la conclusion à laquelle il avait préparé ses auditeurs, à savoir que le culte desservi par les clercs avares et libertins est dérisoire et stérile, indigne de Dieu, qui le rejette, inefficace pour les âmes. « Nos gras chanoines croient être quittes envers Dieu s'ils chantent d'une voix claire, au chœur, un *alleluia* ou un répons; puis ils rentrent à leurs maisons, pour se divertir et bien souper avec leurs histrions et leurs jongleurs. » Antoine était trop bon logicien pour ne pas aller jusqu'au terme dernier de sa pensée, si extraordinaire qu'il fût : la religion vraie s'est retirée de l'Église des clercs, des prélats, des docteurs, pour se réfugier chez les laïques ; « le Carmel est envahi par les ronces du désert, car les clercs ne portent plus de fruits, les laïques seuls ont la foi féconde, *clerici sunt infructuosi et laïci fructuosi*[1]. »

Ainsi, d'une part, la scission était définitive entre les modérés et les rigides; de l'autre, elle se faisait pressentir entre les mystiques et l'Église séculière. Les contradictions des chroniqueurs de l'ordre sur le nom et la suite des premiers généraux ne nous empêchent pas de voir clairement la formation de deux communautés irréconciliables, qui se distinguent l'une de l'autre par la théologie et la discipline, même par le vêtement. Le frère Crescentius, canoniste et médecin, qui fut général de 1244 à 1248, selon l'*Histoire des Tribulations*, suivit la même voie que son prédécesseur Élie de Cortone, montra la même avidité pour la richesse et la science, la même aversion pour les pauvres couvents épars dans la solitude, et qu'il changeait en somptueux monastères; autour de lui, les frères faisaient la chasse aux

---

[1]. *Opera*, Migne, *Patrol.*, t. VI, p. 1206.

testaments, citaient leurs débiteurs en justice, s'attachaient aux écoles de dialectique, négligeaient l'oraison et l'Écriture pour « les curiosités inutiles d'Aristote ». Crescentius s'entourait de maîtres fourbes, tels que le frère Bonadies, son jurisconsulte, « qui buvait la fraude et le mensonge comme de l'eau », il observait d'un œil malveillant la secte grandissante des *spirituels*, « qui ne marchaient pas, pensait-il, selon la vérité de l'Évangile, méprisaient les règles de l'ordre, se croyaient meilleurs que les autres, vivaient à leur guise, rapportaient tout à l'esprit, *omnia spiritui tribuebant*, et portaient même des manteaux trop courts, *mantellos curtes usque ad nates* [1] ». Bientôt Crescentius accusa ouvertement auprès du pape ces frères qui, « en apparence et pour les séculiers, sont des saints, mais en réalité sont superstitieux, superbes, turbulents, indociles, champions de nouveautés dangereuses ». Innocent IV, qui s'engageait alors dans sa grande guerre contre Frédéric II, entendait que l'Église se rangeât tout entière sous sa houlette; il accorda donc à Crescentius la permission de poursuivre et de corriger les dissidents, d'arracher jusqu'à la racine « ces occasions de schisme et de scandale dans l'ordre ». Le général, « avec l'agilité et la traîtrise du léopard », tendit une embuscade aux frères « pieux,

---

1. *Chron.*, XXIV. *Min. Gener.* ap. Ehrle, *Archiv*, t. II, p. 256.

simples et fermes dans la vérité et la charité »,
qui, de leur côté, s'acheminaient vers Rome; il les
fit arrêter, les accabla de mauvais traitements,
puis les envoya deux à deux, précédés de lettres
calomnieuses, comme hérétiques d'importance,
aux gardiens des provinces les plus éloignées.
« Mais Dieu, dit Angelo Clareno, voulut que leur
vertu se répandît comme une lumière et un parfum
parmi les frères chargés de les punir, et qui furent
réjouis par leur conversation angélique »; il étendit sa main sur les *spirituels,* et l'élection de 1247
ou de 1248 porta au gouvernement des mineurs
le frère Jean de Parme, « illustre par sa science et
sa sainteté ». Le premier acte de Jean fut de rappeler les proscrits. La maison d'Assise tressaillit
de joie; les vieux amis de saint François, les derniers apôtres de la première Église franciscaine,
« Egidio, Masseo, Angelo, Leo, éclatèrent en
transports d'allégresse, parce qu'ils croyaient voir
en Jean de Parme l'âme même de saint François
qui ressuscitait »; Egidio, éclairé par l'esprit prophétique, lui dit : « C'est bien, ta venue est heureuse, mais tu viens bien tard[1] ».

1. *Bene et opportune venisti, sed venisti tarde. Archiv,*
t. II, p. 259 à 263.

III

Les années que Jean Borelli de Parme passa à la tête de l'ordre d'Assise sont d'une importance capitale pour l'histoire religieuse du moyen âge. Autour du nouveau général se groupèrent les velléités d'opposition, les rancunes amères, les aspirations encore indécises des *spirituels*. Les idées joachimites qui, depuis près d'un demi-siècle, flottaient toujours dans la chrétienté italienne, prirent tout à coup une recrudescence extraordinaire et se fixèrent en quelques vues très précises auxquelles les mystiques se rallièrent avec empressement. Déjà en 1240, le frère Aymon, Anglais d'origine, prédécesseur de Crescentius, était revenu à la méthode prophétique du moine calabrais par un commentaire sur Isaïe. Jean de Parme à peine élu apparut à ses frères comme le représentant du plus pur idéal franciscain. Contre les conventuels et les tièdes il agit en réformateur, allant sans cesse de maison en maison pour y restaurer la Règle de 1209 [1]. L'enthousiasme pour

---

1. *Hist. littér. de la France*, t. XX, p. 30 et suiv. SALIMBENE, *Cron.*, p. 128. RENAN, *Nouv. Étud. d'hist. relig.*, p. 246.

saint François, rendu à son premier élan, entraîna sans peine ce monde d'exaltés jusqu'à Joachim de Flore. Celui-ci, d'ailleurs, n'avait-il pas été le précurseur du Messie de l'Ombrie? L'*homme vêtu de lin* n'avait-il pas annoncé l'approche de l'*Ange portant le signe du dieu vivant*? Ces parfaits de la dernière époque religieuse, qui vivront de contemplation et d'amour, n'étaient-ils pas les enfants d'Assise qui, délivrés par la pauvreté évangélique de tout souci terrestre, entreront en communion ineffable avec le Saint-Esprit? On oubliait sans doute que saint François avait réagi contre cet égoïsme monacal proclamé par Joachim comme condition de la sainteté, et qu'il avait enjoint à ses mineurs de travailler de leurs mains et de veiller sans relâche sur les douleurs humaines. On allait oublier que le fondateur s'était proclamé toujours le plus soumis et le plus humble des fils de l'Église; dans l'effervescence de l'invention religieuse, vers le milieu du XIIIe siècle, les *spirituels* se considéreront comme l'Église définitive, meilleure que l'ancienne, et, poussant à l'hérésie l'abbé Joachim lui-même, chercheront avidement dans ses ouvrages, interprétés à l'aide d'une exégèse fiévreuse, la date du grand jour où la religion du Saint-Esprit devait remplacer la loi du Verbe. Or Joachim, qui avait passé les derniers temps de sa vie à supputer le moment où les *spirituales viri*, les parfaits cénobites relèveraient l'Église et la chrétienté, avait fixé comme terme dernier de l'attente l'année 1260. L'un des témoins les plus curieux de cet âge singulier, Frà Salimbene, attendit sincèrement l'année fatidique, que semblait confirmer la mort de l'empereur Frédéric. Celui-ci avait été regardé comme la bête apocalyptique dont l'apparition, conformément à la vieille théorie du millénaire, devait précéder l'Église radieuse des parfaits. Mais Salimbene, qui avait peur de la crise, bien qu'il se glorifiât d'être joachimite, respira au dernier jour de 1260. « J'abandonnai tout à fait cette doctrine, et me résolus à ne croire qu'aux choses que j'aurai vues. »

Ce vaste mouvement religieux, cette fermentation de la société franciscaine résultèrent en partie de l'action de Jean de Parme. L'interlocuteur de Salimbene dit, dans cette même page de la *Chronique*: « Le frère Jean de Parme a troublé lui-même et son ordre; sa vie était si sainte, il était si docte, qu'il pouvait alors corriger la curie romaine; mais, ayant suivi les prophéties d'hommes à demi fous, il s'est nui grandement et a fait bien du mal à ses amis.... Si le frère Jean avait imité ta prudence, il aurait apaisé les esprits de ses frères. » Je crois néanmoins que l'on se tromperait en s'imaginant Jean de Parme comme un sectaire qui joue avec l'hérésie, un visionnaire hanté par la pensée d'un bouleversement prochain de l'Église. Le portrait qu'en a tracé Salimbene, conforme à celui de l'*Histoire des Tribulations*, est d'un mystique très doux, « au visage angélique, gracieux et toujours riant », d'une patience, d'une humilité, d'une charité singulières. *Consolabatur mœstos, corripiebat inquietos, suscipiebat infirmos, fovebat debiles, simplices familiariter et læte erudiebat.* Très éloquent quand il prêchait la parole divine, d'une piété attendrissante quand il célébrait les saints mystères, il ne parlait que rarement : à l'église il ne s'asseyait jamais, ne s'appuyait point à la muraille, se tenait toujours debout et tête nue. Il était d'une taille médiocre, très vif dans sa démarche et charmant. Les vieux frères pouvaient retrouver en lui la chère figure du fondateur. Son joachimisme ne dépassa probablement point les prévisions modérées de l'abbé Joachim. Mais c'était assez pour encourager la fantaisie des *spirituels* dont les hypothèses hasardeuses ne se contentaient déjà plus des ouvrages authentiques de Joachim. Il leur fallait des prophéties plus précises, et ils en trouvaient sans cesse, des commentaires sur Jérémie, Ézéchiel, Merlin, la sibylle Érythrée, des livres effrayants contre l'empereur Frédéric ou le Saint-Siège. Cette littérature pseudo-joachimite occupait les longs loisirs des frères ; au besoin, ils cherchaient à déchiffrer entre les versets de la Bible des nouvelles sûres de l'Antéchrist, « qui est déjà né et grand », et des révélations sur les rois de l'Europe. Salimbene et Gérard de San-Donnino, leur bible en main, conversaient sur ces thèmes redoutables, un après-midi d'été, à l'ombre d'une treille, dans le jardin du couvent de Modène.

Ces rêveries n'inquiétaient pas la conscience noble de Jean de Parme. Il ne souhaitait rien autre chose que le progrès plus grand des âmes dans la spiritualité, la perfection de ses frères par la pauvreté, la contemplation et l'amour. Il s'attachait à la mémoire du Père Séraphique avec la tendresse que Jean avait eue pour celle de Jésus. Il écrivit un livre *De sacro commercio sancti Francisci cum Domina Paupertate*. Autour de lui croissait la légende de saint François, de plus en plus merveilleuse ; les *Tres Socii* embellissaient la biographie primitive de Thomas Celano ; la théorie messianique du thaumaturge d'Assise, qui aboutira au *Liber Conformitatum* de Bartolomeo de Pise, était commencée. Mais le courant qui emportait la famille franciscaine fort au delà de saint François était plus fort que la sagesse de Jean de Parme. Les joachimites, échappant à la discipline de l'ordre, se multipliaient en Italie et en France, loin de l'œil du général. Dans les couvents de Provins et d'Hyères s'élaboraient les plus audacieuses prophéties de la secte. Hugues de Digne, « l'un des plus grands clercs du monde », dit Salimbene, ami de Jean de Parme, paraît avoir été le chef reconnu du joachimisme français; prédicateur populaire, ardent à la dispute, *paratus ad omnia*, admirable quand il dépeignait le paradis ou l'enfer, mystique étrange, *spiritualis homo ultra modum*, semblable à Paul ou à Élisée; quand il parlait, on tremblait « comme le jonc dans l'eau ». Hugues prêcha devant saint Louis. Il possédait tous les livres écrits par l'abbé calabrais; il rendait des oracles dans sa cellule d'Hyères. A sa table on ne s'entretenait que des espérances joachimites. Mais, à côté de ce joachimisme de plein air, auquel le voisinage de l'inquisition épiscopale, la curiosité malveillante des prêcheurs, les méfiances de l'autorité séculière imposaient quelque réserve, on entrevoit, dans les recoins des petits couvents, le mystère d'une doctrine occulte, l'effervescence trouble de la société secrète. Salimbene a vu, vers 1240, un vieil abbé de l'ordre de Flore, *vetulus et sanctus homo*, apporter furtivement, dans la maison franciscaine de Pise, les livres de la secte, afin, pense-t-il, de les soustraire aux violences de Frédéric II. N'était-ce point plutôt du pape et de ses théologiens que se cachaient alors les joachimites? Les traités prophétiques, mais apocryphes, de l'ermite calabrais glissaient de main en main; on les dissimulait au fond des cellules les moins suspectes, *in angulis et nostris*, disent les actes du concile d'Arles. On tenait des colloques à voix basse à Provins et à Hyères; les affiliés laïques du tiers ordre y prenaient part; dans la chambre de Hugues de Digne, aux jours de grandes fêtes, nous trouvons des notaires, des juges, des médecins, des lettrés, qui scrutent, sous la direction du prophète provençal, les ténèbres de l'Écriture. Ils ont évidemment la conscience un peu chagrine; ils sentent qu'ils altèrent l'intégrité du vieux *Credo*, qu'ils abandonnent l'Église et créent une religion nouvelle à laquelle les appelle l'attrait du fruit défendu. D'autre part, les bonnes gens qui demeurent fidèles à la foi séculaire surveillent le joachimisme avec une peur extrême. Vers 1250, en Sicile, on se signe au nom du Père, du Fils et de *saint Mathieu*, afin de ne se compromettre ni avec le Saint-Esprit, ni avec l'évangile de saint Jean;

Signumi in Patre e in Filio et in Santo Matteo,

lisons-nous dans le *Contrasto* de Ciullo d'Alcamo. L'exaltation mystique passait rapidement à travers tous les rangs de la société. On ne vit qu'en 1260 l'épidémie des flagellants. Mais dès 1248 la Provence et la région de Gênes étaient pleines de pénitents et de pénitentes qui crucifiaient leur chair au fond de leurs maisons. Une femme singulière, sainte Douceline, sœur de Hugues de Digne, agitait le midi de la France. « Elle n'entra jamais en religion, dit Salimbene, elle a toujours vécu dans le siècle chastement et saintement. » Elle portait le cordon de saint François et parcourait la Provence, suivie de quatre-vingts dames de Marseille; on lui attribuait le don de guérir ou même de ressusciter les petits enfants. Elle entrait dans toutes les églises des frères qui étaient sur son chemin; elle s'y arrêtait en extase, les bras en l'air, depuis la première messe jusqu'aux complies; « elle était entièrement absorbée en Dieu ». « Elle fit vœu, écrit son biographe, entre les mains du saint père frère Hugues de Digne, de garder avec la plus grande ardeur la sainte pauvreté de Jésus-Christ, comme saint François l'observa et la donna aux siens[1]. » Elle fonda un institut de béguines; « les femmes, vierges et veuves et même les personnes mariées abandonnaient leurs époux et leurs enfants et venaient à elle ». Elle ne pouvait ouïr parler de Dieu, de Notre-Dame, de saint François, qu'elle ne fût prise aussitôt d'une extase, « et, éprouvant dans cet état des sentiments surhumains, elle ne connaissait rien de ce qu'on faisait autour d'elle.... Quelquefois elle était suspendue en l'air, sans s'appuyer à rien, sans toucher des pieds à terre, si ce n'est des deux gros orteils.... Elle était un jour ravie dans l'église des mineurs; une personne s'approcha d'elle, et, comme elle doutait

1. *La Vie de sainte Douceline*, texte et traduction, par l'abbé Aubanès, Marseille, 1879.

de la vérité de l'extase, elle tira un poinçon et le lui enfonça méchamment. La sainte mère ne remua pas et ne le sentit point. Mais après on trouva les cruelles piqûres qu'on lui avait faites; au point que la sainte, retournée en son état ordinaire, en ressentait de grandes douleurs.... La première fois que le roi Charles la vit ravie, il voulut éprouver si son ravissement était réel.... Il fit fondre du plomb en quantité, et le fit jeter tout bouillant sur ses pieds nus, en sa présence; la sainte ne le sentit pas. Par suite de cela, le roi eut pour elle une telle affection, qu'il la fit sa commère. » « Elle ne pouvait supporter aucun son, ni presque aucun chant, pas même le chant des oiseaux, qu'elle ne fût hors d'elle. Un jour, elle entendit chanter un passereau solitaire, et elle dit à ses compagnes : « Quel chant solitaire « a cet oiseau ! » Aussitôt elle fut en extase, attirée à Dieu par le chant de cet oiseau. »

Charles d'Anjou, qui en avait un peu peur, ne manquait pas de la consulter en toute affaire d'importance. Quand elle était plongée dans le sommeil mystique, on recueillait ses paroles comme révélation divine. Un jour de vendredi saint, au moment où on levait la croix, elle se mit à crier, avec des sanglots : « O monde faux et trompeur, quel terrible châtiment te menace ! Venez, venez, entrez dans la barque, car tout ce qui sera trouvé dehors périra. » Puis, renforçant sa voix : « N'entendez-vous pas crier le nocher ? N'entendez-vous pas qu'il crie : Entrez dans la barque, car tout ce qui sera trouvé dehors périra ? Hélas ! ce sont des âmes couvertes du sang de Jésus-Christ ! » Et à la question inquiète d'une sœur elle répondit avec gaieté : « Oui, vraiment, sous les ailes de saint François, vous serez toutes sauvées ». Mais une nuit, dans le dortoir du couvent, on la vit marcher « comme si elle eût suivi une procession ». Elle chantait d'une façon attendrissante, et disait parfois : « Nouveau Jésus ! Nouveau Jésus ! » D'autres fois elle chantait : « Nouvelle Jérusalem ! nouvelle cité sainte ! » Les pauvres béguines n'y comprenaient rien. Le grand rêve de Joachim de Flore, la vision d'une foi idéale et d'un paradis plus pur, venait de traverser l'âme de la prophétesse.

IV

Le moyen âge aimait trop l'appareil dogmatique et l'autorité des textes écrits pour laisser plus longtemps le joachimisme à l'état de doctrine flottante et secrète. A la religion nouvelle il fallait un Évangile ; Joachim avait prédit « l'Évangile éternel », mais aucun de ses livres ne portait ce titre. C'est à Paris, en 1254, au cœur de l'Université, qu'éclata le manifeste de l'Église définitive du Saint-Esprit. Ce livre étrange, que nous ne connaissons que par les dénonciations de ses ennemis et les condamnations de Rome, est l'*Introductorius ad Evangelium æternum*, de Gérard de Borgo-San-Donnino, confrère de Frà Salimbene et disciple de Jean de Parme.

Selon Jean de Meung, qui se trompe d'une année, il parut,

> Par mauvaise intencion,
> En l'an de l'Incarnation
> Mille et deus cens cinc et cinquante,

et fut exposé publiquement

> Au parvis devant Notre-Dame[1].

Ce livre renfermait la plus radicale révolution que le christianisme et l'Église aient jamais affrontée. Les trois grands ouvrages de Joachim, la *Concordia*, l'*Expositio in Apocalypsin* et le *Psalterium*, en formaient les trois chapitres; Gérard n'eut peut-être que le temps d'en publier le premier, la *Concordia*; l'introduction et les gloses, qui étaient la partie originale, expliquaient le mystère contenu dans les écrits de l'ermite[2]. Se-

---

1. *Roman de la Rose*, t. II, v. 1198 et suiv.
2. Voir le P. Denifle, *Das Evangel. ætern. und die Commis. zu Anagni*, au t. I, fasc. I, de l'*Archiv*.

lon le *Protocole* des inquisiteurs d'Anagni, Gérard disait, au début de l'*Introductorius*, que vers l'an 1200, c'est-à-dire à l'époque où Joachim avait achevé d'écrire sa révélation, l'esprit de vie était sorti des deux Testaments, du Nouveau comme de l'Ancien, pour passer à l'Évangile éternel. Dès cette première proposition, Gérard altérait, par une vue véritablement schismatique, le joachimisme primitif. Tandis que Joachim n'avait envisagé l'Évangile de l'avenir que comme une intelligence toute mystique des deux Testaments, réservée, selon lui, aux chrétiens spirituels de l'Église définitive, l'auteur de l'*Introductorius* annonce que les trois ouvrages du fondateur constituant le texte même de l'Évangile éternel sont le dernier venu des *tria sacra volumina*, l'achèvement de la *triplex littera*, qui a commencé par l'Ancien et le Nouveau Testament. Ce qui n'était pour Joachim qu'une interprétation des Écritures, contenue dans les limites des dogmes traditionnels du christianisme, devient pour Gérard une Écriture nouvelle, où la révélation d'une troisième Loi, celle de l'Esprit, remplace et efface la Loi du Christ, comme celle-ci avait effacé la Loi du Père; à l'Église des moines vivant de la quintessence du christianisme, que Joachim avait imaginée en son désert de Flore, Gérard substitue la communion des âmes qui, indifférentes désormais aux symboles sacramentels, goûteront enfin la plénitude des choses divines.

L'homme qui tirait ainsi une hérésie des prophéties de son maître a-t-il représenté, au milieu du xiiie siècle, la croyance même de toute la famille joachimite, ou n'était-il qu'un novateur solitaire? Le P. Denifle estime qu'il n'a parlé que pour un groupe très restreint de personnes. Je crois plutôt qu'il a exprimé avec une précision compromettante la foi indécise qui troublait beaucoup d'âmes, en Italie plus encore qu'en France; le premier, il osa montrer vers quel terme s'acheminaient les consciences agitées par l'apostolat franciscain. Car il procédait de saint François non moins que de Joachim. Celui-ci est, pour lui, « l'homme vêtu de lin, ange et docteur, qui descendit du ciel, tenant entre ses mains un livre ouvert »; mais François est l'ange qui apparut, vers l'an 1200 de l'Incarnation du Seigneur, portant le signe du Dieu vivant; l'ordre qu'il a fondé « sort également des laïques et des clercs ». C'est l'immense milice des frères « qui marchent pieds nus », des franciscains de la lettre stricte, déjà séparés de l'Église de Rome, qui prêtent au messie d'Assise, comme à son précurseur de Flore, une révélation formidable, la foi nouvelle, destinée à mettre fin au christianisme, en cinq années, et à régner « de la mer jusqu'à la mer ». Le scandale produit par l'*Introductorius*, la clameur des chrétiens réguliers et la sentence du Saint-Siège ouvrirent bientôt les yeux à ces enthousiastes : ils aperçurent l'abîme où ils étaient sur le point de périr. Beaucoup renièrent Gérard; Salimbene n'a point de paroles assez sévères pour condamner les « sottises » de ce fou qui a séduit par son livre « les frères ignorants », et qui fut « si bien puni, *valde bene fuit punitus* »; au demeurant, le plus aimable homme du monde, courtois, modeste, tempérant, doux et humble, mais qui a gâté tous ces dons par une croyance criminelle.

Certes, Gérard avait choisi le lieu et l'heure les plus propres à donner à son hérésie un singulier retentissement. L'Université de Paris ne laissait passer aucune nouveauté théologique sans la discuter à outrance. La pratique séculaire du syllogisme, l'incessante exégèse des Écritures et la passion des longues disputes mettaient aux mains de nos docteurs des armes terribles contre toute doctrine suspecte; par sa fonction scolastique, l'Université gardait réellement, selon le mot du *Roman de la Rose*, « la clef de la crestienté ». Elle était alors endormie, dit Jean de Meung :

> Au bruit du livre s'esveilla,
> N'onc puis gaires ne sommeilla;
> Ains s'arma pour aler encontre
> Quand el vit cel horrible monstre,
> Toute preste de bataillier,
> Et du livre as juges baillier.

Quoi qu'en dise le trouvère, elle était bien éveillée le jour où fut exposée la première partie de « l'Évangile pardurable ». La querelle des maîtres contre les mendiants, prêcheurs et mineurs, qui prétendaient enseigner publiquement, agitait depuis quelque temps la montagne latine. Le plus fougueux défenseur des privilèges de l'Université, Guillaume de Saint-Amour, sans attendre que le *Commentaire sur l'Apocalypse* et le *Psalterium* fussent à leur tour publiés, prêcha contre le livre maudit qui, représenté par l'*Introductorius* et la *Concordia*, lui semblait plus volumineux que la Bible elle-même. Mathieu Pâris nous apprend que les docteurs nommèrent une commission chargée de porter au pape les doléances de l'Université; les prêcheurs s'empressèrent de choisir une contre-ambassade, *ut magistris in faciem contradicerent*[1].

Selon Richer de Senones, Guillaume remit lui-même à Alexandre IV un exemplaire de l'*Introductorius*. En 1256, au concile provincial de Paris, Guillaume demandait encore une enquête contre les faux prédicateurs « qui se glissent dans la maison de Dieu ». Son livre *De Periculis novissimorum temporum* est plein d'accusations véhémentes, lancées surtout aux dominicains, « qui prétendent donner une nouvelle discipline à la vie et réformer l'Église ». L'Université mit une

---

[1]. Voir HERM. HAUPT, *Zur Gesch. des Joachimismus*, Gotha, 1885, et notre étude sur l'*Hist. du Joachim.*, *Rev. hist.*, mai-juin 1886.

telle passion à rechercher l'hérésie entre les lignes de Gérard et dans le livre de Joachim, et rédigea si fiévreusement la liste des erreurs doctrinales du nouvel Évangile, qu'elle en violenta le texte et en faussa les propositions de la manière la plus grave. Ce procédé singulier étonna tout d'abord les théologiens du Saint-Siège. « On nous a dénoncé, dit le bref d'Alexandre IV à l'évêque de Paris, des chefs d'hérésie qui n'étaient point dans ce livre, et qui y ont été glissés avec perfidie. » Les fameux *Excerpta*, au nombre de trente et une propositions, qui nous ont été transmis par plusieurs manuscrits, par la chronique de Mathieu Pâris, le *Liber de Rebus memorabilioribus* de Henri de Hertfordt et le *Directorium* d'Eymeric, sont ainsi, pour l'histoire religieuse du XIIIe siècle, la source la plus suspecte. On y faisait dire, non pas à Gérard, mais à Joachim lui-même, par exemple, que Dieu accordera la paix et le salut à certains juifs, tout obstinés qu'ils sont dans leur aveuglement, tandis que Joachim avait assuré à plusieurs reprises qu'à l'origine du troisième état religieux du monde, de nouveaux apôtres évangéliseraient le peuple juif et ramèneraient « à notre Seigneur Jésus-Christ » les derniers restes de la Synagogue. Les *Excerpta* déclarent que, selon la *Concordia*, à l'approche de la troisième révélation, beaucoup de chefs d'ordre se détacheront de l'Église séculière, c'est-à-dire de Rome, et se prépareront à revenir à la foi antique des juifs; la *Concordia* dit au contraire qu'alors les juifs se laisseront toucher et verront la pure lumière de la foi, que l'Église retrouvera la joie des temps apostoliques, et embrassera, comme jadis, d'une même étreinte, la famille juive et la foule des Gentils. Joachim avait dit : « Un jour les prédicateurs iront aux infidèles pour leur porter la bonne parole, et ces nouveaux convertis serviront de défense aux apôtres contre les mauvais chrétiens de l'ancienne communauté ». Les *Excerpta* traduisent : « Les prédicateurs, persuadés par les clercs, passeront aux infidèles et il faut craindre qu'ils ne les réunissent pour les mener à l'assaut de l'Église romaine ». Mais voici peut-être la plus audacieuse altération du texte original. Au second livre de la *Concordia*, Joachim, rappelant la séparation de la chrétienté grecque, le pontificat schismatique de l'évêque de Constantinople, avait ajouté : *ambulantes usque in finem in erroribus suis.* Au cinquième livre, il avait reproché aux Grecs d'avoir, dans leur oubli du Seigneur et de son Esprit, embrassé les choses de la chair et persécuté, jusqu'au jour présent, ceux qui vivent selon le Saint-Esprit : *persequuntur eos qui ambulant secundum spiritum usque in presentem diem.* Or les *Excerpta* traduisent délibérément : « Sixième erreur : le pape grec, ou le peuple grec est plus dans les voies de l'Esprit que le pape latin, ou le peuple latin ; c'est pourquoi il est plus en état de procurer le salut, et il faut s'attacher à lui plutôt qu'au pape romain ou à l'Église romaine ».

Le tribunal théologique d'Anagni, formé par les cardinaux Odo, Ugo et Stefano, entendit donc, en juillet 1255, l'accusation lancée par les clercs de l'Université de Paris, et peut-être aggravée encore par le réquisitoire du promoteur de la cause, Florentius, évêque d'Acres. Mais les inquisiteurs relurent attentivement les passages incriminés non seulement dans la *Concordia,* mais aussi dans l'*Apocalypsis* et le *Psalterion*. Guillaume de Saint-Amour ne s'était pas trompé en annonçant, l'année précédente, que ces livres avaient des défenseurs dans les conseils du Saint-Siège. L'orthodoxie du vieil abbé de Flore sortit intacte du long *Protocole* d'Anagni, qui est véritablement l'exposé le plus complet du système joachimite. Les hérésies propres à Gérard de San-Donnino furent seules retenues. L'*Introductorius* fut donc condamné par trois bulles d'Alexandre IV, mais avec une réelle modération, sans colère et, pour ainsi dire, sans critique [1], tandis que, un peu plus tard, le concile provincial d'Arles, présidé par ce même Florentius, foudroya comme sacrilèges à la fois Joachim et tous les joachimites. Alexandre IV recommanda, avec les plus vives instances, à l'évêque

---

1. D'Argentré, *Collectio judicior.*, t. I, p. 165 et suiv.

de Paris, de ne point inquiéter, par des enquêtes dans les bibliothèques monacales, l'ordre franciscain. Il ordonna que l'on brûlât *secrete, sine fratum scandalo*, dit Mathieu Pâris, les exemplaires du « nouveau livre ». Mais il ne semble pas que Rome elle-même ait été bien sévère pour la personne de Gérard; il fut seulement, à la première heure, privé des fonctions sacerdotales, de la prédication et de la confession; les peines plus dures qui le frappèrent dans la suite, le cachot, le pain et l'eau d'angoisse, la privation de sépulture ecclésiastique, furent, selon Salimbene et Angelo Clareno, le fait des frères mineurs irrités de l'obstination que Gérard mettait à ne point abjurer la croyance joachimite. Guillaume de Saint-Amour paya très cher le scandale dont il s'était fait le héraut: il se vit, pour son livre *de Periculis*, dépossédé de sa chaire, exilé hors de France et dépouillé pour toujours du droit de prêcher et d'enseigner. (Du Boulay, *Histor. Univ. Paris.*, t. III, 342.) Jean de Parme fut atteint, à son tour, par le contre-coup de cette grave affaire. « Il avait reçu, dit l'*Histoire des Tribulations*, de saint François lui-même le calice plein de l'esprit de vie, et l'ayant bu dévotement, il devint lumineux comme le soleil. » (*Archiv*, t. II, fascic. 11, p. 280.) Mais il devait boire jusqu'à la lie. Les franciscains fidèles au Saint-Siège le citèrent devant un premier chapitre restreint, à Castello della Pieve; il dut se défendre du soupçon d'hérésie, lui, dit Frà Angelo, « que le Saint-Esprit remplissait », contre les calomnies « des chrétiens les moins fervents ». Aux frères furieux qui obéissaient à la direction de saint Bonaventure, il répondait d'une voix haute : « *Credo in unum Deum, Patrem omnipotentem* ». Le cardinal Ottoboni, le futur Adrien V, obtint que le général des mineurs ne fût point jeté en prison. En 1257, au chapitre général de l'Ara-Cœli, il se démit de sa dignité, et se retira au petit couvent de la Greccia, près de Rieti, dans la vallée alpestre où François d'Assise avait célébré les mystères de la nuit de Noël. Il y passa trente-deux ans, « dans une vie angélique », écrit Angelo, honoré et caressé par les papes, qui lui offrirent à plusieurs reprises le chapeau de cardinal. En 1288, à l'âge de quatre-vingts ans, il obtint de Nicolas IV la grâce d'aller en Grèce pour y convertir les schismatiques et rétablir l'unité de la chrétienté. Aux environs de Camerino il eut le pressentiment de sa fin prochaine et dit à ses compagnons : « Voici mon repos éternel, ici j'habiterai à tout jamais ». Quelques jours plus tard il mourait, dans la paix de l'Église.

V

Il nous est facile d'apprécier les rôles, parfois inattendus, que l'Université et le Saint-Siège ont tenus dans cette crise singulière. La première fut certainement déconcertée par l'attitude équivoque de l'Église; Rome dut s'étonner du zèle bruyant de nos docteurs qui semblaient se charger à eux seuls du salut de la chrétienté et de l'intégrité du dogme. Je crois cependant que Paris et Rome prirent le procès de l'Évangile éternel de la façon la plus conforme à leurs intérêts et à leurs traditions.

Pour l'Université, l'entreprise du frère Gérard fut une occasion excellente de compromettre les ordres mendiants et de se débarrasser pour longtemps de ses rivaux. En les accusant d'hérésie, c'était bien *pro domo sua* qu'elle travaillait. Mais ne voyons pas en tout ceci l'œuvre d'un égoïsme médiocre. Il s'agissait pour elle d'un privilège plus noble que la possession des chaires convoitées par les mineurs et les prêcheurs. Le joachimisme, qu'on le prenne dans les écrits authentiques de Joachim ou les pseudo-prophéties qui lui furent attribuées après sa mort, était la contradiction de la scolastique. Au raisonnement déductif, fondé parfois sur un sophisme, la secte nouvelle opposait l'intuition directe des choses éternelles, la conversation intime avec Dieu. Tout le travail de l'esprit humain, dont l'Université était le foyer depuis le temps d'Abélard, n'était donc que vanité et mensonge; la science tout entière, dépossédée de sa méthode séculaire, était à recommencer; bien plus, elle devenait inutile. Le mysticisme n'a besoin ni de syllogismes, ni d'expérience. Il lit, sans aucun effort de démonstration, dans les secrets de Dieu et dédaigne, comme de pures illusions des sens, les choses réelles. Les mystiques vivent de rêve et d'extase, à une distance infinie de la nature, de la société et de l'histoire; pareils à saint François, il leur suffit, pour se nourrir, du chant d'une cigale.

Or l'Université de Paris représentait, d'une certaine façon, l'esprit pratique et mesuré de la France, je dirai même l'esprit laïque, qui grandira sans cesse jusqu'à l'époque de Philippe le Bel. Elle se défiait des mystiques et n'aimait point l'idéalisme. De plus en plus elle s'assimilait le génie raisonnable de la philosophie d'Aristote. Elle usait ses forces à écarter de sa voie les chimères métaphysiques de Scot Érigène et de Guillaume de Champeaux, cette doctrine des universaux qui revenait toujours à elle, comme un rocher de Sisyphe. Elle vit dans l'*Introductorius* de Gérard une nouveauté plus dangereuse encore que n'avait été, cinquante années auparavant, l'hérésie d'Amaury de Chartres. La prophétie joachimite semblait, en effet, à demi réalisée déjà, et la foule des moines, qui attendait impatiemment une rénovation religieuse, ne commençait-elle pas l'ère définitive des *spirituales viri*? La prédication de l'Évangile nouveau allait fermer d'un triple sceau les deux Testaments, la révélation de Moïse comme celle de Jésus. L'Écriture sainte, lumière de la vieille science, dont les textes éclairaient perpétuellement la raison des docteurs, pour les recherches de physique comme pour les théories politiques, allait-elle défaillir et priver l'esprit humain d'une collaboration auguste? Si donc ce groupe d'illuminés réussissait à s'imposer au monde, que deviendrait le *Trivium* et le *Quatrivium*, le labeur méthodique de la raison, la culture de l'École et l'École elle-même ?

Tout autre était, dans cette affaire, l'intérêt de l'Église et du Saint-Siège. Rome n'avait point d'inquiétude sur l'orthodoxie du père de la secte, Joachim; elle tenait assez fermement dans sa main l'immense famille des mendiants pour ne point s'inquiéter beaucoup du crédit dont jouissait Jean de Parme dans l'ordre des mineurs. Le règne des *spirituels*, l'ascendant du monachisme n'étaient point pour elle une nouveauté historique. L'Église de Grégoire VII n'avait-elle pas été déjà l'Église des moines? N'avait-elle point elle-même favorisé jadis la *Pataria* lombarde, c'est-à-dire l'insurrection des réguliers contre le clergé séculier de Milan? Le Saint-Siège se trouvait depuis Innocent III dans une période ascendante de grandeur. La témérité de l'Évangile éternel lui parut sans doute atténuée par son excès même. Que pouvait-il craindre des prophéties de quelques visionnaires fixant à une date si prochaine la chute du christianisme traditionnel? La terreur de l'an 1260 passerait, comme avait passé la terreur de l'an 1000. L'Italie mesurait donc d'un regard tranquille la valeur de cette étrange hérésie. Rome n'ignorait point que, parmi les franciscains de la péninsule, beaucoup, sans attendre l'issue de l'année fatale, traitaient avec ironie le rêve des joachimites. Dès 1248, Pierre de Pouille disait à Hugues de Digne, en présence des principaux affiliés de la secte : « J'ai bien lu les livres de Joachim, et je n'y crois pas ». Il disait aussi à Jean de Naples : « Je me soucie de Joachim comme de la cinquième roue d'un carrosse, *quantum de quinta rota plaustri.* » (Salimbene, *Cron.*, p. 104.) En réalité, la théorie de la pauvreté absolue, qui, dès la seconde moitié du xiiie siècle, visa directement la puissance temporelle de l'Église, causa au Saint-Siège une angoisse autrement plus grande que ne fit la prédication de l'Évangile éternel.

Rome enfin, à ce moment du moyen âge, avait beaucoup à demander aux moines; dans la crise qu'elle traversait depuis la révolte de Frédéric II, elle se trouvait étroitement liée au monachisme. L'empereur était mort, mais le *nid de vipères*, la famille des Hohenstaufen, n'était pas encore écrasé. Ce qui subsistait de l'œuvre de Frédéric, la civilisation toute rationnelle, l'indifférence religieuse, l'esprit de tolérance ou d'ironie, tout cela obligeait le Saint-Siège à grouper autour de soi la milice des réguliers et, par conséquent, à fermer les yeux sur les écarts de leur exégèse et les entraînements de leur mysticisme. Des théologiens exacts eussent alors servi l'Église d'une façon moins efficace. On ne répond pas aux incrédules ou aux railleurs par la discussion scolastique, mais par l'enthousiasme et la glorification de l'idéal. Les mendiants, c'est-à-dire le monachisme actif, démocratique, comptaient alors beaucoup trop dans la vie morale des communes italiennes pour que Rome, dont ils étaient le bouclier, ne leur pardonnât point quelque licence théologique. Le parti gibelin et impérial, Frédéric II, Pierre de la Vigne, le roi Manfred, qui prétendaient renouveler la société civile en dehors de l'Église ou contre l'Église, n'eurent pas d'adversaires plus constants que ces pieux vagabonds qui prêchaient aux foules dans les carrefours des villes, sous les arbres des champs, et les entretenaient des libertés publiques tout autant que du royaume de Dieu. Quant aux descendants directs de l'abbé

Joachim, aux cisterciens réformés de Flore, dont les couvents remplissaient l'Italie méridionale, la politique de Rome avait encore de bonnes raisons pour les ménager. De tout temps, le Saint-Siège avait convoité la suzeraineté, au moins nominale, des provinces napolitaines. Il l'avait sollicitée des Normands; il allait l'imposer aux Angevins. Pouvait-il alors se brouiller avec des moines dont le fondateur avait le renom d'un prophète et d'un saint, qui étaient pour lui de sûrs alliés politiques et qui, au point de vue de la primauté de l'Église latine, paraissaient seuls capables de balancer dans cette région, isolée du reste de l'Italie, et rattachée par mille liens à l'Orient, l'influence encore très forte de la communion grecque?

VI

L'Université de Paris avait cru voir dans le joachimisme excessif de Gérard de San-Donnino une invention d'autant plus inquiétante qu'elle se manifestait, de ce côté-ci des Alpes, comme un phénomène isolé et inattendu. Mais, pour le Saint-Siège, cette secte n'était qu'un témoignage de l'esprit de liberté religieuse que l'Église accordait à l'Italie, et dont elle arrêtait seulement les plus fâcheux écarts. Jamais, depuis l'époque alexandrine et le temps du concile de Nicée, on n'avait assisté à une telle fermentation de la foi, à une plus riche floraison du mysticisme. La précieuse *Chronique* de Frà Salimbene de Parme nous permet d'entrevoir à quel point l'Italie était alors vivante et quels germes féconds saint François avait jetés dans toutes les consciences.

Certes nos scolastiques eussent été déconcertés par un spectacle si nouveau; ils n'eussent rien entendu à la notion très particulière d'orthodoxie qui, au milieu du XIIIe siècle, animait la chrétienté italienne. Ici, sous l'œil maternel de l'Église, il était convenu que les fidèles, individuellement ou réunis en communautés libres, pouvaient chercher à leur gré la voie du salut. Et chacun, selon son humeur, allait de son côté. Celui-ci, un laïque de Parme, s'enferme en un couvent cistercien pour y écrire des prophéties; cet autre, un ami des mineurs, fonde une religion « pour lui tout seul, *sibi ipsi vivebat* ». Il rappelait la figure de saint Jean-Baptiste, avec sa longue barbe, sa cape arménienne, sa tunique de peau, sa ceinture de cuir et « une terrible trompette de cuivre ». Il prêchait dans les églises et sur les places, entouré d'une foule d'enfants portant des branches d'arbres et des cierges allumés. Le texte de ses sermons était toujours le même et en langue vulgaire : « *Lau-*

dato e benedetto e glorificato sia lo Patre », et les enfants répétaient ces paroles ; puis il glorifiait le Fils et l'Esprit saint, et tout le monde criait *alleluia!*

Les ermites pullulent, ermites de saint Augustin, de saint Guillaume, de Jean le Bon. Les confréries sont des plus variées. En 1260, la grande année joachimite, les flagellants se montrent dans l'Italie du Nord. « Tous, petits et grands, nobles, soldats, gens du peuple, nus jusqu'à la ceinture, allaient en procession à travers les villes et se fouettaient, précédés des évêques et des religieux. » La panique mystique fit de grands ravages, tout le monde perdait la tête, on se confessait, on restituait le bien volé, on embrassait ses ennemis, on composait des cantiques. La fin de toutes choses semblait proche. Celui qui ne se fouettait point était réputé « pire que le diable », on le montrait du doigt, on le maltraitait. Le jour de la Toussaint, ils vinrent de Modène à Reggio, puis marchèrent sur Parme et Crémone. Le podestat de cette dernière ville refusa l'entrée et dressa des fourches au bord du Pô à l'usage des flagellants qui forceraient le passage ; aucun ne se présenta. A Pérouse, à Rome, les habitants se flagellaient nus dans les rues[1]. Avec les *gaudentes*, le tableau change. Ceux-ci ne se fouettaient point, mais

---

1. *Cron.*, p. 32, 238. *Cron. di Bologna*, MURATORI, *Scriptor.* XVIII, 271.

vivaient gaiement en confrérie chevaleresque; ils avaient été institués par Bartolomeo de Vicence, qui fut évêque. Ils mangent leurs richesses « *cum hystrionibus* », écrit Salimbene. Ils ne font jamais l'aumône, ne contribuent à aucune œuvre pie; ils enlèvent par rapine le plus qu'ils peuvent. Une fois ruinés, ils ont l'audace de demander au pape de leur assigner les plus riches couven s de l'Italie. Dante les aborde dans la procession des hypocrites aux chapes de plomb doré et converse avec Loderingo, l'un des fondateurs désignés par Salimbene.

Certes, l'ivraie était abondamment mêlée aux bons épis. Les *ribaldi*, les *trutani*, les *trufatores*, ribauds, truands et fourbes, sont dénoncés par Salimbene. Voici les *saccati* ou *boscarioli*, hommes vêtus de sacs, hommes des bois. C'est une secte de faux mineurs, sortis du groupe joachimite de Hugues de Digne et qui ont usurpé le costume franciscain. Hugues leur avait dit : « Allez dans les forêts, nourrissez-vous de racines, car les tribulations sont proches ». Ils fourmillent dans les bois, sur les grands chemins, dans les villes, prêchant, confessant, mendiant, car ce sont de furieux quêteurs, plus alertes que les vrais et qui ne leur laissent que les miettes. L'un d'eux devint archevêque d'Arles. Voici les *apostoli*, faux apôtres, vagabonds, *tota die otiosi, qui volunt vivere de labore et sudore aliorum*. Ils vivent dans l'anarchie, ne travaillent ni ne prient, ne prêchent ni ne confessent; ils ne cherchent « qu'à voir les femmes ». Cette bande attire à elle les enfants, qu'ils font prêcher, et les femmes, *mulierculas*, qui, vêtues de longs manteaux, s'attachent aux *apostoli*, se disant leurs sœurs. Là on pratique le communisme à outrance. Leur chef, Gherardino Segalello, que les mineurs avaient chassé de leur ordre, se fait passer pour le fils de Dieu; autour de lui on chante : *Pater! pater! pater!* Mais il a des aventures galantes, renouvelées de Robert d'Arbrissel, qui révoltent la pudeur de Salimbene. Ce scandale émut l'évêque de Parme, qui fit emprisonner tous les apôtres qu'il put prendre. Puis Grégoire X condamna la secte, qui refusa de se soumettre. Les *saccati*, plus humbles, s'étaient soumis.

Tout se rencontre dans la *Chronique* de Salimbene : l'enthousiasme de toute une contrée qui bâtit à Reggio d'Emilie une église pour les prêcheurs; soldats, femmes, paysans, citadins portent sur leurs épaules les pierres et la chaux; la pieuse industrie des franciscains et des dominicains qui, à Parme, « s'entendirent sur les miracles qu'il convenait de faire cette année-là pour les fêtes de Pâques »; les miracles joyeux de frère Nicolas de Montefeltro, qui guérit un novice dont le sommeil trop sonore troublait tout un couvent, en lui tirant simplement le nez derrière l'autel à l'issue de la messe; la fausse relique de saint Albert de Crémone, que les curés de Parme faisaient adorer dans leurs églises et honoraient de peintures édifiantes, *ut melius oblationes a populo obtinerent*; la chanson testamentaire d'un chanoine épicurien, qui jure de finir le verre en main une vie fort égayée par tous les péchés capitaux. Dans cette étonnante chrétienté, les bons vivants coudoient les ascètes, les charlatans honorent les saints de leur familiarité, et l'Église laisse tout ce monde se jouer à son aise dans la maison du Seigneur. N'a-t-elle pas des paroles qui arrêteront, à l'heure qu'il lui plaira, l'indiscipline religieuse, et ne tient-elle pas fortement les plus indociles de ses enfants par le mystère de la mort[1]?

VII

Mais le plus curieux personnage de cette chrétienté est encore son historien, le frère Salimbene. Il était né à Parme en 1221. A dix-sept ans, malgré ses parents et l'empereur Frédéric II, à qui

---

1. *Cron.*, p. 109, 111, 119, 113, 262, 34, 324, 275.

son père eut recours, il prit l'habit. Il rédigea sa chronique entre 1283 et 1288. Il mourut sans doute en 1289. Enfant, il eût pu contempler saint François d'Assise; il vit s'épanouir, dans leur suavité printanière, les premières fleurs de la légende séraphique. Pendant quarante années il se promena en Italie et en France, de couvent en couvent. Il conversa avec les hommes les plus grands de son siècle. Il vit face à face Frédéric II, l'Antéchrist, *vidi eum et aliquando dilexi*; il connut familièrement Jean de Parme et Hugues de Digne. A Sens il entendit Plano Carpi, le prédécesseur de Marco Polo, expliquer son livre sur « les Tartares ». Il aborda à Lyon Innocent IV, le pape altier qui avait juré d'exterminer la race des Hohenstaufen. Enfin, en 1248, à Sens, au moment de la Pentecôte, il a vu saint Louis. Le roi se rendait à la croisade, cheminant à pied, en dehors du cortège de sa chevalerie, priant et visitant les pauvres, « moine plutôt que soldat », dit Salimbene. Le portrait qu'il en trace est exquis, et ne se peut traduire : « *Erat autem Rex subtilis et gracilis, macilentus convenienter et longus, habens vultum angelicum et faciem gratiosam.* » Notre petit moine accompagna le roi jusqu'au Rhône. Un matin, il entra avec lui dans une église de campagne, qui n'était point pavée; saint Louis, par humilité, voulut s'asseoir dans la poussière et dit aux frères : « *Venite ad me, fratres mei dulcissimi, et audite verba mea* ». Et la troupe encapuchonnée s'assit en rond autour du roi de France.

Certes, voilà, pour un obscur religieux, une vie et des souvenirs qui n'ont rien de vulgaire. Ajoutez-y la grande aventure mystique de Salimbene, la vocation au joachimisme, qu'il embrassa naïvement, parce que tout le monde autour de lui se faisait joachimite; il interrogea, dans le silence rafraîchissant des cloîtres italiens, le prophète Gérard de San-Donnino, et connut tout le charme de l'épouvante apocalyptique. Et cependant, malgré les secousses morales que lui avait réservées la fortune, Frà Salimbene demeura un moinillon candide, d'esprit fort médiocre, une petite âme timide, qui ne donnerait point, si on le jugeait trop vite, une idée bien haute de la société franciscaine, trente années après la mort de saint François. Il a tous les vices innocents des clercs qui ne veulent être ni des saints, ni des docteurs, ni des apôtres. Son égoïsme est admirable. Tout petit, il était dans son berceau lorsqu'un ouragan passa sur Parme; sa mère, craignant que le baptistère ne tombât sur la maison, prit dans ses bras ses deux fillettes, abandonnant à la grâce de Dieu le futur chroniqueur. « Aussi, dit-il, je ne l'ai jamais beaucoup aimée, car c'est moi, le garçon, qu'elle aurait dû emporter. » Quand son père le supplia de renoncer au couvent, il répondit : « *Qui amat patrem aut matrem plus quam me, non est me dignus* ». Il ne fut néanmoins qu'un religieux assez calme, d'un zèle discret. Il parle des choses liturgiques avec un sans-façon qui étonne. « C'est bien long de lire les psaumes à l'office de nuit du dimanche, avant le chant du *Te Deum*. Et c'est bien ennuyeux, autant en été qu'en hiver ; car, en été, avec les nuits courtes et les grandes chaleurs, on est vraiment trop tourmenté par les puces. » Et il ajoute : « Il y a encore dans l'office ecclésiastique beaucoup de choses qui pourraient être changées en mieux ». Il aime les grands monastères, « où les frères ont des délectations et des consolations plus grandes que dans les petits ». Il ne fait pas mystère de ces *consolations*, poisson, gibier, poulardes et tourtes, grâces temporelles que Dieu prodigue à ceux qui font vœu d'être siens. Vous trouverez dans la *Chronique* quatre ou cinq dîners franciscains, tous très succulents. Le plus curieux est le dîner maigre que saint Louis offrit aux frères la veille de la Pentecôte. D'abord, le vin noble, le vin du Roi, puis, des cerises, des fèves fraîches cuites dans du lait, des poissons, des écrevisses, des pâtés d'anguilles, du riz au lait d'amandes, saupoudré de cinnamome, des anguilles assaisonnées « d'une sauce excellente », des tourtes, des fruits. On était loin du pain sec et de l'eau de source de saint François et de Frà Masseo. Mais le fondateur avait dit dans sa Règle : « Mangez de tous les mets qu'on servira, *necessitas non habet legem* ». Et

Salimbene, ce jour-là, se soumit humblement à la Règle.

Au fond, cette âme si peu ascétique était vraiment bonne et chrétienne. Il était une brebis du grand troupeau monastique, de nature un peu vagabonde, mais toujours prête à revenir se serrer autour du pasteur. Il se résignait à la discipline, mais ne se tourmentait point d'une dévotion trop minutieuse; incapable de la plus légère velléité de révolte, il s'était fait en soi-même une tranquille retraite, où sa conscience se trouvait joyeuse et libre. Comme il se croyait assuré d'une bonne place au paradis, il s'attardait volontiers aux douceurs de son pèlerinage terrestre, et n'aspirait point, avec l'impatience mélancolique des moines d'autrefois, aux splendeurs de la Jérusalem céleste. Il s'égaie parfois d'une façon assez triviale; il nous conte des histoires de couvent d'une saveur bien gauloise; il nous cite les couplets à boire, reçus des étudiants voyageurs, et qu'il dut chanter maintes fois, sur quelque air d'église, aux après-midi des fêtes carillonnées. Mais je ne suis pas sûr que dans le cercle même de saint François il n'y ait pas eu jadis plus d'un Salimbene, et que le Père Séraphique n'ait pas souri, avec l'indulgence des grandes âmes, aux saillies de leur belle humeur. N'avait-il pas prescrit l'allégresse comme vertu de l'ordre : *ostendant se gaudentes in Domino*. Et toutes les promesses de l'Évangile éternel valaient-elles la joie que François avait réveillée dans l'âme de la vieille Église, et cette béatitude nouvelle qu'il paraissait avoir ajoutée au *Sermon de la montagne* : *Beati qui rident!*

CHAPITRE VI

LE SAINT-SIÈGE ET LES SPIRITUELS. — LA POÉSIE
ET L'ART POPULAIRES.

La condamnation de l'Evangile éternel ne ralentit point le zèle des *spirituels*, qui, selon la parole de Jean de Parme, « ne tendaient qu'aux choses éternelles, ne souhaitaient rien de charnel ou de terrestre, ne regardaient que Jésus, et, s'attachant à la vie évangélique, portaient nus et morts pour le monde la croix nue du Sauveur ». La déposition de Jean de Parme, provoquée par les conventuels, leur parut l'accomplissement des paroles de saint François annonçant la déchéance religieuse de quelques frères, les tribulations que ses meilleurs disciples souffriraient, la persécution même dont plusieurs papes les frapperaient. Les mystiques attendaient donc les jours sombres de la guerre et du schisme. Hugues de Digne avait dit à Lyon : « Les chrétiens vont perdre la Terre Sainte. Les Templiers seront détruits. Les mineurs seront divisés. Les prêcheurs aspireront à la richesse. » Jean de Parme disait, de son côté : « Il faut que ceux qui veulent observer le testament du fondateur se séparent de ceux qui prétendent aux privilèges contraires à la Règle[1]. » Durant un demi-siècle et jusqu'à la papauté d'Avignon, l'Italie devait se préoccuper de cette question grosse d'hérésie : la vie chrétienne réglée sur l'imitation pure de l'Évangile est-elle toujours d'accord avec l'esprit de l'Église séculière?

I

Le problème eût été facile à résoudre si la société monacale était demeurée fidèle à la tradition de sagesse et de liberté de la première époque franciscaine. Le Saint-Siège ne souhaitait que la paix religieuse. Il avait toujours laissé aux ascètes, aux ermites, une grande indépendance; il venait de témoigner, dans le procès du joachimisme,

---

1. *Histor. Tribulat., Archiv*, t. II, fasc. 2, p. 271, 278, 282, 283.

de son indulgence pour les mystiques. Entre Innocent IV et Boniface VIII, l'Église créa plusieurs papes d'humeur très douce et de génie vraiment politique, qui ne demandaient pas mieux que de recueillir sous leur manteau même les plus aventureux des franciscains : Alexandre IV (1254-1261), *vir placidus, sanguineus, jucundus, risibilis*, dit le chroniqueur de saint Bertin ; Grégoire X, qui fut élu sous l'inspiration du général des mineurs, Bonaventure, et s'efforça de réconcilier entre eux tous les frères ennemis de la chrétienté, gibelins et guelfes, grecs et latins, la papauté et l'empire de Rodolphe de Habsbourg (1271-1276); après le Portugais Jean XXI, qui haïssait les moines, s'occupait de médecine et de scolastique, et que les moines accusèrent de magie, l'Église choisit un cardinal protecteur de l'institut d'Assise, Jean Gaetani Orsini, Nicolas III, l'auteur de la constitution de 1278, qui rendit la liberté civile au sacré collège et au pontife en rejetant hors du sénat et des magistratures de Rome tout prince ou capitaine étranger aux familles romaines. Après Honorius IV, pape valétudinaire, qui pacifiait ses États au profit de sa famille, le premier pape franciscain apparut dans la personne de Nicolas IV (1288-1292), qui organisa les tertiaires en société indépendante des évêques et du clergé paroissial et soumise à la seule inquisition des mineurs réguliers. Enfin, au déclin du siècle, un ermite, un *fraticelle*, Célestin V, monta pour quelques jours sur la chaire de saint Pierre[1].

Mais les causes de dissentiment étaient trop profondes entre les deux grandes fractions de l'ordre franciscain, entre le Saint-Siège lui-même et les mystiques. Les *spirituels* n'acceptaient plus du christianisme que les côtés héroïques, et plus ils se détachaient de la vie terrestre, plus ils s'isolaient, par la dureté de leur discipline, de la vie commune, plus ils s'imaginaient répondre à l'intention du fondateur et à l'Évangile. Ils n'étaient plus capables de comprendre la modération dans la foi et la vertu. Dès qu'un frère s'intéressait au gouvernement des choses religieuses ou de la société temporelle, dès qu'il entrait dans les conseils de l'Église ou se livrait à l'étude des sciences profanes, il devenait suspect et perdait toute autorité. L'impuissance de saint Bonaventure à pacifier ces âmes inquiètes est bien digne d'attention. Bonaventure était, lui aussi, un mystique; mais il avait passé par la scolastique et professé dans l'École de Paris; la dialectique et l'exégèse avaient développé en lui le respect de la raison, et, comme il était raisonnable, son action fut longtemps très grande dans l'ordre et auprès du Saint-Siège. Il n'y eut pas au XIIIe siècle, et après Jean de Parme, de chef franciscain qui ait porté avec plus de poé-

---

1. GREGOROVIUS, *Gesch der Stadt Rom. im Mittelalt.*, t. V.

sie le souvenir de saint François et qui fût plus propre à mettre d'accord la tradition première d'Assise avec les conditions réelles du christianisme latin. Mais il était cardinal et docteur, théologien écouté à Rome, ennemi des pieuses chimères, convaincu que la doctrine de l'absolue pauvreté affaiblirait la valeur sociale de l'institut; enfin, il avait succédé à Jean de Parme, et, bien que celui-ci l'eût désigné à l'élection du chapitre, il sembla aux exaltés détenir un pouvoir illégitime. « Il fut créé général, dit Angelo Clareno, et sous lui commença la quatrième persécution. » Angelo ne craint pas d'accuser Bonaventure de duplicité et de mensonge; au cours de l'enquête instituée sur la foi de Jean de Parme, « quand il se renfermait avec Jean dans sa cellule, il pensait comme lui; mais en présence des frères il parlait contre Jean ». Bonaventure, ayant lu dans le sermon d'un *spirituel* une véhémente critique des prélats prévaricateurs, se reconnut lui-même et pleura, et ce fut l'une des quatre causes de la persécution nouvelle. Quand il s'agit de prononcer la sentence contre Jean, la sagesse et la sainteté du frère Bonaventure s'obscurcirent, sa mansuétude se changea en colère furieuse, et il s'écria : « Si je ne « regardais point à l'honneur de l'ordre, je ferais « châtier celui-ci comme hérétique. » Les *spirituels* voyaient, dans leurs extases, Jean de Parme revêtu de lumière, et Bonaventure, les doigts munis d'ongles de fer, s'élançant contre le saint pour le déchirer. Jésus et saint François se montraient alors et désarmaient les mains du sacrilège[1].

Mais, en face du Saint-Siège, les *spirituels* serraient leurs rangs et se mettaient sur la défensive, à la façon d'une secte décidée à résister jusqu'au schisme. Le Père Séraphique, en communiquant à ses fils la libre vie intérieure, avait jadis relâché les liens qui unissaient les fidèles à la hiérarchie; mais il gardait pour l'Église une vénération attendrie, et, pour le dogme dont l'Église est le tabernacle, la foi simple d'un enfant. Ici la liberté religieuse est troublée par un souffle de révolte. Le mépris excessif des choses de la terre a jeté les mystiques dans un christianisme très particulier, qui n'est plus celui de l'Église de Rome. Le progrès séculier de l'Église, commencé par Innocent III sous les yeux de saint François, grandit si rapidement, que les chrétiens rigides, qui haïssent la richesse et la puissance, ne regardent plus du côté de Rome qu'avec angoisse; ils se demandent si cet évêque, si âpre à la recherche des biens du monde, est encore le vicaire du Dieu évangélique. La pensée ne leur vient jamais que peut-être l'histoire elle-même du siècle impose aux pontifes cette passion extraordinaire pour la grandeur temporelle. Dans la lutte désespérée qu'ils sou-

---

1. *Histor. Tribulat., Archiv*, t. II, p. 271 et suiv.

tinrent contre Frédéric II et Manfred, les papes avaient jugé que la base donnée par Innocent III à l'autorité apostolique était trop étroite. Ce n'était plus assez, pour eux, d'être les maîtres de Rome, alors que l'Empire prétendait être le maître de toute l'Italie. Afin de garder l'hégémonie du parti guelfe, ils devaient s'assurer l'alliance de la Toscane guelfe et, par conséquent, garantir par leur puissance territoriale et militaire ce pacte politique. De même pour l'alliance angevine. Quand la maison de Souabe fut tombée pour toujours à Bénévent et à Tagliacozzo, le Saint-Siège comprit qu'il risquait, s'il n'était aussi fort que possible, de devenir le client de son vassal français; plus tard encore, il lui parut que Florence serait une alliée dangereuse s'il ne la pacifiait par le bras très lourd de Charles de Valois. Entre Clément IV et Boniface VIII, la papauté entreprit enfin de se soustraire à la gêne que lui imposait la vieille théorie du droit impérial. Au concile de Lyon, en 1274, Grégoire X obtint sans effort les plus grands résultats. Rodolphe de Habsbourg reconnaissait l'état ecclésiastique et renonçait à exercer à Rome et dans le patrimoine les pouvoirs traditionnels de ses prédécesseurs; il acceptait Charles d'Anjou comme roi de Sicile; il s'inclinait et, avec lui, tous les princes de l'Allemagne devant la primauté religieuse du pontife, « le plus grand luminaire »; il se déclarait prêt à tirer l'épée pour la défense de l'Église, au premier signe que ferait le Saint-Siège. L'Empereur confirma, en 1278, ces engagements et reconnut en outre, à la sollicitation de Nicolas III Orsini, les vieilles donations octroyées au Saint-Siège depuis l'ère carolingienne, la Pentapole et la Romagne, « le jardin de l'Empire ». Les tyrans de la Romagne se virent imposer la suzeraineté pontificale. Puis le pape reprit à Charles d'Anjou la fonction de sénateur de Rome. Mais ces conquêtes du Saint-Siège, chaque jour compromises par la révolution permanente de la commune romaine, étaient bien illusoires. Les familles romaines, sur lesquelles ne pesait plus la main de l'étranger, devenaient très redoutables aux pontifes. Le népotisme, c'est-à-dire la sécurité dynastique, parut alors une nécessité constitutionnelle de la monarchie papale.

Nicolas III fit des Orsini les plus grands seigneurs de son domaine. Il rêvait de leur créer en Lombardie et en Toscane des tyrannies militaires. « Il aima trop les siens », dit Ptolémée de Lucques. « Il édifia Sion pour le bien de ses parents, comme ont fait plusieurs papes romains », écrit Salimbene. Il aimait aussi l'or, instrument premier de toute puissance politique. Dante l'a rencontré en enfer, dans la région des simoniaques. « Je fus si avide pour enrichir mes oursons que, là-haut, je remplissais ma bourse, et ici je me suis jeté au fond du sac infernal[1]. »

Ce pape, que Dante a frappé de damnation, fut certainement considéré par les *spirituels* comme indigne de présider à l'Église de Dieu. Dès cette époque, la pensée du schisme, qui n'éclatera avec une entière franchise qu'après Boniface VIII, grandit silencieusement dans la conscience des mystiques. L'idée qu'ils se forment du vrai christianisme est clairement caractérisée par ces paroles d'une bulle de Jean XXII, en 1318 : « Ils imaginent deux Églises, l'une, charnelle, accablée de richesses, perdue de délices, souillée de crimes, sur laquelle, disent-ils, règne le pape romain; l'autre, spirituelle et libre dans sa pauvreté. » Cette Église séparée des *spirituels* dut attendre jusqu'à l'élection de l'antipape Nicolas V, le mineur Pierre de Corbara (1328), un gouvernement distinct du Saint-Siège romain. Mais elle se nourrissait, depuis un demi-siècle déjà, des sentiments exprimés par Angelo Clareno. Saint François, écrit Angelo, a prédit « que l'on verra sur le siège papal un homme qui n'aura pas été élu catholiquement, qui pensera mal de la vie du Christ et de la Règle que par moi le Christ a donnée à mes fils et que l'Église a confirmée. Si le souverain pontife, par ses décrets, rend douteuses

---

1. *Infern.*, XIX, 69.

des vérités certaines, et définit comme hérésies ce que l'Église, les docteurs et les règles des saints enseignent comme articles de foi catholique et achèvement de toute perfection, personne ne le jugera, mais il se juge et se condamne lui-même par les décrets qu'il porte avec précipitation, poussé par sa volonté propre et en vertu de son autorité, contre la doctrine des saints, et les règles approuvées par l'Église[1]. »

II

Entre les franciscains de la règle étroite et les conventuels, la conciliation était aussi difficile qu'entre les mystiques et le Saint-Siège. Les mineurs attachés à la tradition monacale d'Élie de Cortone pensaient que Rome interprétait plus sainement l'Évangile et que la pénitence rigide, le lit de cendres et le pain noir n'étaient point les meilleures conditions de la vie apostolique. Puis ils répondaient à l'austérité intolérante de leurs frères par la haine que les riches témoignent volontiers aux misérables et aux révolu-

---

1. *Archiv*, t. I, fasc. 4, p. 566 et 567.

tionnaires. Chaque fois qu'ils se sentaient les plus forts, ils les traitaient avec une implacable dureté, faisaient la chasse aux doctrines malsonnantes, brûlaient les livres, et, n'osant pas encore brûler les théologiens, les soumettaient aux plus odieuses tortures. A partir de la déposition de Jean de Parme, l'*Histoire des Tribulations*, de Frà Angelo, devient un véritable martyrologe.

Pierre Jean d'Olive, ou fils d'Olive, moine français du diocèse de Béziers, élève de l'Université de Paris[1] fut, sous Nicolas IV et Boniface VIII, la plus intéressante victime des rancunes religieuses de ses frères. Il écrivit beaucoup, vit condamner tous ses ouvrages, et dut même en brûler quelques-uns de sa propre main. Il fut frappé avec modération par plusieurs généraux de l'ordre, par Jérôme d'Ascoli, le futur Nicolas IV, par Bonagratia, à Strasbourg, puis à Avignon; par Arlotto de Prato, à Paris; une seconde fois, en 1292, à Paris, il dut s'expliquer devant le chapitre général présidé par Raymond Gaufridi. Il mourut tranquillement au couvent de Narbonne, en 1298, après une édifiante profession de foi catholique et un acte de soumission au pape Boniface. Pendant quelques années, la fête de sa mort fut célébrée avec une grande dévotion par le clergé et le petit peuple de Provence. Plus tard enfin, sous

---

1. *Hist. littér. de la France*, t. XXI, p. 41. EHRLE, *Archiv*, t. III, p. 409 et suiv.

Jean XXII, on maltraita les moines qui, en dépit de si nombreuses censures, s'obstinaient à lire ses écrits. On l'accusa formellement d'hérésie, on déterra son cadavre et on le brûla.

Pierre Jean d'Olive avait écrit deux traités, le *De Paupere usu*, et le *De Perfectione evangelica*, qui ont disparu, et des commentaires sur la Genèse, les Psaumes, les Proverbes, le Cantique des Cantiques, les Évangiles et l'Apocalypse, un traité *sur l'Autorité du Pape et du Concile*, un exposé de la Règle de saint François, dont nous possédons les manuscrits. Ses vues sur la pauvreté, que l'historien des *Tribulations* a résumées, sont des plus nettes; il n'accorde à ses frères que l'usage des aliments nécessaires à la vie de chaque jour, et les objets, bréviaires ou vêtements sacrés, qui servent à l'office divin. Il leur défend de faire payer les sépultures octroyées dans les églises des mineurs, et de recevoir des legs. Le dernier fond de sa doctrine était, selon ses censeurs et ses apologistes, une idée joachimite. Il proclamait un état futur de l'Église plus parfait que le précédent, dont saint François était le précurseur et dont les réformes du monachisme devaient hâter l'avènement. Il revenait à la vision joachimite de l'Ange qui porte l'Évangile éternel. Nicolas Eymeric n'a pas manqué de transcrire, en son *Directorium Inquisitorum*, la liste des hérésies exhumées des ouvrages de Pierre Jean d'Olive. Les articles qui suivent rappellent la pure tradition de l'Évangile éternel, mais avec un accent particulier de violence : « La Règle de saint François est véritablement la loi évangélique. La loi des franciscains est réprouvée par l'Église charnelle, comme la loi des chrétiens l'était par la synagogue. Il faut que l'Église charnelle, pour achever de mériter sa destruction, condamne la Règle de saint François. La loi évangélique de saint François est appelée à prospérer chez les Grecs, les Juifs, les Sarrasins et les Tartares, mieux que dans l'Église charnelle des Latins. Cette Église, que l'on appelle universelle, catholique et militante, n'est que la Babylone impure, la grande prostituée, *meretrix magna*, que la simonie, l'orgueil et tous les vices précipitent dans l'Enfer. Il appartient aux docteurs de l'état parfait, beaucoup mieux qu'il n'a jadis appartenu aux apôtres, d'ouvrir les portes spirituelles de la sagesse chrétienne. » Plus tard, quand l'orage provoqué par la révolte des fraticelles fut dissipé depuis longtemps, l'Église elle-même se montra plus indulgente pour la mémoire de Pierre Jean d'Olive; saint Antonin, un dominicain, le loua pour son orthodoxie et sa docilité; Sixte IV, pape franciscain, permit de lire ses livres. Mais nous savons, par le chroniqueur des *Sept Tribulations*, à quels excès s'étaient portés les conventuels italiens contre les disciples immédiats de Pierre Jean. L'un d'eux, Ponce de Buontugato, qui avait refusé de livrer les écrits du maître, fut enchaîné au fond d'une cellule ténébreuse et cloué, en quelque sorte, à la muraille; on lui passait pour sa nourriture « *panem artum et aquam brevem* »; replié sur lui-même et dévoré par la fange de son cachot, il attendit la mort « d'une âme joyeuse et tout brûlant d'amour ». Le même sort fut réservé à Thomas de Casteldemilio. Quelques autres, tels que Pierre de Macerata, qui avaient été pareillement condamnés à la prison perpétuelle, à la privation du bréviaire, de la confession et de la sépulture ecclésiastique, furent délivrés à temps par le général Raymond Gaufridi. Ils demandèrent à être envoyés aux missions de l'Orient, convaincus qu'ils trouveraient chez les Sarrasins la miséricorde et la liberté qu'ils n'attendaient plus de leurs frères.

Ainsi, aux dernières années du XIIIe siècle, se consomma la rupture entre les religieux d'Italie qui prétendaient à l'absolue perfection et le reste de la famille franciscaine, les raisonnables ou les tièdes, qui, satisfaits d'un état moins sublime, choisissaient, à la suite de l'Église séculière, un sentier moins épineux du salut. Ce détachement de toutes choses est alors très sensible même chez un grand nombre d'affiliés du tiers ordre qui s'efforcent d'échapper aux obligations de leur état social et recherchent au sein des villes populeuses la paix et l'égoïsme du cloître. Le pape franciscain Nicolas IV avait renouvelé, en 1289, par la bulle *Supra montem*, la constitution des tertiaires, ou des « Frères de la Pénitence », dont la Règle première était postérieure de cinq ou six ans à la mort de saint François. En 1290, par la bulle *Unigenitus*, il confirmait aux visiteurs de l'ordre la surveillance des affiliés qui, soustraits à l'inquisition de leurs évêques, formaient ainsi comme un institut religieux. Une part considérable de la bourgeoisie, dans chaque commune, dépendait, en vertu de cette Règle nouvelle, des chefs des mineurs et, par conséquent, du Saint-Siège. En 1291, par la bulle *Ad audientiam*, adressée à l'évêque de Florence, Nicolas IV nous édifie sur la crise qui s'était produite rapidement parmi les tertiaires : ceux d'entre eux qui, rebelles à la constitution de la bulle *Supra montem*, s'étaient serrés autour de leur évêque, avaient reçu, en récompense de leur attachement à la vieille discipline, les privilèges, les bréviaires, les meubles et les biens de l'ancienne confrérie. Le pape prend donc la défense des autres, plus dociles au Saint-Siège, qui, aux yeux de l'évêque et du clergé paroissial de Florence, sont de véritables apostats. Cette résistance de l'épiscopat italien aux réformes de Nicolas IV est un des nombreux incidents de la lutte de l'Église séculière contre les ordres mendiants. Mais, dans le cours même de cette crise, on aperçoit un conflit non moins grave entre la société civile et les Frères de la Pénitence. Les rapports de l'État et de cette vaste communauté étaient des plus difficiles. Dès l'origine, les tertiaires s'étaient dérobés au service militaire, au devoir féodal, à l'exercice des charges publiques. Les papes sont constamment occupés à les soustraire aux exigences de la loi communale. Grégoire IX détermine les cas stricts dans lesquels ils peuvent prêter serment en justice, et concourir aux engagements solennels de leurs cités. Nicolas IV confirme, « par indulgence du siège apostolique », ces exceptions à la règle générale de l'abstention civile. Il renouvelle en outre le privilège accordé aux tertiaires de disposer de leurs biens en faveur des pauvres ou de l'Église, à l'exclusion de leurs familles ou de l'État, auxquels ces chrétiens rigides refusent le pain ou l'impôt, au nom de la pauvreté évangélique. (K. MÜLLER, *Die Anfänge des Minoritenord. und der Bussbruderschaften*, ch. III.)

III

Dès lors que l'idéal embrassé par les exaltés de la religion franciscaine les détachait de plus en plus du monde réel, le retour à la solitude, la fuite au désert devaient paraître à ces mystiques intempérants chose excellente. Ils revinrent donc en grand nombre à la tradition lointaine de saint Romuald et de saint Nil ; ils s'enfoncèrent dans les bois, dans les steppes de la Campagne romaine, dans les gorges désolées des Apennins, priant et dormant sous un toit de roseaux, attendant qu'un corbeau envoyé par Dieu leur apportât, comme au temps légendaire des ermites de Syrie ou d'Égypte, le pain quotidien. Sous les derniers pontificats du siècle, un certain Pietro, paysan des Abruzzes, fanatique et borné, avait recueilli quelques déserteurs de l'ordre franciscain sur le mont Murrone, près de Sulmona. On ne parlait en Italie que de la sainteté de ce solitaire. Le fondateur de la nouvelle communauté n'avait-il pas, en présence de Grégoire X, accroché sa cagoule à un rayon de soleil? Mais ce miracle semble moins surprenant encore que l'élection de Pietro lui-même au pontificat. Le conclave réuni après la mort de Nicolas IV, divisé d'une façon irrémédiable en Orsini et en Colonna, effrayé par l'anarchie qui, durant deux années, bouleversa Rome, s'était enfui en partie à Rieti, puis, à la fin de 1293, s'était rendu à Pérouse. L'Église, dominée par un sénat révolutionnaire, menacée par Charles II d'Anjou, était à la veille d'un schisme. Le cardinal Latino Orsini eut alors l'idée extraordinaire de proposer au choix du sacré collège l'ermite du mont Murrone, dont les visions prophétiques troublaient la péninsule.

Le 5 juin 1294, Pietro fut élu. Trois évêques furent députés pour lui porter, dans les rochers et les landes où il se cachait, la nouvelle de son exaltation. Ils trouvèrent, dans une hutte grossière dont la fenêtre était munie d'une grille, un vieillard couvert d'une tunique en haillons, avec la barbe sauvage et le visage émacié par les jeûnes, les yeux usés par les larmes. Les évêques se découvrirent la tête et se jetèrent à genoux. Pietro, de son côté, croyant à une apparition miraculeuse, s'agenouilla. Les députés de l'Église lui dirent alors qu'il était le pape et lui tendirent le parchemin portant le procès-verbal de l'élection. Pietro, épouvanté, voulut s'échapper, mais ses frères, qui voyaient s'accomplir tout à coup l'Évangile du vieux Joachim, le contraignirent à accepter la tiare. On emporta donc le nouveau pape, qui rencontra bientôt, gravissant la montagne, le roi Charles et son fils, prétendant de Hongrie, des barons, des prêtres et une foule immense de peuple. Le cortège entra dans Aquila; le pape, encore vêtu de sa robe misérable, cheminait assis sur un âne dont les deux rois tenaient la bride et que suivaient la chevalerie angevine et tous les moines de la contrée. Le promoteur de l'élection, Orsini, mourait en ce moment à Pérouse. Pietro ordonna au sacré collège de le rejoindre à Aquila. Les cardinaux, et, parmi eux, l'orgueilleux Benoît Gaetani, le futur Boniface VIII, vinrent donc contempler la momie pontificale qu'ils venaient de placer sur le siège de Grégoire VII et d'Innocent III.

Le 24 août 1294, Frà Pietro fut sacré et prit le nom de Célestin V. Son règne très court est assurément l'une des pages les plus étonnantes de l'histoire de l'Église. S'il avait eu pour lui le génie politique et le temps, il eût peut-être donné à la chrétienté une secousse inouïe. Mais, dès les premiers jours, il se trouva dans la main de Charles II, qui l'emmena à Naples, malgré la résistance des cardinaux. Tout effaré par le bruit de la grande ville, il se renferma d'abord pour quelques semaines dans une cellule du Château-Neuf, pareil, dit un chroniqueur, « au faisan qui cache sa tête sous son aile et croit se dérober ainsi aux yeux des chasseurs ». Sur ce trône pontifical où il s'était vu jeter comme en un rêve, le malheureux se sentait pris par un vertige terrible. Il regrettait la paix de sa retraite, le silence sacré des hauts plateaux de l'Apennin, ses longs colloques avec Dieu, son ignorance enfantine des choses du monde. Il se débattit pendant cinq mois dans l'angoisse de sa faiblesse, puis, pressé peut-être par les conseils perfides du cardinal Gaetani, il se décida tout à coup à abdiquer Le 13 décembre, après avoir lu au consistoire une bulle sanctionnant l'acte de renonciation, il déposa le pouvoir suprême de l'Église. Au dehors, une émeute populaire soulevée par les ermites et les fraticelles tenta vainement de changer la résolution de Célestin. Sous les yeux des cardinaux il dépouilla la chape pontificale et reprit sa tunique rapiécée. Le sacré collège et le roi Charles le laissèrent retourner à sa montagne. Mais Boniface VIII, dès le lendemain de son élection, s'occupa de supprimer ce pape vagabond qu'une crise religieuse ou politique pouvait encore ramener au gouvernement de l'Église, et en face duquel il n'était lui-même, pour le monde turbulent des moines, qu'un antipape. Célestin V, traqué comme une bête fauve dans les bois d'Apulie, par les émissaires de son successeur, put atteindre la mer; il monta sur une barque de pêcheurs, espérant gagner les rivages de Dalmatie; mais la tempête le rendit à l'Italie. Les habitants de la côte où il échoua l'adorèrent et le prièrent de se prononcer comme pape véritable. Célestin alla simplement se livrer au podestat de la contrée; celui-ci, à son tour, le remit aux mains du roi de Naples. En mai 1295 le connétable de Charles II le conduisit aux frontières de l'État ecclésiastique. Boniface VIII obtint sans peine du vieil ermite qu'il consentît à une réclusion perpétuelle. On l'enferma dans une tour, au haut d'une montagne, près d'Alatri. La cellule était si étroite qu'il dormait la tête appuyée à l'autel où il célébrait la messe. Il mourut l'année suivante. Il avait assez pâti pour qu'on pût le vénérer comme martyr. En 1313 l'Église le canonisa. Mais Dante, qui ne lui pardonna point d'avoir cédé la tiare à Gaetani, a placé en enfer, parmi les âmes médiocres qui vécurent « sans infamie ni gloire », et « que dédaignent la miséricorde comme la justice divines »,

> *l'ombra di colui*
> *Che fece per viltate il gran rifiuto.*
> (*Inf.*, III, 59.)

IV

Célestin V laissait à l'Église deux vengeurs de sa mémoire, un nouvel ordre religieux, qui prit le nom de *Pauperes heremitæ domini Celestini*, et un poète, Jacopone de Todi. Les Célestins, qui n'étaient autres que l'ancienne communauté anonyme de Frà Pietro, à laquelle s'étaient affiliés les derniers dévots de Pierre Jean d'Olive, durent s'exiler en Grèce pour échapper aux poursuites de Boniface VIII. Ils vécurent quelque temps en paix sur les côtes de Morée, au bord du golfe de Lépante, en Thessalie, dans les îles de l'Archipel. Mais les mineurs, apprenant par des marchands et des marins le genre de vie de ces moines « qui ne mangeaient point de viande, ne buvaient point de vin, vivaient loin des hommes, n'entendaient point la messe, ne reconnaissaient ni le pape ni l'Église », les dénoncèrent aux évêques latins et aux barons. La plupart de ces bruits étaient mensongers, mais ils allèrent jusqu'aux oreilles de Boniface VIII, qui ordonna au patriarche de Constantinople et aux archevêques d'Athènes et de Patras de rappeler les Célestins à la foi catholique. Excommuniés solennellement, au son des cloches, dans l'église de Négrepont, les ermites, conduits par leur chef Frà Liberato, se résolurent à retourner en Italie, afin de plaider eux-mêmes leur cause devant le pape. Le général des mineurs, apprenant qu'ils se cachaient dans les ermitages du royaume de Naples, les fit arrêter par les sbires de Charles II et livrer au jugement de l'inquisiteur Thomas d'Aversa. Celui-ci, un dominicain, qui jadis, sous Nicolas IV, avait été privé de la prédication à la suite d'un sermon irrévérencieux sur les stigmates de saint François, s'empressa d'absoudre ces pauvres gens; il leur conseilla de se disperser, en voyageant la nuit, par des sentiers détournés, leur promettant son appui dans les conseils du pape. Frà Liberato alla mourir du côté de Viterbe, au fond d'un ermitage. Le rôle des Célestins fut éphémère, comme l'avait été le pontificat de leur fondateur. Mais la semence de schisme que les anachorètes du Murrone avaient reçue des mains de Célestin V fut recueillie par les fraticelles du xiv⁰ siècle, qui la firent fructifier. Le chroniqueur des *Tribulations* nous apprend, en effet, que le pape ermite, dès le lendemain de son exaltation, avait délié ses frères de la solitude de toute obédience à l'égard des chefs de l'ordre d'Assise, et délégué à Frà Liberato, pour la direction de cette communauté de rêveurs, la plénitude de ses propres pouvoirs apostoliques. C'était, de la façon la plus naïve, reconnaître le droit à l'insurrection religieuse. Aussi, dès les premiers temps de Boniface VIII, vit-on reparaître en Italie, dans les petites sectes qui se reformaient çà et là sous l'invocation du Saint-Esprit, l'anarchie par laquelle l'Église avait été troublée, quarante années auparavant, aux jours de l'effervescence joachimite[1].

Mais ce monde de turbulents sectaires passerait presque inaperçu à travers le pontificat tragique de Boniface, si un poète singulier, Frà Jacopone de Todi, ne s'était fait le porte-voix de toutes les haines religieuses et politiques coalisées contre le Saint-Siège. Ser Jacomo Benedetti était venu assez tard à la vie mystique. Né vers 1230 sur les confins de l'Ombrie et du royaume ecclésiastique, il avait étudié le droit, pris la robe rouge des docteurs et exercé quelque temps le métier d'avocat. Il passait

---

1. *Histor. Tribulat., Archiv*, t. II, p. 309. Dom Luigi Tosti, *Stor. di Bonif. VIII*, Rome, 1886, t. I, p. 205.

alors pour un homme d'âme très dure, orgueilleux, rapace et impie[1]. Une catastrophe domestique bouleversa sa vocation. Sa femme, qui était d'une famille gibeline, périt écrasée, en 1268, sous les ruines d'une estrade, au milieu d'une fête. On trouva sous ses riches vêtements un cilice. Cela suffit pour convertir à Dieu Ser Jacomo. Il dit adieu à la jurisprudence, distribua ses biens aux pauvres, et, couvert d'une grossière tunique à capuchon, se fit ermite tertiaire de Saint-François. Au bout de dix années de pénitence, il entra comme frère lai dans l'ordre des mineurs. Sa dévotion se manifestait d'une manière assez étrange. Il reproduisait les excès de ferveur par lesquels saint François avait marqué sa rupture avec le siècle : on le voyait marcher, demi-nu, sur les mains, bâté et bridé comme un âne; ou bien, le corps enduit de résine, il se roulait dans un amas de plumes et affrontait ainsi la risée et les injures de la foule. Il fut alors surnommé, par moquerie, Jacopone. La nuit, loin de tout regard, il pleurait, priait, se frappait la poitrine. Cette piété douloureuse, cette « folie pour le Christ », n'étaient point une nouveauté pour ceux qui se souvenaient de l'époque extraordinaire des flagellants. Mais Jacopone se montrait en outre comme le troubadour ou le « jongleur de

---

1. Voir d'Ancona, *Jac. di Todi, il giullare di Dio*. Nuov. Antol., 15 mai et 1ᵉʳ juin 1880.

Dieu ». Il se prêchait lui-même, il glorifiait son Dieu et sa pénitence, en une langue véhémente, aussi inégale et libre que la théologie qui y est contenue. « Je vais à un grand combat, à un grand labeur. O Christ, assiste-moi, afin que je sois victorieux. Je vais aimer la croix d'une ardeur brûlante et lui demander qu'elle me pénètre de sa folie. Je vais trouver la paix et la joie dans les douceurs de l'agonie.... Je verrai si je puis entrer en paradis par le chemin que j'ai choisi, pour y goûter les chants et les sourires de l'éternité. Seigneur, permets que je connaisse et accomplisse ici-bas ta volonté; que m'importe alors que tu me damnes ou me sauves selon ton bon plaisir? » Ce dédain du salut, chez un mystique du moyen âge, est une nouveauté qui témoigne du génie révolutionnaire de Jacopone. « J'ai demandé l'enfer à Dieu, dit-il encore, l'aimant et me perdant; avec lui tout mal m'est une douceur. » Quand Célestin fut porté au Saint-Siège, il crut tenir enfin un pape selon son cœur; après le *rifiuto* il refusa sa foi à Boniface VIII, qui déniait aux ermites les privilèges octroyés par Célestin, et se déchaîna contre le nouveau maître de l'Église avec une fureur que Dante lui-même n'a point dépassée.

V

La bataille vint d'elle-même s'offrir à Jacopone. En 1297 le pape prenait parti dans une querelle de famille qui divisait les Colonna, et se brouillait avec les cardinaux Jacques et Pierre, l'oncle et le neveu, les deux plus grands seigneurs de l'Église romaine. Ceux-ci, aidés de leurs cousins, Stefano et Sciarra, rallièrent à eux le parti gibelin, nouèrent avec Jacques d'Aragon une intrigue contre la dynastie angevine, et, criant bien haut que Boniface n'était point pape légitime, refusèrent d'accepter les garnisons pontificales dans leurs fiefs du pays de Palestrine. Boniface lança contre eux une bulle et dépouilla les deux cardinaux de leur dignité ecclésiastique. Les Colonna relevèrent le gant que leur jetait le pontife. Le 10 mai, ils tenaient à Longhezza, sur l'Anio, un conseil de famille et de guerre où figurèrent des docteurs en jurisprudence, des prélats français et deux frères mineurs, Diodati et Jacopone. Les conjurés rédigèrent un manifeste où ils déclaraient Boniface antipape et l'abdication de Célestin non valable pour cause de dol et de violence; ils demandaient enfin la convocation d'un concile général. On afficha cet acte dans Rome et jusque sur l'autel de Saint-Pierre. Mais Célestin était mort depuis deux ans, les cardinaux Colonna avaient voté au conclave pour Gaetani, et celui-ci, fort de son droit, excommunia par une bulle, comme traîtres et schismatiques, tous les Colonna rebelles. Il les frappait d'infamie, et maudissait quiconque leur donnerait asile. Les Colonna se fortifièrent dans leurs tours et dans la citadelle de Palestrine; le pape, par une troisième bulle, appela toute la chrétienté à la croisade contre ses ennemis et vendit des indulgences pour payer le zèle des croisés. Il en vint en assez grand nombre de Toscane et d'Ombrie, tandis que les Colonna se voyaient abandonnés par le roi Frédéric de Sicile, par les gibelins du Patrimoine, par l'aristocratie et le peuple de Rome. C'est assurément dans cette fin de l'année 1297 que Jacopone composa des pamphlets rimés contre Boniface et l'Église séculière :

« O pape Boniface, tu as beaucoup joué au jeu du monde. Je crois que tu ne le quitteras pas avec plaisir.... Tu as eu grand soin d'amasser des richesses; les choses permises ne suffisent point à ta faim insatiable, et voilà que tu voles comme un brigand.... Quand tu célébras la première messe, les ténèbres sont tombées sur la ville et le sanctuaire est demeuré sans lumière.... Quand ce fut la fête de ton sacre, quarante hommes périrent à l'issue de l'église, et, par ce miracle, Dieu montra à quel point tu lui plaisais. »

Puis il évoquait la figure de l'Église en larmes qui pleure les apôtres, les martyrs et les prêtres des siècles de foi : il flétrissait, par la bouche de Jésus-Christ, l'ingratitude de l'Église romaine qui s'est rendue indigne de l'amour du Sauveur. « La fausse cléricature m'a tué et détruit : elle m'a fait perdre le fruit de mes labeurs, et m'a infligé une douleur plus grande que la mort :

> *Lo falso clericato*
> *Si m' ha morto e destrutto :*
> *D'ogne mio lavoreccio*
> *Me fon perder lo frutto;*
> *Major dolor de morte*
> *Da loro aggio portato.* »

Cependant, la forteresse cyclopéenne de Palestrine, dernier refuge des Colonna, était réduite à capituler. Les cardinaux Jacques et Pierre, en robe de deuil, la corde au cou, furent conduits à Rieti ; ils s'agenouillèrent aux pieds de Boniface entouré du sacré collège et l'adorèrent comme pontife. Palestrine, que Sylla avait rasée quatorze cents ans auparavant, fut détruite de fond en comble par l'ordre du Saint-Père, bien qu'elle fût l'une des sept métropoles épiscopales de l'Église de Rome. Tous les chefs de la famille Colonna s'enfuirent en exil, chargés d'excommunications nouvelles : les cardinaux se retirèrent près des gibelins de Toscane ; Sciarra, après s'être tenu caché dans les bois et les marais, gagna la côte, où il fut pris par des pirates qui l'obligèrent à ramer comme un esclave ; Stefano, que Pétrarque comparera à Scipion l'Africain, trouva un asile en Sicile. Frà Jacopone fut pris et enfermé dans un cachot, à Palestrine même, témoin vivant, parmi ces ruines, des colères implacables de Boniface VIII. Rivé à la muraille, dans la nuit perpétuelle, il continua de chanter en vers : « Je suis enchaîné pour toujours, enchaîné comme un lion »; il dispute avec peine son pain à la voracité des rats; il paye en patenôtres sa pitance au tavernier. Dans les premiers mois il garde encore sa fierté de schismatique et son allégresse de fraticelle, à qui Dieu permet enfin de connaître l'absolue pauvreté : « Allons, Jacopone, te voici à l'épreuve,... on t'a donné pour prébende une maison souterraine, il faut bien t'en contenter.... Voilà trente années que j'aspirais à la souffrance que l'on m'inflige; le jour de la consolation est enfin venu.... Je couche sous terre, enchaîné pour toujours; en cour de Rome j'ai gagné un si bon bénéfice! » Mais peu à peu l'ennui des ténèbres le gagne; il sollicite d'une voix de plus en plus humble l'absolution du pape. Au jubilé de 1300, il demande grâce, au nom de la paix universelle des âmes; il bêle, dit-il, « vers le pasteur qui l'a chassé du bercail »; il voudrait revoir le soleil et chanter encore, au matin des Rameaux, l'*Hosanna* des petits enfants :

> *Messer, chi io riveggia la luce !*
> *Ch'io possa cantar a voce*
> *Quello osanna puerile.*

Que Boniface le remette aux mains paternelles de saint François et lui crie : « *Vecchio, surge!* Vieux, relève-toi ! » La légende veut qu'un jour le pape, passant devant la prison de Palestrine, ait dit au *jongleur de Dieu* : « Quand sortiras-tu d'ici ? » Jacopone répondit : « Le jour où tu y entreras ». (WADDING, *Annal. minor.*, VI, 77.)

La liberté ne lui fut en effet rendue que par le successeur de Boniface VIII, Benoît XI, à la fin de 1303. Il avait alors près de soixante-quinze ans. Il alla frapper à la porte du couvent de Collazzone, comme à un dernier port de refuge; il y vécut encore trois années. Quand il fut près de mourir, dans la nuit de Noël 1306, il déclara qu'il ne voulait recevoir les sacrements que des mains de Jean della Verna, son vieil ami, et comme les frères s'affligeaient de cette dangereuse fantaisie, le mourant, d'une voix joyeuse, se mit à chanter la *laude*: « *Anima benedetta*, âme bénie par le Créateur, regarde ton Seigneur, qui t'attend du haut de sa croix ». Il avait à peine fini, que Jean della Verna apparut sur le seuil de sa cellule.

Jacopone se tourna alors vers Dieu, puis il chanta les premières paroles du cantique populaire :

> *Jesu, nostra fidanza,*
> *Del cor somma speranza,*

et il rendit l'âme au moment où, dans l'église du couvent, le prêtre qui célébrait la messe de minuit entonnait le *Gloria in excelsis*.

VI

On vit reparaître sur la tombe de Frà Jacopone l'enthousiasme religieux par lequel le petit peuple avait salué jadis la mort de François d'Assise. Il avait souffert la persécution, exalté la religion des pauvres et des humbles : c'était assez pour qu'il fût compté parmi les meilleurs amis de Dieu. On vénérait en lui non seulement l'ascète et le martyr, mais le poète. Les satires et les chants de guerre par lesquels l'ermite de Todi avait soufflété Boniface VIII furent sans doute vite oubliés; mais ses *laudes*, en langue vulgaire, et ses hymnes latines avaient été recueillies pieusement dans le cœur des foules. Ces compositions toutes souriantes de tendresse, pleines de l'amour de Jésus, répondaient à merveille au mysticisme naïf des bonnes gens. On les chantait dans les églises, afin d'égayer l'austérité de la liturgie; on les chantait tout du long des processions de pèlerins, à travers champs, au soleil, afin de soulager la lassitude du chemin. Il n'est pas bien sûr que Jacopone soit, ainsi que le pensait Ozanam, l'auteur du *Stabat Mater* de la croix, ou même du charmant *Stabat* de la crèche. « La mère gracieuse se tenait toute joyeuse près du foin où le petit était couché :

> *Stabat Mater speciosa,*
> *Juxta fœnum gaudiosa,*
> *Dum jacebat parvulus.* »

Mais la *laude* : *Dî', Maria dolce,* est d'un sentiment très semblable à celui de ce second *Stabat* : « Tu as posé l'Enfant dans le foin de la crèche, tu l'as enveloppé de quelques pauvres langes, puis tu l'as admiré avec une joie extrême ». M. d'Ancona y entrevoit le travail délicat du xve siècle florentin, plutôt que la verve candide de Jacopone. Cependant, la même inspiration reparaît plus d'une fois dans les *laudes* du poète ombrien, avec un charme descriptif qui semble annoncer la tradition à la fois libre et pieuse de la première peinture italienne : « Voyez comme le *Bambino* jouait des jambes dans la paille; la mère était là qui le recouvrait et approchait son sein de la petite bouche. Et l'Enfant saisissait la mamelle de ses petites lèvres, il la serrait de la bouche qui n'a pas encore de dents; de la main gauche elle le berçait, et avec de saintes chansons elle endormait le cher amour.... Et tout autour dansaient les anges, chantant des vers très doux et ne parlant que d'amour.... Une étoile nouvelle apparut aux rois de l'Orient; ils le trouvèrent très lumineux, entre le bœuf et le petit âne; la tendre fleur ne reposait point sur un lit de laine fine, le lis éblouissant était sur une poignée de paille.... Que ressentais-tu, Marie, dame de courtoisie, quand le Dieu ton fils suçait ton lait? Oh! comment ne mourais-tu point de joie en l'embrassant? » N'avons-nous pas déjà, dans ces vers, la vision des tableaux de sainteté de Lorenzo di Credi ou de Sandro Botticelli?

Il faut peut-être rapporter à Jacopone le cantique d'amour passionné longtemps attribué à saint François :

Amore, Amore, che si m' hai ferito,
 Altro che Amore non posso gridare;
Amore, Amore, teco so unito,
 Altro non posso che te abbracciare.

Mais il importe assez peu que la paternité de ce poème demeure douteuse entre les deux troubadours de Jésus; l'un et l'autre ils ont fait entendre à l'Ombrie le même cri de souffrance amoureuse.

Toutefois il y eut moins de sérénité dans l'âme de Jacopone que dans celle du fondateur. La pensée de la mort étend parfois une ombre sur la poésie des *laudes*. Et ce n'est point l'ange de paix descendant vers le fidèle qu'évoque Jacopone, mais la figure funèbre qu'Orcagna fixera plus tard aux murs du Campo-Santo :

> *Ecco la pallida morte,*
> *Laida, scura e sfigurata.*

Il étale, avec une emphase lugubre, toutes les misères de la tombe : « Leur chair, qui était si brillante, est toute rongée de vers. Voici la mort, qui fait mourir chevaliers, dames et pages, qui rend à la terre nonnes et moines, prêtres et laïques, les laids comme les beaux.... Fange humaine, ne t'enorgueillis point; cendre, ne te glorifie point : ver de terre, tu dois mourir; herbe d'un jour, tu dois te dessécher. Aujourd'hui un homme tout éclatant de gloire marche la tête haute, superbe et fier : demain il gît comme une chose vile, hideux et mort, et sa chair corrompue est pleine de vers. »

VII

La *laude* de Jacopone est un chant plébéien, et ne doit rien à l'imitation des hymnes ecclésiastiques. Les premières compagnies de flagellants qui, en 1258, se lèvent à la voix d'un vieil ermite de l'Ombrie, Ranieri Fasani, puis les *disciplinati di Gesù Cristo*, qui se multiplient dans l'Italie centrale, chantaient déjà, selon Salimbene, « des *laudes* en l'honneur de Dieu et de la bienheureuse Vierge, tout en marchant et en se frappant les épaules » (*Cron.*, p. 239). Quand ces pieux vagabonds se furent organisés en confréries laïques, rattachées aux paroisses, la *laude* prit peu à peu, vers la fin du XIIIe siècle, la forme dramatique; le dialogue parut plus touchant que le monologue primitif; à certaines fêtes de l'Église, les dévots, aidés parfois par quelques clercs, revêtaient le costume des personnages évangéliques et chantaient un acte des légendes sacrées. Le plus ancien de ces petits drames populaires n'avait-il pas été la messe de minuit, célébrée dans une grange, où saint François avait prêché près de la crèche, entre le bœuf et l'âne? Bientôt l'imagination des fidèles ajouta au texte liturgique « ce qui avait pu se passer », car, disait saint Bonaventure, « les Évangélistes n'ont pas écrit toute chose [1] ». Le même docteur, dans ses *Méditations*, se figure toutes sortes d'incidents pathétiques et de tableaux rentrant dans le cadre des historiens de Jésus. Il n'était pas besoin d'un art exercé pour découper ainsi, dans l'évangile du dimanche, quelques scènes dialoguées, où les confrères de la Pénitence gâtaient parfois, par d'assez pauvres développements, la grande simplicité de Marc ou de Mathieu. Parfois même, le monologue suffisait au poète ombrien pour édifier l'assistance; ainsi, Jésus racontait bonnement à ses disciples muets la parabole de *l'Enfant prodigue*, de laquelle plus tard les auteurs de *mystères* tireront tout un drame.

Deux sujets toutefois, les plus grands qui soient dans l'Écriture sainte, ont donné au théâtre primitif de l'Ombrie la matière d'une plus ample invention, le Jugement dernier et la Passion. La *laude* pour le dimanche de l'Avent était récitée par de nombreux personnages : l'Antéchrist et les rois de sa cour, le peuple de Jérusalem, l'archange Gabriel, Satan et les diables, les élus et les damnés, Marie suppliant son Fils, le Christ souverain justicier. Jésus rappelle aux maudits

---

[1]. D'Ancona, *Origini del Teatro in Ital.*, t. I, p. 117 et suiv

toutes les épreuves de sa vie terrestre, dont il les accuse. « Vous m'avez vu avoir faim et soif, et ne m'avez donné ni à manger ni à boire.... J'étais errant comme un pèlerin, et vous m'avez refusé un logis; j'allais nu par le chemin, et vous détourniez la tête, comme si j'étais un inconnu ; je fus malade et en prison, et vous ne m'avez jamais visité. » Les damnés répondent : « Messire, quand nous t'avons vu accablé de tant de maux, nous ignorions ta détresse; pourquoi, Seigneur, nous as-tu damnés? — Quand un pauvre vous demandait l'aumône, réplique le juge, c'est moi qui étais en lui. A chaque péché vous m'avez crucifié, et cependant j'attendais avec douceur, espérant toujours ne point vous frapper.... Allez, race maudite ! » Les pécheurs se tournent vers Marie et la supplient d'intercéder, et la Vierge tente en vain, au nom de sa maternité miraculeuse, de fléchir le dogme terrible de l'Église. « Par le lait dont je t'ai nourri, écoute-moi un peu, mon Fils, pardonne à ceux pour qui je plaide.... Neuf mois je t'ai porté dans mon sein virginal, et tu as bu à ces mamelles quand tu étais petit enfant; je t'en prie, si cela se peut, efface ta sentence. »

La *Lamentation de la Madone à la Passion de son fils Jésus-Christ* fait alterner avec les paroles désespérées de la mère la voix du peuple, la voix des martyrs, ou même celle du poète, montrant à la Vierge les scènes successives du drame.

« O Pilate, ne tourmente point mon Fils, je puis te prouver qu'on l'a accusé à tort. — Crucifie-le, crucifie-le, l'homme qui se dit notre roi : selon notre loi, il a péché contre le Sénat. Qu'on amène les voleurs pour être ses compagnons ! qu'on le couronne d'épines, celui qui s'est appelé roi ! — Dame, regarde, ils ont pris son bras, l'ont étendu sur la croix, ont cloué la main. — Mère, pourquoi es-tu venue ? Tu me portes un coup mortel par tes larmes. — Mon Fils, on m'avait appelée ; mon enfant, mon père, mon époux, mon enfant, qui t'a frappé, mon enfant, qui t'a dépouillé ?... Mon Fils, tu as rendu l'âme, mon Fils blanc et vermeil, tu m'as donc abandonnée ; mon Fils blanc et blond, mon Fils, visage charmant, mon Fils, pourquoi le monde t'a-t-il si cruellement outragé ? Jean, fils qui vient de m'être donné, ton frère est mort, et j'ai senti le couteau qui m'a été prophétisé et qui a tué d'une même blessure la mère et son enfant. »

Ces poèmes, plus lyriques encore que dramatiques, et que l'on peut attribuer à Jacopone de Todi, suffisaient à l'édification des fidèles du XIIIe siècle ; c'étaient des dévotions en langue populaire, célébrées, à l'issue de la messe paroissiale, par la confrérie de la Pénitence, soit dans la nef, soit dans quelque chapelle de l'église. Les *Offices dramatiques des Pénitents de l'Ombrie*, publiés par M. Monaci (Imola, 1874), dont plusieurs sont remarquables par la présence de la strophe en *ottava rima*, venue de Sicile, témoignent déjà d'une distribution précise des rôles, d'une évolution commençante du drame et même de la décoration de la scène. La *laude du Vendredi Saint* s'ouvre par ces paroles d'un groupe de dévots : « Levez les yeux et regardez. Jésus-Christ est mort aujourd'hui pour nous, les mains et les pieds cloués sur la croix, le côté transpercé. » Et la Vierge, Marie Madeleine, saint Jean, les saintes femmes se racontent autour de la croix les divers tableaux de la Passion, jusqu'au pardon du Sauveur au bon larron, jusqu'au cri suprême de Jésus, qui déchira le voile du Temple.

C'est ainsi que, peu à peu, le mouvement dramatique et le tableau de sainteté, s'ajoutant aux paroles édifiantes et au défilé des personnages de la tradition sacrée, firent passer la *laude* primitive dans la forme scénique du *mystère*. Le *mystère* italien du xive siècle est, d'une façon générale, très semblable aux représentations pieuses du reste de la chrétienté. Cependant un élément original s'y manifeste plus qu'ailleurs, l'ironie, j'entends l'ironie florentine de Boccace et de Sacchetti à l'adresse des gens d'Église et des moines, aussi amère parfois que celle de Dante et qui révèle, dans le naïf théâtre de ce peuple, l'influence de cet esprit laïque, curieux de critique et facile à la raillerie, qui grandissait si rapidement en Italie. Il y avait sans aucun doute des scènes bouffonnes dans cette fameuse pantomime de l'Enfer célébrée en 1303 à Florence, et qui finit par un accident si lamentable. Et dans le drame *Un saint Père et un Moine*, ouvrage d'une date indécise, mais assurément fort ancien, les paroles suivantes renferment déjà une bien vive satire de la vie monacale : « Ils ne sont plus aujourd'hui que des marchands, et, sous la devise de leur ordre, ils veulent être vénérés, tenant tous les autres pour damnés;... race orgueilleuse, ingrate et sotte, qui montrent à autrui la voie étroite du salut, et, s'ils croyaient gagner grandement, n'hésiteraient pas à tuer le Christ une seconde fois;... gens avares, pleins de toute impiété, qui se croient le droit d'aller en paradis quand ils ont séparé un fils de son père. » (D'Ancona, *Origini del Teatro*, t. I, p. 189.)

VIII

Dans le temps même où l'imagination italienne commença à revenir au passé évangélique de l'Église, afin d'y chercher les sujets du drame religieux, un écrivain mystique s'était mis à recueillir, avec une candeur charmante, les plus vénérables souvenirs de l'histoire apostolique et les traditions éparses aussi bien dans la mémoire des fidèles que dans les récits des hagiographes sur les saints inscrits au bréviaire, disciples de Jésus, martyrs, docteurs, évêques, Pères du Désert, vierges et thaumaturges. De saint Jean et de saint Paul à saint François, saint Dominique et saint Bonaventure, le vieil évêque de Gênes, Jacques de Voragine, fit défiler, dans sa *Legenda aurea*, sans aucun ordre historique, sans critique ni théorie de théologien, les plus nobles figures de l'Église triomphante. Il croyait, d'une foi d'enfant, aux Sept Dormants d'Éphèse qui, fuyant la persécution de Decius, sommeillèrent au fond d'une caverne pendant deux siècles et dont le visage, quand ils se réveillèrent, « avait la fraîcheur des roses », non moins qu'à l'existence de saint Thomas d'Aquin, avec qui il avait certainement conversé quelque jour. « On dit qu'ils avaient dormi trois cent soixante-douze ans, mais cela n'est pas certain, car ils ressuscitèrent l'an du Seigneur 448, et Decius régna un an et trois mois, en l'an 252: de sorte qu'ils ne dormirent que cent quatre-vingt-seize ans. » Il croyait aux plus surprenants miracles, même aux sortilèges de la magie et aux formules enchantées qui appellent ou chassent les démons; il ne doutait point que le diable ne vînt sans cesse tenter, sous la forme d'une jeune fille ou d'un jeune homme beau à ravir, la pudeur des vierges et la chasteté des ascètes. Simple comme un chrétien bercé par la légende d'Assise, Jacques croyait au commerce familier des bêtes sauvages avec les confesseurs, au loup qui conduisit Antoine à la cellule de saint Paul l'Ermite, au corbeau qui, ce jour-là, apporta aux deux solitaires une ration double de pain et de fruits, aux deux lions qui, le soir même de ce jour, se présentèrent pieusement afin de creuser la fosse de Paul, « et, lorsqu'il eut été enseveli, ils se retirèrent dans les bois ».

Bien que la *Légende dorée* soit surtout consacrée à l'histoire des martyrs et à l'âpre pénitence des plus fidèles amis de Dieu, elle ne renferme que des leçons consolantes pour les âmes simples, et semble s'efforcer de combler l'abîme qui séparait les saints très purs et glorieux de l'humble foule des chrétiens engagés dans les séductions du siècle. Elle ne montre pas comme des ennemis trop redoutables le mal et le péché; elle se complaît à signaler les défaites honteuses et parfois ridicules du démon. Ici le diable ne remporte, malgré sa malice, qu'un assez maigre butin : çà et là, l'âme de quelque proconsul païen qui s'entête à recommander le culte de ses dieux de bronze ou d'argile. Avec un peu de bonne volonté, les chrétiens, qu'entoure une fortifiante atmosphère de miracles, réussissent à assurer leur salut. Dieu leur tend la main et les soulève complaisamment jusqu'à lui. Les vertus qui sont à la portée des petits, la bonté de cœur, la charité, la droiture, la tendresse et la foi, sont, au même titre que le sacrifice sanglant de la vie ou le renoncement à toute joie terrestre, des gages certains de béatitude. Le prêtre apparaît peu dans la *Légende*, il ne trouble point le tête-à-tête du fidèle avec son Père céleste. Ici la foi l'emporte sur les œuvres, un élan de repentir suffit pour purifier une conscience. Un jeune homme que saint Jean l'Évangéliste avait converti s'est fait chef d'une troupe de voleurs. L'apôtre se mit à sa recherche et le poursuivit dans la montagne, en criant : « Mon « cher fils, pourquoi fuis-tu devant ton père ? Ne « crains rien, car j'adresserai pour toi prières à « Jésus-Christ, et je mourrai volontiers pour toi, « comme Jésus-Christ est mort pour nous. Reviens « donc, mon fils, car Jésus-Christ m'a envoyé vers « toi. » Et, quand le jeune homme entendit cela, il se repentit, et il revint, et il versa des larmes très amères, et l'apôtre tomba à ses pieds, et il lui baisa la main, comme si elle avait déjà été blanchie par la pénitence. » Une femme qui avait commis un péché horrible n'osait le confesser à saint Jean l'Aumônier, patriarche d'Alexandrie. « Au moins écrivez-le, dit l'indulgent confesseur, et scellez l'écrit, et apportez-le-moi, et je prierai pour vous. » La femme apporta son péché écrit et scellé ; quelques jours plus tard, Jean mourut. La

femme, inquiète pour son honneur, alla pleurer au tombeau de saint Jean, afin qu'il lui rendît son secret. Il sortit de son tombeau, en habit d'évêque, et tendit à la femme la confession, dont le sceau était intact. Elle l'ouvrit, trouva son péché effacé, et, à sa place, ces mots : « Ton péché est effacé par les mérites de Jean, mon serviteur ». Un jour que le même évêque priait seul, il vit à son côté une très belle pucelle, qui portait une couronne d'olives sur sa tête, et quand il la vit, il fut saisi d'étonnement et lui demanda qui elle était. Et elle dit : « Je suis la miséricorde qui a fait des-
« cendre le fils de Dieu du ciel ; prenez-moi pour
« femme, et vous vous en trouverez bien ». Et Jean, comprenant que l'olive signifiait miséricorde, commença dès ce jour à être si miséricordieux, qu'il fut surnommé l'Aumônier et il appelait toujours les pauvres ses seigneurs. » Mais l'esprit de ce christianisme souriant à la faiblesse humaine n'est-il point déjà dans ces paroles de Jean l'Évangéliste, que rappelle Jacques de Voragine, d'après saint Jérôme : « Saint Jean était à Éphèse, parvenu à une extrême vieillesse, et, comme on le portait à l'église, il ne pouvait plus dire de paroles, sinon celles-ci, qu'il répétait à ses disciples : « Mes
« enfants, aimez-vous les uns les autres. » Et enfin les frères qui étaient avec lui s'étonnèrent qu'il répétât toujours les mêmes mots, et ils lui demandèrent : « Maître, pourquoi dis-tu toujours ces

paroles ? » Et il répondit : « Parce que c'est le commandement de Notre Seigneur, et si celui-là seul est accompli, il suffit. »

IX

L'art italien, en sa première jeunesse, la peinture et la sculpture, puisèrent aux mêmes sources que la poésie populaire, le drame sacré et l'histoire édifiante des âges lointains du christianisme. L'école des maîtres pisans et celle de Giotto présentent deux caractères originaux dont la rencontre s'est maintenue jusqu'à la fin du xvie siècle : Le sens de la nature vivante, le goût du pathétique et de la tendresse religieuse. L'éducation que quelques débris de la sculpture grecque donnèrent aux pisans, l'instinct délicat de la noblesse antique que l'on reconnaît en Giotto, soutinrent l'art toscan, dont le naturalisme fut pour toujours préservé de la vulgarité bourgeoise de nos artistes français du xive siècle. Et ce naturalisme, à son tour, dans le temps où Dante écrivait le *Paradis*, protégea la peinture italienne contre la séduction de candeur mystique qui, en plein xve siècle, reparut sous le pinceau du moine Angélique de Fiesole.

L'art religieux n'a toute sa valeur historique que s'il est très sincère et répond, par sa naïveté même, à la conscience des fidèles. L'art hiératique des Italiens, la mosaïque qui dura, sans interruption, de l'époque byzantine à l'école romaine des Cosmati, au XIIIe siècle, la peinture à fresque ou à la détrempe des maîtres imagiers, antérieure à Cimabue, ont bien exprimé, malgré la gaucherie des compositions ou l'inexpérience des procédés, le sentiment de tristesse, souvent de terreur, dont les âmes étaient remplies au moyen âge. L'idée que ces vieux artistes se font de la majesté divine est douloureuse. C'est un juge, un empereur, assis sur un trône inaccessible, au fond des absides; raidi dans sa pourpre sacerdotale, il regarde au loin, dans l'espace vague, et jamais n'abaisse ses yeux noirs vers la foule prosternée sur les pierres de l'église. Les premiers peintres de l'Italie, jusqu'à Cimabue, n'osent rien imaginer au delà de la Madone inerte et du *Crucifix*, c'est-à-dire des personnages de la Passion groupés autour de la croix, avec leurs corps émaciés, leurs faces grimaçantes, leurs chevelures rigides, et regardant le Sauveur dont la souffrance se montre d'une façon plus farouche qu'attendrissante.

La renaissance religieuse d'Assise renouvela l'art italien en même temps qu'elle relevait les consciences. L'église aérienne, lumineuse, que Jacopo, fidèle à la tradition de la cathédrale de Pise, édifie par-dessus la sombre église romane où repose la relique de saint François, est véritablement le symbole du rajeunissement de tous les arts. Le XIIIe siècle a rejeté l'angoisse séculaire du moyen âge; il cherche la clarté du jour, la nature, le cœur humain, il s'ouvre à la pitié et à l'amour. De tous côtés, à Pistoja, à Orvieto, à Sienne, à Arezzo, à Lucques, la maison de Dieu, par son décor extérieur, l'orfèvrerie délicate de ses portails ornés de feuillages, de fleurs et de fruits, par son revêtement d'assises de marbre aux couleurs variées et la marqueterie des encadrements qui occupent les surfaces planes, appelle de loin les chrétiens comme vers un lieu de fête; au dedans, elle groupe et met d'accord, pour le charme des yeux, les éléments originaux des diverses périodes architecturales de la péninsule; elle fait reposer légèrement l'ogive normande sur les solides piliers aux chapiteaux à la fois normands et corinthiens; elle reprend l'arabesque orientale et le pavement en mosaïques multicolores. Toute scintillante au soleil, avec ses guirlandes ciselées comme un bijou d'ivoire, l'Église italienne semble chanter le *Cantique des Créatures* de saint François; toute forme vivante est accueillie par elle; aux tribunes de Sainte-Marie-Majeure, Jacopo della Turrita, le mosaïste de Nicolas IV, représente, sur un fond d'azur, le couronnement de la Vierge par les mains du Sauveur; en haut prient les anges; des deux côtés se tiennent en adoration Pierre et Paul, les deux Jean, François d'Assise, Antoine de Padoue; plus bas se prosternent les deux donateurs, Nicolas IV et le cardinal Jacopo Colonna; mais, sur la mosaïque d'or qui figure le sol, verdoient des ceps de vigne autour desquels volent toutes sortes d'oiseaux, qui rappellent les auditeurs ailés du sermon des *Fioretti*. Les bêtes inquiétantes, difformes comme les songes d'un malade, que les sculpteurs romans prodiguaient sur la façade des églises, ont disparu de l'église italienne; les bêtes évangéliques, symboles de douceur et de fidélité, ont pris leur place. Guglielmo d'Agnello, le plus grand des disciples de Nicolas de Pise, dans la chaire de San-Giovanni-Fuor-Civitas, à Pistoja, montre, en toute vérité d'attitudes et de physionomies, le bœuf et l'âne qui regardent la crèche, les trois brebis qui broutent, un instant oubliées par le pâtre, et le lévrier couché, attentif à l'adoration des trois Mages. A Assise, un élève de Giotto, Puccio Capanna, dans le *Christ à la Colonne*, met un singe, allant à quatre pattes, sur le toit d'un édifice; dans la *Cène*, un chien qui lèche un plat, et, à côté, un chat pelotonné sur lui-même. A Padoue, Giotto peint de profil, avec une justesse frappante de mouvement, le fils de l'ânesse, monté par Jésus, et entrant dans Jérusalem. (Voir Müntz, *Hist. de l'art pendant la Renaiss. Les Primitifs*, p. 285.)

L'art sacerdotal, si austère, du premier moyen âge n'eût certes point admis, dans les scènes religieuses, cette familiarité aimable, que les écoles d'Italie ont conservée jusqu'au Titien et au Véronèse. Il eût accepté peut-être la grave sculpture architecturale de Nicolas de Pise, tout en faisant des réserves pour les réminiscences antiques que le maître a mises au sarcophage de saint Dominique, et les attitudes classiques de sa *Nativité*. Mais déjà les velléités de réalisme qui apparaissent au *Jugement dernier* du Baptistère de Pise, dans les corps des damnés qui se replient et se tordent, laissent voir les progrès que Nicolas dut à l'observation sincère de la nature. Son fils Giovanni s'élança en plein naturalisme par ses œuvres violentes de la chaire du Dôme, à Pise, et de Sant-Andrea, à Pistoja. Mais toujours les coups de ce rude ciseau étaient ennoblis par quelque émotion généreuse venue des pages les plus saisissantes de l'Évangile. Au *Massacre des Innocents*, à Pise, les mères éperdues arrachent leurs petits aux égorgeurs, les serrent follement dans leurs bras, les retournent et les tâtent pour s'assurer de leur mort, puis, accroupies, pleurent sur les bien-aimés, *quia non sunt*. Au sommet de la scène, Hérode, couronné et assis, se tourne à droite vers les exécuteurs, et leur fait, de son bras étendu, un geste impérieux et impatient, tandis que, de l'autre côté, les mères le supplient. Au *Massacre* de Pistoja, le roi juif regarde à ses pieds, avec un plaisir farouche, la foule lamentable des bourreaux et des victimes. Mais l'école des sculpteurs pisans sait aussi exprimer la sérénité religieuse du siècle qui vient de finir; elle met à honorer « notre sœur la mort corporelle », si allègrement saluée par saint François, une singulière douceur. Au tombeau de Benoit XI, à Saint-Dominique de Pérouse, deux anges, dépouillés de leurs ailes hiératiques, se penchent à la tête et aux pieds du pape endormi sur son lit de marbre; ils soulèvent, d'un geste familier, comme s'ils épiaient le réveil du pontife, les rideaux du baldaquin mortuaire. Aux pieds de sainte Marguerite, à Cortone, est couché le chien qui avait conduit la jeune femme près du corps ensanglanté de son amant. Le compagnon d'études de Giovanni, dans l'atelier de Nicolas, Arnolfo del Lapo, attache, comme un gage d'espérance, au tombeau du cardinal de Braye, à Orvieto, la vision la plus pure de l'art italien jusqu'à ses derniers jours; tandis que le mort est assisté par deux anges dont le visage respire une grande tristesse, plus haut, dans l'ogive d'un tabernacle gothique porté par deux colonnes torses, la Madone est assise sur un trône, grave et bienveillante, couronnée d'un diadème dont le voile retombe jusqu'aux épaules; elle tient sur ses genoux le

Bambino et pose tranquillement la main droite sur le bras du siège. Ce Florentin, nature très fine, a communiqué à l'école de Pise, dans la personne d'Andrea, l'auteur de la première porte de bronze de San-Giovanni, la candeur touchante, soutenue par l'harmonie simple des attitudes, qui fut, en tous les arts, le caractère propre du génie de Florence.

Par Giotto, cette originalité semble fixée, pour la peinture florentine, en ses traits principaux. La parole de Dante sur son ami, « *ed ora ha Giotto il grido* », fut vraie tant que dura l'école de Florence, dont il fut le maître perpétuel. On sait qu'il pratiqua la miniature; cet art délicat, célébré par Dante dans la personne d'Oderisi, l' « *onor d'Agobbio* », rivalisait en Italie, vers la fin du xiiie siècle, avec l'enluminure française. Giotto a gardé de ses essais de miniaturiste, en même temps que la couleur claire et riante et la piété de la composition, la liberté d'invention chère aux peintres de missels, qui, étroitement enfermés dans la marge du parchemin liturgique, obligés d'interpréter par de menus détails les scènes du texte sacré, égayaient, par l'intimité du décor et la familiarité du sentiment, la tradition grave des Écritures. Mais l'étude constante de la nature empêcha, chez Giotto et ses continuateurs, cette familiarité de la peinture religieuse de se fixer en une convention d'école. Le spectacle de la vie prodigua au maître la variété pittoresque; dans ses premières fresques de l'église supérieure d'Assise, on voit s'élancer un homme que la soif dévorait, et qui, rencontrant une source, s'y précipite fiévreusement comme s'il voulait s'y plonger. Tandis que les frères se penchent sur le lit où saint François vient d'expirer et pleurent, l'un d'eux, qui regardait en haut, a vu l'âme emportée par les anges, et l'étonnement qui le ravit est si puissant qu'il semble se soulever lui-même et prêt à suivre l'ascension miraculeuse de l'apôtre. Et cet art si libre, qui ne rejette aucun trait de réalité, ne sera jamais vulgaire par la figure ou le geste des personnages, la disposition des groupes ou le décor du tableau; le peintre n'évoque que des scènes nobles, tandis qu'en France la peinture et la sculpture gothiques, atteintes d'un mal prématuré, vont tomber jusqu'à la trivialité dans la représentation des Madones et de l'Enfant, qui, jouant avec une pomme ou un moulinet, « n'est plus que le fils d'un bourgeois qu'on amuse ».

Giotto eut la foi généreuse des Italiens de son siècle. Aux deux églises d'Assise comme à la chapelle des Bardi, dans Santa-Croce, il a voulu glorifier saint François, ses miracles inspirés par une grande charité pour les humbles et les hautes vertus de son ordre, l'obéissance et la pauvreté, qui rendent l'homme plus pur et plus doux. A la chapelle des Scrovegni de Padoue, sous les yeux de Dante, il a peint les grandes scènes de l'Évangile : la *Résurrection de Lazare*, le *Baiser de Judas*, la *Veillée au Jardin des Oliviers*, le *Crucifiement*, la *Déposition de croix*. Son christianisme se tient de préférence au cycle évangélique qui va de la légende de Joachim, l'aïeul de Jean, à l'Ascension et dont le drame de la Passion forme le principal poème. A Padoue, il a peint un *Enfer*, plus propre à exciter la curiosité des petits enfants que l'angoisse des pécheurs. Les *Enfers* du Campo-Santo de Pise et de Santa-Maria Novella, à Florence, ne seront pas beaucoup plus terribles à contempler : l'effroi des peines éternelles ne se manifestera pour la première fois, dans l'art italien, qu'aux fresques de Luca Signorelli, à Orvieto, puis au *Jugement dernier* de Michel-Ange. L'histoire de la Rédemption, depuis l'étable de Bethléem jusqu'au Calvaire, les miracles de miséricorde prodigués par le Sauveur à quiconque venait vers lui avec un cri de souffrance ou une parole d'amour, devinrent, à la suite de Giotto, le *Credo* des écoles italiennes. Le Christ de Giotto a rejeté la majesté formidable du Christ byzantin; c'est bien le Fils de l'homme, supérieur à ses disciples par la grâce solennelle de sa démarche, la pureté mélancolique de ses traits; tel il apparaît à l'entrée du tombeau de Lazare, et surtout au Jardin des Oliviers, à demi enveloppé du manteau rouge de Judas, comme par les ailes d'un oiseau de proie, et recevant avec un dédain attristé le baiser du traître. Ce Christ, sans cesse ennobli par les progrès de l'art, passera plus tard aux fresques de Masaccio, puis au *Cenacolo* de Léonard, à celui d'André del Sarto, il bénira le dernier souper de la famille apostolique.

Mais l'œuvre la plus tragique du vieux maître est la *Déposition* de Padoue. Les saintes Femmes, saint Jean et les amis de la dernière heure, debout ou prosternés, adorent en pleurant Jésus dont la tête repose sur le cœur de sa mère. Marie cherche sur la figure décolorée de son fils la trace de la vie éteinte ; Madeleine tient les pieds du Sauveur ; un arbre couvert de boutons printaniers s'élève sur la pente de la colline, et, du haut du ciel en deuil, les anges, la face voilée de leurs mains, ou les bras grands ouverts, accourent à tire-d'aile et saluent Dieu mort de leurs lamentations.

Cet idéalisme religieux, que Giotto reçut du XIIIe siècle, mérite d'attirer l'attention. Il a persisté, en Italie, jusqu'aux écoles de la pleine Renaissance. Il a pu se maintenir, chez les peintres et les sculpteurs, en dehors de toute croyance positive ou d'une adhésion convaincue au surnaturel et des règles mêmes de la vie chrétienne. On le retrouve en Frà Filippo Lippi, malgré les désordres d'une jeunesse aventureuse, plus digne d'un corsaire que d'un ancien moine. Il a visité parfois

Benvenuto Cellini, qui, malade au fond d'un cachot du château Saint-Ange, et chantant les Psaumes, s'entretenait avec Jésus-Christ et ses anges. Raphaël l'a gardé intact au milieu de la corruption élégante de la cour de Léon X; il reparaît au *Christ à la Colonne* du Sodoma, comme à la *Déposition* du Pérugin. Ici, au delà des personnages agenouillés au premier plan et recueillis comme au pied d'un autel, la nature semble fêter, par la sérénité du paysage, le sourire du ciel, la paix des collines azurées, par les eaux transparentes et les prairies en fleur, l'espoir de la résurrection toute prochaine. Et cependant le maître ombrien, que l'esprit incrédule de Florence avait pénétré, « n'eut aucune religion, écrit Vasari, et l'on ne réussit jamais à le persuader de l'immortalité de l'âme; mais, avec des paroles bien dignes de sa cervelle de granit, il refusa toujours obstinément la bonne voie. Il n'avait de foi qu'aux biens terrestres. »

Giotto fut donc, pour toute la suite de l'art italien, l'initiateur d'un mysticisme sans lequel la peinture vraiment chrétienne ne saurait vivre, et qui, joignant la vénération des traditions saintes au sentiment de leur ineffable poésie, demeure, encore de nos jours, au fond de beaucoup d'âmes depuis longtemps éloignées de la vieille Eglise. Mais dans le cœur de Giotto reposaient aussi des émotions et des espérances que le monde ne connaîtra plus, les dernières visions religieuses du siècle dont je viens d'étudier la conscience. Il a peint, pour la chapelle des Peruzzi, à Santa-Croce, l'apôtre saint Jean, solitaire, endormi sur le rocher de Pathmos, tandis qu'au-dessus de sa tête, les grands mystères de l'avenir, que le moyen âge italien avait tenté de déchiffrer entre les versets de l'*Apocalypse* ou du quatrième Évangile, marchent, pareils à des dieux, sur les nues. Puis, à la fresque voisine, c'est la résurrection de l'Évangéliste, qui sort de sa tombe en face de ses disciples étonnés, épouvantés, éblouis. C'était l'adieu que, de son berceau, l'art italien envoyait à la tradition johannite, l'adieu à Joachim de Flore, à Jean de Parme, à Jacopone de Todi.

CHAPITRE VII

LE MYSTICISME, LA PHILOSOPHIE MORALE
ET LA FOI DE DANTE

A travers les vicissitudes du christianisme italien au moyen âge, nous avons signalé trois réponses au problème des rapports de l'âme avec Dieu, du chrétien avec l'Église : la communion d'Arnauld de Brescia, celle de l'abbé Joachim, de saint François, de Jean de Parme, celle enfin de l'empereur Frédéric II et de son monde de philosophes. Le fond de ces trois théories est une doctrine de liberté, liberté absolue de la société politique par rapport à l'Église temporelle, liberté de la religion individuelle, où la foi et l'amour priment l'obéissance et la pénitence, liberté de la raison individuelle par rapport au dogme et à ses ministres. Les arnaldistes, les joachimites, les franciscains intempérants, les fraticelles, les incrédules de l'Italie gibeline, ont fait passer à l'Église de Rome des heures amères; les papes ont lancé contre ces réfractaires à la vieille discipline des bulles retentissantes, et néanmoins jamais ces chrétientés très libres n'ont consommé la rupture confessionnelle, l'hérésie formelle ou le schisme. Dante, qui fut le plus grand témoin de sa race et de son siècle, a reçu tous ces souffles de liberté religieuse; toutes les manifestations originales de la religion italienne se sont conciliées en lui. Cet austère chrétien, dont plusieurs ont suspecté l'orthodoxie, a été placé par Raphaël, dans la *Dispute du Saint-Sacrement*, à côté des Pères et des Docteurs de l'Église universelle. Il est, avec saint François, la plus haute figure de l'histoire que je viens d'esquisser.

I

Mais les traits de cette figure sont bien complexes, car l'âme de Dante fut bouleversée comme sa vie. Tandis que François d'Assise, au Paradis terrestre de l'Ombrie, chante, en compagnie des oiseaux, un *Lætare* perpétuel, Dante écrit sur lui-même : « Je suis un navire sans voiles et sans gouvernail, poussé par la tempête de port en port et de rive en rive ». Il perdit tour à tour les objets de ses premières tendresses, Béatrice, qu'il avait aimée tout enfant, sa cité maternelle et son baptistère, son « beau San Giovanni », sa foi politique et sa dévotion florentine à l'Église de Rome. De guelfe modéré, partisan du Saint-Siège et, plus encore, des libertés communales de Florence, il s'était fait gibelin, quand Boniface VIII eut détruit de ses propres mains le parti guelfe. Mais, après la descente de Henri VII, il désespéra de l'Empire comme il avait désespéré de l'Église ; on le vit alors promener sa tristesse et ses rêves à travers l'Italie, « l'hôtellerie de douleur ». Un soir, il s'assit à l'ombre des basiliques byzantines de Ravenne, et mourut.

Parmi tant de ruines, une chose lui était restée, qui fut tout son génie, la foi. Dieu, rédempteur et esprit de vie, la justice de Dieu maîtresse suprême de l'histoire inique que font les hommes, consolatrice de ceux à qui le monde refuse le bonheur terrestre ; puis, les nobles certitudes dont Dieu a déposé le rayon dans la raison humaine, et les amours immortelles dont il enchante le cœur humain, Dante embrasse toutes ces vérités avec l'élan d'adoration du prêtre incliné sur l'hostie sainte et la conviction tranquille du géomètre qui prouve un théorème. Non seulement il croit, mais il voit ; il se meut dans la région du surnaturel sans plus d'étonnement que les thaumaturges de la *Légende dorée*, et les enfants qui fuyaient à la vue de son capuchon rouge ne se trompaient point en criant : « Voilà l'homme qui revient de l'enfer ! »

C'est dans le premier éveil de son cœur, à l'aube de sa « vie nouvelle », qu'il importe de l'étudier d'abord. Il avait neuf ans lorsqu'il rencontra, le 1er mai, à la fête de la *Primavera*, la petite Béatrice Portinari. Elle était vêtue d'une robe couleur de sang. A la vue de la jeune fille, il trembla et entendit en lui-même une voix qui disait : « *Ecce Deus, fortior me* ». Neuf années plus tard, il la revit pour la seconde fois ; elle était vêtue d'une robe blanche et répondit si courtoisement à son salut, qu'il se crut ravi en béatitude. Un jour que Béatrice ne lui avait pas rendu le salut, il vit un jeune homme tout en blanc qui pleurait et qui disait : « Mon fils ». La *Vita Nuova* renferme huit visions, et toujours il entend des voix aériennes, il rencontre des fantômes de lumière, quelqu'un parle au fond de lui-même. La dernière de ces visions, au jour de la mort de Béatrice, fut si étonnante qu'il n'eut plus la force de la raconter. Il termine son récit en priant Dieu de lui donner au paradis la contemplation de Béatrice, « qui regarde glorieusement la face de Celui qui est béni dans tous les siècles des siècles ».

On découvre ici, chez l'enfant et l'adolescent, le

don extraordinaire qui a visité l'âme des plus grands saints et aussi celle des philosophes possédés par la pensée perpétuelle du divin, à savoir la faculté du mysticisme. Mais ceux-ci avaient souffert, en leur âge viril, de quelque ébranlement profond de la conscience, de quelque incurable ennui pour les choses d'ici-bas; ils avaient éprouvé soit le vide du bonheur sensible, soit l'infirmité de la raison, soit la terreur de l'invisible, et la secousse qui les détacha soit de la passion, soit de la science, les jeta au sein de Dieu, d'où ils ne voulaient plus et ne pouvaient plus sortir. Le visionnaire qui a écrit l'*Apocalypse* avait assisté aux journées funèbres du règne de Néron; Plotin et Proclus ont vécu dans la fermentation de rêves religieux la plus étrange de l'histoire et avaient recherché les séductions dangereuses de la théurgie. Joachim de Flore avait connu le faste de la cour normande, et parcouru, avant d'entendre l'Esprit saint parler à son oreille, l'Europe orientale, Constantinople et l'Asie Mineure. Saint François avait excité son imagination par la lecture des romans de chevalerie et, jeune homme, s'était livré à tous les plaisirs; une longue maladie, le dégoût de toute volupté, puis des accès de charité surhumaine l'avaient ramené à l'Évangile. Tous ces mystiques, par la contemplation et l'ascétisme, avaient anéanti en eux-mêmes toute affection terrestre et dépouillé, tel qu'un vêtement souillé de fange, leur enveloppe charnelle. Leur union avec Dieu était si intime, qu'ils s'abandonnaient éperdument et se sentaient tomber en lui comme en un abîme. « Je vais me reposer dans la mer pacifique, le Dieu éternel », dira sainte Catherine à son lit de mort. Plotin avait dit, à sa dernière heure : « Je sens que le Dieu se dégage hors de moi ». Presque tous, ceux même qui, tels que saint François et sainte Catherine, se mêlent aux intérêts du siècle, ils touchent sans effort au terme dernier de la vie extatique, à la vision familière de Dieu et des mystères de l'autre monde. Tandis que pour eux les objets sensibles n'apparaissent plus que comme des ombres d'êtres, leur propre conscience se dissipe et se fond dans la conscience de Dieu, et le dernier sentiment qui y demeure, personnel et vivant, est la joie ineffable que leur cause cette communion de chaque jour avec les choses éternelles.

Mais voici un jeune garçon, fils de bourgeois, d'une famille de légistes, élevé dans la lecture des poètes latins, de bonne heure rompu aux exercices militaires; il grandit dans la commune d'Italie la plus tourmentée par les violences de la politique; ses aïeux et son père, saisis par l'éternel conflit florentin des gibelins et des guelfes, ont connu les douleurs de l'exil. Dans cette cité de marchands et de banquiers, où les passions terrestres seules eurent de la force, où la religion était de tempérament si modéré que, jusqu'à saint Antonin, au XVe siècle, aucun de ses fils n'obtint une place illustre au paradis italien; dans cette Florence amoureuse de la joie, qui inventa le conte ironique et avait, dès le XIe siècle, retrouvé l'incrédulité d'Épicure, l'enfant, trop jeune encore pour avoir souffert, trop pur aussi pour soupçonner les laideurs de la vie, à peine a-t-il entrevu sur le visage de Béatrice le reflet d'une beauté supérieure à toute beauté de la terre, qu'il découvre en soi-même et embrasse avec une ardeur extraordinaire la vocation au surnaturel. Dès lors il reçoit de Béatrice vivante et de Béatrice morte une révélation permanente, et par la jeune fille il entretient avec Dieu et ses anges une conversation miraculeuse. Parfois, quand l'initiation le frappe d'une lumière trop éblouissante, il se sent défaillir et mourir; comme tous les grands mystiques, il goûte par l'extase à deux sentiments contraires : le ravissement béatifique en face du mystère, et, pour la terre et la vie, aussitôt qu'il y abaisse son regard, une amère mélancolie. Le monde lui paraît comme recouvert d'un voile de deuil; il imagine que les pèlerins qui traversent « la cité dolente » éclateraient en sanglots s'ils apprenaient la raison de sa souffrance. Les objets réels se décolorent, les joies réelles perdent toute saveur, le corps où cette âme est prisonnière dépérit. « Je devins en peu de temps si frêle et si débile que ma vue chagrinait mes amis ». En un tel état de conscience, l'ensemble des opérations de l'esprit se trouble, les conditions de la vie intellectuelle sont, en quelque sorte, *transposées*; la fièvre morale qui tient le poète transforme toute vision et toute émotion; par un singulier dédoublement de la connaissance, c'est sa propre passion qu'il aperçoit, sous la forme d'une figure angélique, au détour de quelque sentier, et les soupirs et les plaintes qu'exhale le mystérieux passant ne sont que l'écho du cœur de Dante. Si Béatrice se montre à lui et le salue, il s'évanouit comme vaincu par une douceur infinie; il lui semble que son âme n'est plus qu'amour; ses sens meurent et l'amour seul vit en lui et regarde Béatrice. « Il arriva souvent alors que mon corps marchait comme une chose morte. » En même temps, le symbolisme est devenu comme la catégorie maîtresse de sa pensée. Tout ce qu'il voit, tout ce qu'il entend n'a de valeur que par un rapport secret avec l'invisible et le divin. La couleur des vêtements de Béatrice est pour lui un mystérieux langage qu'il comprend plus clairement que tout idiome mortel. Béatrice elle-même se transfigure, et, sous l'apparence de la vierge florentine, la théologie ou la sagesse éternelle accueillera Dante au parvis de la Jérusalem céleste. Les aspects de la nature, de la mer et du ciel, le scintillement des étoiles,

« qui semblaient pleurer », le geste des bêtes fauves, les accidents de l'histoire, les grands esprits, tels que Virgile, les grands traîtres, tels que Judas et Brutus, lui serviront à déchiffrer et à traduire un Verbe sublime.

Par ce trait premier de son génie, il se rattachait donc à l'idéalisme mystique du moyen âge, qui se manifesta en des façons si diverses, par les fantaisies maladives de la sculpture gothique ou du blason féodal, comme par les songes très nobles des meilleurs chrétiens et le platonisme transcendant des plus grands scolastiques. Mais en lui c'est l'enfant même qui déjà portait le visionnaire. Imaginez Dante entrant tout jeune dans un cloître, enlevé pour toujours à la vie italienne, à l'abri des orages de la politique, nourri des seules Écritures, dédaigneux des lettres anciennes. Poète, il reprendra la tradition franciscaine du frère Pacifique, il écrira des *laudes* pieuses à l'imitation de Jacopone; peintre, il s'essaiera à l'art suave et timide de Frà Angelico; prédicateur populaire, il effrayera peut-être les fidèles par les images apocalyptiques d'un Savonarole; docteur, il montera dans la chaire de saint Bonaventure. Ce sera un moine, illuminé et passionné plus qu'aucun autre, le plus grand de l'histoire religieuse de l'Italie, mais seulement un moine.

II

La douleur même qu'il ressentit de la mort de Béatrice ramena Dante à la vie rationnelle. Parmi les livres où son maître Brunetto Latini lui apprenait à lire, il choisit les plus graves, les philosophes, Aristote, Cicéron, Sénèque. « Je me mis à lire le livre par lequel Boèce, captif et exilé, s'était consolé. Et, sachant que Cicéron avait écrit un livre où, traitant de l'amitié, il avait cité les paroles de consolation de Lelius, homme excellent, à la mort de Scipion, son ami, je commençai à le lire. Je pénétrai aussi avant que possible dans la pensée de ces sages, et, tel qu'un homme qui, cherchant de l'argent, trouve de l'or, moi qui cherchais à me consoler, je trouvai non seulement un remède à mes larmes, mais aussi des noms d'auteurs, de sciences et de livres, et je jugeai que la philosophie, qui fut la maîtresse de ces auteurs, de ces sciences et de ces livres, est une chose suprême. Je me mis alors à aller là où cette dame gentille se montrait véritablement, aux écoles des religieux et aux disputes des philosophes, et en trente mois je me sentis si pénétré de sa douceur que son amour chassait toute autre pensée. » (*Convito*, 11, 13.)

Le *Convito*, dont les livres furent écrits à des époques très diverses de sa vie, renferme en quelque sorte les mémoires de ce pèlerinage à la recherche de la sagesse rationnelle. Mais à Padoue, à Bologne, peut-être à Paris, sur la montagne Sainte-Geneviève, s'il participa aux argumentations de *Quolibet* et entendit commenter le *Livre des Sentences*; s'il étudia la théologie de saint Thomas et reçut la culture laborieuse de la scolastique, ni les docteurs ni les doctrines ne purent le former à cette philosophie consolatrice à laquelle aspirait son âme endolorie. La philosophie telle qu'il la souhaitait n'était point seulement une opération intellectuelle, la science de l'exégèse et du raisonnement, l'art de traiter par le syllogisme toutes les notions de l'esprit humain, tous les faits de la nature, toutes les données des lettres sacrées. C'était avant tout, par le commerce des meilleurs philosophes et des poètes les plus purs, par la méditation de conscience, une œuvre personnelle, autrement plus vivante que les disciplines de la rue du Fouarre, plus généreuse que la logique et la dialectique de l'École; c'était la raison et le cœur se pénétrant et se complétant l'un par l'autre dans une intimité excellente, et, pour répéter la parole que Dante lui-même adresse, en plein enfer, à « la chère et bonne image paternelle » de Brunetto Latini, la science qui enseigne « *come l'uom s'eterna* », comment l'homme s'éternise.

C'est, en effet, aux leçons de Brunetto Latini qu'avait commencé l'initiation philosophique de Dante. Brunetto avait, lui aussi, vécu dans l'ombre de nos écoles scolastiques; mais il en avait rapporté à l'Italie un rayon de lumière païenne. Il ne fut point, dans son *Trésor*, un compilateur d'encyclopédie, pareil à Vincent de Beauvais, mais un sage qui, au fond des connaissances disparates entassées par le moyen âge, a su atteindre les grandes notions simples dont les anciens eurent le secret. Le *Trésor* est parsemé de maximes qui semblent sortir des moralistes de la Grèce ou de Rome. On y retrouve la pensée fondamentale de la morale socratique ou stoïque, que la science n'est rien sans la conscience, et que la vertu est le plus beau fruit de la sagesse. « Digne chose est que la parole de l'homme sage soit crue quand ses œuvres tesmoignent ses diz. » « Bien dire et mal ovrer n'est autre chose que dampner soi par sa voiz. » Latini fut, selon Jean Villani, « un grand philosophe, un maître éminent de rhétorique, seulement homme de plaisir, *mondano homo* »; « digne, écrit Filippo Villani, d'être mis au nombre des meilleurs orateurs de l'antiquité, d'un caractère gai et plaisant dans ses discours ». Il fut aussi le maître du grand poète

Guido Cavalcanti, élégiaque tantôt pathétique, tantôt sensuel, l'un des plus francs incrédules du cercle épicurien de Florence. On peut, en réunissant tous ces traits, retrouver la figure originale de Brunetto. Si même l'on y ajoute le fâcheux mystère que Dante laisse planer sur la mémoire de son maître, on verra en lui comme un précurseur des humanistes de la Renaissance, en qui le caractère ne valait pas toujours l'esprit, mais dont l'esprit, affiné par les lettres classiques, séduit surtout par la beauté oratoire des écrivains latins, très libre et fort enclin à l'ironie, sut rendre, sans trop de pédantisme, à des siècles chrétiens, avec la langue sonore de Rome, le génie rationaliste de l'antiquité.

Certes, tous les lettrés du moyen âge lurent les poètes, les historiens, les philosophes grecs et romains que Latini expliquait à Dante. Mais, ici, entre le maître et le disciple se produit une véritable nouveauté. L'admiration religieuse que le maître a inspirée au disciple pour les anciens provoque dans l'âme du jeune homme une crise morale très semblable à celle que Platon a décrite ; dans l'élan de son enthousiasme et l'effort de son amour, Dante cherche à imiter ces nobles modèles, « à enfanter en lui-même, comme disait Platon, de beaux discours ». Il ne se contente pas de vénérer, à l'entrée de l'enfer, l'École de son bien-aimé Virgile, les ombres majestueuses d'Homère, d'Horace, d'Ovide, de Lucain; de contempler, revêtus d'une lumière immortelle, Socrate et Platon, Diogène, Anaxagore, Zénon, Hippocrate, Cicéron, Tite Live, Sénèque, « la famille philosophique » tout entière groupée autour d'Aristote, le docteur-roi,

il maestro di color che sanno.

A son tour, il entrera dans le chœur de ces sages, il essaiera de balbutier leur langage, de retrouver, dans la tradition de leurs doctrines, les libertés séculaires de la conscience.

III

Le *Banquet* de Dante est, en effet, une œuvre de libre examen. L'appareil scolastique et géométrique, si rigoureux dans le traité *de la Monarchie*, s'y efface derrière l'expérimentation morale, le débat des objections possibles, les témoignages des écrivains anciens, des docteurs de l'École ou des Arabes, la discussion des préjugés populaires, l'observation des mœurs du siècle. L'autorité y paraît dans la mesure qui convient à un esprit libre; le chrétien y invoque parfois la révélation sur les points obscurs où la raison et la doctrine hésitent incertaines, par exemple la question de l'immortalité de l'âme (II, 9). Le philosophe y rapporte les opinions de ses maîtres, mais seulement après avoir exposé la sienne propre, non pour décider sa croyance, mais pour l'éclairer et la raffermir. L'exégèse, après le syllogisme, s'est enfin pliée à la recherche rationnelle.

De l'idée que Dante se fait de la raison humaine sort tout l'ensemble de cette philosophie. La raison, dit-il, est la noblesse première de l'homme, elle est sa forme, et c'est d'elle qu'il tire sa qualification essentielle; pour lui, vivre, c'est vivre non par les sens, comme les bêtes, mais par l'esprit. La haute valeur de notre raison, qui pense les vérités éternelles, est dans son rapport avec la pensée de Dieu, où résident ces vérités. Notre âme, qui connaît son affinité avec l'âme divine, tend à s'unir, de la façon la plus étroite, par l'amour, avec Dieu; dépouillée de toute matière, elle rayonne de lumière divine, comme l'âme des anges : l'homme est ainsi, par la grâce de son âme rationnelle, un animal divin. Cette raison est libre, parce qu'elle n'est au service que d'elle-même : les sens et la passion sont ses serviteurs. Elle est la maîtresse de toute la personne; l'homme se grandit en lui obéissant, et celui qui, doué d'une nature perverse, domine ses mauvais instincts, et atteint par la lutte à la sagesse, est meilleur que celui dont la vertu ne livre jamais de combat intérieur. L'homme qui jouit de la plénitude de sa vie rationnelle possède à la fois la sagesse et la science et reçoit la béatitude philosophique, dont la mesure est fixée par la limite de son désir philosophique. Il ne souhaite point de connaître les objets trop sublimes pour sa vision intellectuelle, tels que la nature intime de Dieu et celle de la matière première; il ne souffrira point, par conséquent, d'être privé de cette connaissance. Dante affirme Dieu, mais ne le décrit point; aucune place n'est faite, dans le *Convito*, à l'opération mystique, à l'ascension de l'âme vers le surnaturel. Dante réserve aux âmes seules des élus la science et le bonheur infinis. (II, 8; III, 14, 15.)

Ses vues particulières sur la morale font dépendre toute la vie humaine de cette théorie de la raison. « Vivre sans user de la raison, c'est être mort. » Et n'est-ce pas renoncer à la raison que de ne point raisonner la vie et le chemin qu'il faut suivre? La raison ne peut rien sur les vérités de l'ordre divin ou de l'ordre géométrique; elle ne peut changer davantage les conditions de la vie animale ou les lois de la nature; mais elle est souveraine pour tous les actes de la volonté, « tels que le bien ou le mal faits à autrui, le courage à la bataille ou la fuite, la chasteté ou la débauche ». Elle est donc la règle des mœurs, la loi vivante à laquelle toutes les œuvres de la vie sont soumises, comme, dans l'ordre politique, toute opération de la vie publique relève de l'autorité impériale. Et cette primauté toujours active de la raison fait de la vertu un état ou une habitude intelligente de l'homme. Ici Dante reprend la théorie de l'Éthique péripatéticienne, la distinction des vertus intellectuelles, telles que la prudence, et des vertus morales, telles que le courage, la libéralité, la grandeur d'âme, la justice : celles-ci sont essentiellement des états ou des choix raisonnables, fondés sur la modération, des habitudes également éloignées de deux excès contraires, et cette mesure dans la vertu est, pour l'âme, à la fois une perfection et la cause du bonheur moral. La félicité qui résulte de l'action est excellente comme la béatitude qui résulte de la contemplation; elle est, en outre, commune à un plus grand nombre d'âmes; mais, de même que le bonheur contemplatif nous est apparu dégagé de tout mysticisme, la félicité morale, entendue par Dante au sens aristotélique, ne demande rien aux joies douloureuses de l'ascétisme, au renoncement terrestre des moines, aux héroïques excès des saints et des martyrs (IV, 17).

Dante a dû à ce sentiment de la mesure, qui fut l'une des conditions de la sagesse antique, le tranquille optimisme de son *Convito*. Si l'homme, par l'œuvre constante de sa raison, est, ainsi que les anciens le pensaient, l'artisan de sa propre destinée, cette destinée est facile et peut être riante. Il éclaire lui-même le sentier où il chemine, sans illumination venue d'en haut, ni grâce surnaturelle octroyée par Dieu à ses prières. Ce n'est point une vallée de larmes qu'il parcourt péniblement, mais une région paisible, que sa vertu sait rendre aimable. L'adolescence, qui finit à la vingt-cinquième année, est une période heureuse, où l'âme reçoit tous les germes de vertus; elle a ses dons particuliers, l'obéissance, la pudeur, la douceur (*soavità*), le charme du visage et du corps. La douceur des mœurs, qui sera nécessaire au temps de la vie publique commençante, donne à l'adolescent les amitiés sans lesquelles il n'est point de vie parfaite. Dante s'arrête avec complaisance à considérer les privilèges et les vertus de cet âge qui, pour lui-même, avait été si sombre, la bienvenue qui sourit de toutes parts à l'adolescent, à la courtoisie de sa parole et de ses actes; l'admiration naïve qu'il ressent pour les choses qu'il ignore, la pudeur qui l'écarte de tout ce qui est bas, et, dès qu'un soupçon d'attrait sensuel se glisse dans son esprit, fait pâlir ou rougir sa figure; la honte (*verecundia*) qui, à l'effroi pour le mal qu'il a commis, attache une amertume dont le souvenir l'empêchera de retomber dans sa faute. Enfin, la beauté et l'agilité légère du corps (*snellezza*), « dont la vue cause un plaisir d'harmonie admirable », la bonne santé, « qui revêt la personne d'une couleur plaisante au regard », sont un dernier effet de la beauté intérieure de l'âme, qui se plaît à orner et à égayer sa propre demeure. Dante a retrouvé la maxime socratique, l'âme artiste qui sculpte le corps et le visage de l'homme, et sa théorie de l'adolescence, éclairée comme d'un reflet de Platon, évoque encore dans notre pensée les jeunes gens élégants et sveltes des écoles d'art florentines, les corps souples et fins de Luca Signorelli, la rêverie pudique des jeunes figures de Luca della Robbia ou de Donatello.

Aux qualités de l'adolescence, la jeunesse, l'âge viril ajoutent le gouvernement rationnel de l'appétit ou de la passion, coursier fougueux qui tantôt se rue en avant, tantôt se dérobe et fuit; le bon cavalier, qui sait en être le maître, le dompte par le frein quand il court trop vite, le châtie par l'éperon quand il se cabre ou recule lâchement; le frein est la tempérance, l'éperon est la grandeur d'âme. Dante est, ici encore, fidèle à la doctrine des platoniciens ou des stoïciens modérés; il s'éloigne autant que possible de la théorie monacale du moyen âge, le renoncement absolu à toute chose de la terre, la mort du cœur à toute passion. Pour lui, le mérite de l'homme est dans l'énergie de l'esprit réglant une nature qu'aucune mutilation morale n'a affaiblie. Et ce long effort vers le bien reçoit sa récompense dans la vieillesse. Le vieillard, éprouvé par les orages du monde, sûr de sa vertu, peut répandre au dehors les trésors de bonté lentement amassés dans sa conscience. Il est, dit Dante, « comme une rose largement épanouie, dont le parfum se donne à tous ». Il prodigue sa prudence, faite de souvenir, pour le passé, de jugement droit, pour le présent, de prévoyance, pour l'avenir. Il prodigue sa justice, et entre, pour le bien public, dans les conseils de sa cité. Il se communique, avec allégresse, en des causeries d'une exquise politesse. « Plus je vieillis, disait Caton l'Ancien, et plus j'ai de plaisir à converser. » Mais la grande noblesse du vieillard est dans le voisinage de Dieu de qui il s'approche, et la vision de la mort, qui lui apparaît comme le port éternel où il va entrer en paix, en se réjouissant du bon et sage voyage de la vie. Déjà les voiles du navire sont repliées, les rames s'abaissent et ne font plus qu'effleurer l'eau tranquille; sur le rivage accourent les concitoyens et les amis pour fêter le retour du pèlerin, les amis de la patrie céleste, les ancêtres morts depuis longtemps, les amis de Dieu, par qui il est digne d'être accueilli. Tout à l'heure il sortira de son navire comme on sort d'une hôtellerie, et, bénissant sa vie passée, rentrera dans sa maison.

C'est l'heure sainte par excellence, l'heure qui, consacrant la religion des trois âges de l'homme, remet l'âme du juste au sein de Dieu. Ici, à la dernière page du *Convito*, Dante exprime pour la première fois son sentiment sur le devoir religieux qui unit l'homme à Dieu, et ce sentiment répond bien à la théorie rationaliste du livre entier. « C'est, dit-il, une vaine excuse d'imputer aux liens du mariage, dans la vieillesse, l'empêchement de retourner à la religion, comme font ceux qui embrassent la discipline et prennent l'habit de Saint-Benoît, de Saint-Augustin, de Saint-François ou de Saint-Dominique ; car on peut revenir, même dans l'état de mariage, à la bonne et vraie religion; Dieu, en effet, ne veut en nous de religieux que le cœur seul. *Iddio non vuole religioso di noi se non il cuore.* » (IV, 27, 28.)

« La religion du cœur », n'était-ce point aussi celle des mystiques du moyen âge italien, et, par cette libre religion, œuvre de la foi individuelle, le mysticisme et le rationalisme de Dante ne se conciliaient-ils point, sans discordance, dans l'unité d'une grande conscience? La rencontre de facultés spirituelles si diverses formait un chrétien admirable, capable à la fois d'exaltation pieuse et de raison sereine, une âme de poète, digne des jours les plus beaux de la révélation d'Assise, mais tempérée par la sagesse de la pensée antique, et ce sens juste des réalités, que la civilisation intellectuelle de la Sicile avait rendu à l'Italie de Frédéric II. La physionomie morale de Dante aurait pu s'arrêter aux traits que nous venons de reconnaître : une sorte d'Épictète florentin, visité souvent par des visions paradisiaques. Il fallut le pontificat de Boniface VIII, la trahison du Saint-Siège à l'égard de Florence, la fuite de l'Église romaine en France, pour achever, par l'âpreté de la passion et la hardiesse de la théologie personnelle, l'originalité religieuse de cette figure.

IV

Boniface VIII parut à Dante un véritable antipape, parce qu'il avait reçu la tiare du vivant de Célestin V; il parut un pontife apostat par l'excès de sa simonie, un mauvais Italien par les crimes de sa politique. Le poète crut fermement que le Saint-Siège romain, sous le règne de Benoît Gaetani, avait perdu l'Église et s'était séparé du christianisme. « C'était, écrit Dino Compagni, un pape de grande audace et de haut esprit, qui menait l'Église à son gré et écrasait tous ses adversaires. » « Il disait, écrit Villani, que tout ce qui intéressait l'Église était permis. » La faute de Boniface fut d'avoir méconnu, par orgueil, la situation vraie de la papauté et les rapports réels du Saint-Siège

avec l'Italie et la chrétienté, à la fin du XIIIe siècle.
Il y eut en lui un Grégoire VII et un Alexandre VI
qui se neutralisèrent l'un par l'autre. Il voulut
être à la fois un pape du XIe siècle et un roi ecclésiastique du XVe. La contradiction de ces deux
rôles amena la ruine de son œuvre. Tandis qu'à
Rome il combattait pour la grandeur des Orsini,
la fortune séculière de ses neveux et l'autorité
absolue de la monarchie pontificale, il tentait de
reprendre la primauté mystique du passé et le
droit de régler, au nom de Dieu, les affaires des
princes et des républiques. La majesté altière de
ses bulles rappelle les prétentions du temps des
investitures. « Toute créature humaine est nécessairement soumise au pontife romain. C'est la puissance spirituelle qui institue toute puissance terrestre, et la juge si elle n'est point bonne. Dieu
a établi le siège apostolique sur les rois et les
royaumes, et toute âme doit obéir à ce maître
suprême par qui les princes commandent. »

Mais cette grande théorie ne comptait déjà plus
pour la France de Philippe le Bel; quant à l'Italie
et à l'Allemagne, elles la jugèrent trop sublime
pour la conscience du pontife que les contemporains appellent *magnanimus peccator*. Grégoire VII
et Innocent III pouvaient parler sur ce ton, parce
que la chrétienté apercevait Dieu à côté d'eux.
Mais Boniface, par le trait d'égoïsme, de fourberie,
souvent même de cruauté qui marqua tous les

actes de sa vie publique, n'était déjà plus qu'un pape ambitieux et d'âme avide, à la façon de ses successeurs du xve siècle. Non content de prodiguer aux siens les fiefs, les évêchés, les chapeaux rouges, il leur achetait, contrairement aux bulles de Martin IV et de Nicolas IV, des domaines seigneuriaux dans le Latium; il formait, pour Pietro Gaetani, par trafic ou confiscation violente sur les Colonna, une principauté allant de Sulmona à Terracine. Il dépensait sans scrupule, pour ces libéralités de famille, les trésors de l'Église. Au jubilé de 1300, où le monde chrétien courut avec la foi des anciens jours, on vit, écrit un pèlerin, « jour et nuit deux clercs qui se tenaient près de l'autel de saint Paul, tenant en main des râteaux, et tirant à eux des monceaux de pièces de monnaie ».

L'un après l'autre, Boniface jeta à terre tous les appuis séculaires du Saint-Siège. Il s'isola des communes romaines en prenant part aux querelles des familles féodales; il s'isola des communes guelfes de l'Italie en appelant le frère de Philippe le Bel, Charles de Valois, et en lui livrant les guelfes blancs de Florence. Il profita de la faiblesse de l'Empire pour réunir, d'une façon théorique, à la papauté la puissance œcuménique de l'Empereur. Il était le suzerain des Angevins de Naples, il voulut chasser les Aragons de Sicile, ou leur imposer l'obédience politique au Saint-Siège.

Il noyait le Latium dans le sang. Il ne comprit rien à la force de la royauté française, soutenue par le Parlement, l'Université, le clergé et les États; il crut que trois ou quatre bulles hautaines suffiraient pour rendre Rome maîtresse du droit public de l'Église et de l'État en France. Le roi fit brûler la bulle *Ausculta Fili* devant Notre-Dame; le Parlement déclara le pontife hérétique; Philippe envoya en Italie son légiste Nogaret et Sciarra Colonna. Tous les mécontents de la péninsule, les barons de la Campagne romaine, les clients des Colonna coururent aux légats du roi et montèrent avec eux à l'assaut d'Anagni, où Boniface, assis sur le trône, la tiare au front, subit l'affront le plus cruel qu'un pape ait jamais enduré. Après trois jours d'horribles scènes, le peuple et les cardinaux guelfes délivrèrent le pontife, qu'on ramena à Rome en proie à une crise de fureur. Il refusa toute nourriture, frappait sa tête contre les murailles, pleurait de rage sur son impuissance. Il mourut à la fin de 1303, à l'âge de quatre-vingt-six ans. Avec lui disparaissait la papauté féodale, le moyen âge pontifical. L'Église romaine, exilée sur le Rhône, allait préparer lentement son évolution vers l'état tyrannique ou monarchique auquel l'Italie presque entière se rangea dans le cours du xive siècle.

Dante eut, un instant, pitié de cette chute inouïe. « Le Christ, dit-il, fut captif dans la personne de son vicaire. » Mais c'était l'outrage infligé au pontificat chrétien, à la tête auguste de l'Église, c'était aussi l'insolence de « la fleur de lis » entrée dans Anagni qu'il ressentait. Pour la personne même de Boniface, il n'eut jamais qu'une haine implacable. Il ne put oublier qu'il devait son exil à la duplicité du pape qui, en 1302, avait retenu à Rome l'ambassade florentine, dont il faisait partie lui-même, tout le temps nécessaire pour achever la ruine des guelfes modérés de Florence. Il ne put lui pardonner les brutalités de son légat Charles de Valois, et l'étrange façon dont ce pacificateur avait apaisé Florence en la pillant et en la brûlant. Il jugea que ce pape, en bouleversant la tradition nationale du Saint-Siège vis-à-vis des cités italiennes, avait mis le comble à tous les attentats de la papauté contre les libertés de l'Italie. Il se crut dès lors dégagé en face de l'Église visible de Rome, au nom même de son amour pour l'Église éternelle et mystique de Jésus. Et, comme il était à la fois un humaniste et un visionnaire, un fraticelle éclairé par le commerce des anciens, il put manifester, dans sa *Divine Comédie,* un christianisme étrangement personnel, une religion toute révolutionnaire, mais d'une très forte logique, mêlée d'extase et de rationalisme, la dernière originalité de l'invention religieuse de l'Italie.

V

La *Divine Comédie* est, dans la plus grande partie de son développement, un pamphlet politique tourné contre le Saint-Siège. Afin d'enfermer un pape dans les sépultures ardentes des hérésiarques, Dante confond le pape Anastase II avec l'empereur Anastase égaré par Photius. Dans le cercle des simoniaques où les damnés sont plongés, la tête en bas, en des puits enflammés, il rencontre Nicolas III qui lui crie, croyant entendre les pas de son successeur : « Déjà toi, et encore debout, encore debout, Boniface? la prophétie m'a donc menti de plusieurs années? » Puis, après avoir ainsi salué la venue prochaine de Boniface VIII, le pape Orsini annonce celle de Clément V, le premier pontife d'Avignon, « un pasteur sans loi, qui viendra du couchant et recouvrira Boniface et moi ». Et, dans sa colère, Dante interroge le pontife avare : « Dis-moi, quel trésor Notre-Seigneur a-t-il demandé à saint Pierre avant de lui confier les clefs? Il n'a rien demandé, mais a dit : « Viens « derrière moi... ». C'est votre avarice qui désole le monde, votre avarice qui foule les bons et exalte les méchants. C'est vous, pasteurs, qu'a vus l'évangéliste quand il vit celle qui est assise sur les eaux se prostituer avec les Rois.... Vous avez fait Dieu d'or et d'argent. » (*Inf.*, xix.) Il consent à ne punir que du purgatoire le pape Adrien V qui, le col tordu, se confesse ainsi : « Vois jusqu'à quel point, par mon avarice, mon âme fut misérable et abandonnée de Dieu! » Mais, en plein paradis, il prête à saint Pierre lui-même ces paroles terribles : « Celui qui, sur la terre, usurpe mon siège, mon siège, mon siège vacant devant le Fils de Dieu, a fait de mon tombeau un cloaque de sang et de pourriture! » (*Parad.*, xxvii, 22.)

D'inexpiables rancunes politiques ne suffisent point à expliquer une telle passion. Ce sévère chrétien, pour rassurer sa conscience et justifier sa haine, portait en effet une théorie dogmatique qui lui semblait la bonne orthodoxie. Le dernier mot de sa croyance, cette « religion du cœur » qu'il a nommée dans le *Convito*, est au vingt-quatrième chant du *Paradis*, et c'est à saint Pierre lui-même qu'il en fait la confession. Il est revenu au symbole très simple de saint Paul, la foi, l'espérance et l'amour; pour lui comme pour l'apôtre, la foi elle-même n'est, au fond, que l'espérance, *fides sperandarum substantia rerum*. Et, si le premier des papes le prie d'affirmer plus explicitement l'objet de sa foi, il répond :

Credo in uno Dio
Solo ed eterno ;

il croit au nom de Moïse, des prophètes et de l'Évangile, au nom des docteurs de l'Église. Il croit à la Trinité,

E credo in tre Persone eterne.

Et ceci est l'essentiel du christianisme, la croyance initiale de la famille chrétienne, entre le symbole des Apôtres et le symbole métaphysique de Nicée. Croire, espérer, aimer, qu'est-ce autre chose que l'adhésion raisonnée du cœur aux vérités « qui n'apparaissent point à la raison »? dit encore Dante (*Parad.*, XXIV, 65). Et si la foi, l'espérance et l'amour sont, dans l'âme humaine, la triple source de toute vie religieuse; si, sur cette terre et au delà de la tombe, ces trois vertus font monter l'homme à un rang d'élection et le justifient, que deviennent les *œuvres*, la prière, la pénitence, l'observance du chrétien qui tremble devant l'Église, le sanglant labeur au prix duquel il croit racheter ses fautes et conquérir le paradis? N'est-ce pas de la juridiction de cette Église intérieure, édifiée librement en chaque conscience, que relève chacun de nous, et la beauté de cette hiérarchie où il n'y a que deux degrés, l'âme et Dieu, ne fait-elle point pâlir la splendeur de la hiérarchie ecclésiastique, dont le sommet visible est l'évêque de Rome?

Aussi, le point capital de la *Divine Comédie* est-il en une doctrine latente qui se révèle de mille manières, et qui intéresse à la fois le dogme du péché ou du mal et le rôle de l'Eglise dans la vie religieuse de chaque âme. « Il faut savoir, écrivait Dante à Can Grande della Scala, en lui dédiant le *Paradis*, que le sens de cet ouvrage n'est point simple, mais multiple. Le premier sens est celui qui se montre sous la lettre, le second est celui qui se cache sous les choses énoncées par la lettre, le premier se nomme littéral, le second allégorique ou moral. » Le premier sens, en effet, tout littéral, est dans le retour des traditions les plus canoniques du moyen âge, traditions théologiques, poétiques, scolastiques. Cette peinture des trois régions de l'autre monde vient à la suite de cent poèmes édifiants et d'une multitude de légendes, légendes sorties du monde celtique de saint Patrice et de saint Brandan, des *Dialogues* de saint Grégoire, des visions de saint Paul, de la vision du frère Albéric, moine du Mont-Cassin au XIIe siècle, des *Fioretti* de saint François. Ce qui paraît dominer dans l'*Enfer*, c'est la doctrine de Satan, telle qu'on l'entendait depuis l'Apocalypse, Satan, l'ennemi de Dieu, qui parfois, et pour quelques heures, est plus fort que Dieu. Tout l'appareil ontologique, cosmologique, la théorie des péchés capitaux, la façon d'analyser le jeu des puissances de l'âme, les mouvements du ciel, l'harmonie du monde, viennent de ses maîtres, Albert le Grand et saint Thomas, les deux anges de lumière qu'il rencontre l'un près de l'autre, à la tête du groupe des grands docteurs, au dixième chant du *Paradis*; c'est d'eux qu'il a reçu la méthode et les trésors de la science scolastique. Comme dans le traité de la *Monarchie*, conception rigoureusement médiévale, il est, pour tout ce qui échappe à la magistrature de la conscience individuelle, le disciple exact, scrupuleux du christianisme traditionnel et de l'École.

Mais la pensée intime, personnelle, du mystique et du rationaliste se tient derrière le voile de la tradition. Il est permis d'écarter celui-ci et d'apercevoir la religion vraie de Dante. Certes, comme l'a montré Ozanam, il n'est aucune croyance, aucun sacrement de l'Eglise qu'il n'accepte docilement. Mais l'originalité du poète est dans l'accord de cette foi régulière avec les vues qui lui sont propres sur la justification, le salut et la damnation. La tradition lui donnait l'enfer; il y ajoute la région presque bienheureuse où sont reléguées les ombres des sages antiques, la prairie ombreuse où les grandes âmes païennes, et, avec elles, l'antéchrist Averroès, conversent dans la paix éternelle. La tradition lui donnait le purgatoire, et c'est Caton, encore un païen, un stoïque, qui s'est tué de sa main, qu'il en fait le gardien. La tradition lui donnait le paradis; il y place le Troyen Riphée, qui mourut pour sa patrie, et le bon empereur Trajan. Pour lui, le péché suprême, celui qu'il punit d'un mépris écrasant, ce n'est ni l'hérésie, ni l'incrédulité, qu'il a montrées, par le dédain même et la figure altière des damnés, supérieures à l'enfer; c'est la *viltà*, le renoncement timide au devoir actif, au dévouement, à la vie, la lâcheté du pape Célestin, plus scélérate que la trahison de Judas. Et cependant, elle n'est au nombre ni des péchés mortels, ni des péchés véniels, et ressemble fort à l'humilité des ascètes, à l'égoïsme peureux des moines. Pour ces *vils*, il crée le *Preinferno*, le vestibule lamentable où languissent « ceux qui furent pour eux-mêmes ». Vous chercherez en vain, dans l'*Enfer*, le lieu où souffrent les âmes des chrétiens irréguliers, j'entends de ceux qui ont manqué aux devoirs de dévotion, à l'assiduité sacramentelle, aux œuvres pieuses prescrites par l'Eglise ; tous les tièdes, les indifférents, ceux qui attendent à la dernière heure pour se réconcilier avec Dieu, Stace qui, par crainte, cacha son baptême et sa foi, et fut « *per paura chiuso cristian* », sont envoyés par Dante en purgatoire, et ce purgatoire est bien doux, en plein soleil, visité sans cesse par l'apparition et par le chant des anges. La raison du poète a librement revisé la théorie ecclésiastique du salut.

VI

La doctrine personnelle de Dante sur la justification apparaît d'une façon bien audacieuse à l'occasion de deux âmes qu'il a placées l'une au Paradis, l'autre au Purgatoire, Siger de Brabant et le roi Manfred.

Maître Siger, professeur de l'Université de Paris dans le dernier tiers du xiiie siècle, avait été condamné en 1270, par l'évêque Étienne, pour treize opinions hérétiques, empreintes de philosophie averroïste et aristotélique[1]. Pendant sept années encore, il continua, dans sa chaire scolastique, cet apostolat d'incrédulité. Le 12 janvier 1277, Jean XXI écrivit de Viterbe à Étienne, lui ordonnant de poursuivre par devant son tribunal épiscopal les erreurs « qui de nouveau pullulaient dans l'École » et que lui avait signalées sans doute le grand inquisiteur pour la France, le dominicain Simon du Val. Le 7 mars, l'évêque de Paris, après avoir consulté les maîtres d'Écriture Sainte, dénonçait et condamnait 219 propositions contraires à la foi catholique, surprises dans les livres et l'enseignement de plusieurs docteurs, notamment de Siger de Brabant et de Boëce de Danemark[2]. Ici encore, les doctrines malsonnantes procédaient soit de la science arabe, soit

---

1. *Chartularium Universit. Parisiens*, t. I, Docum. 432.
2. *Ibid.*, Docum. 473.

du péripatétisme excessif de l'École et séparaient Dieu du monde et l'âme humaine de Dieu par un abîme infranchissable. Siger et ses complices niaient l'unité substantielle de la Trinité, la Providence, la création, le miracle, la possibilité pour Dieu de connaître rien en dehors de lui-même; ils affirmaient l'éternité de la matière céleste, du monde, du mouvement, de l'espèce humaine; ils supprimaient Adam, la chute, la raison d'être de la Rédemption, proclamaient la nécessité de toutes choses, l'impuissance de Dieu à modifier l'ordre fatal des formes de l'être, l'âme du monde, l'âme du ciel, les âmes des corps célestes, déclaraient l'âme de l'homme inséparable du corps et mourant de la mort du corps, la raison impersonnelle seule immortelle, les astres maîtres de notre volonté, le néant de la théologie, la vanité de la continence, de l'humilité et de la prière, la réalité du seul bonheur terrestre, la mort, terme dernier des terreurs humaines, au delà duquel il n'y a ni paradis, ni enfer, le christianisme et ses fables, obstacle insurmontable à la science parfaite.

L'édifice religieux tout entier, le dogme et la morale, l'Évangile et la Bible, l'Église et l'École, étaient ainsi détruits de fond en comble. Et pour mieux marquer le caractère véritablement démoniaque de ces prodigieuses erreurs, l'évêque de Paris proscrivait, par la même sentence, des livres de nécromancie, de sortilèges, de conjurations et d'invocations diaboliques, cette douloureuse religion de Satan qui avait précédé, en France, l'hérésie albigeoise et lui survivait. Les détenteurs de ces livres étaient, à leur tour, menacés d'un jugement d'Église et du bras séculier.

Maître Siger fut dépossédé de sa chaire et chassé hors du royaume. Nous savons, par un tercet du *Fiore*, le *Roman de la Rose* italien, comment il a fini. « Maître Siger ne fut guère heureux, dit Faux-Semblant ; je l'ai fait mourir de misère, en grande douleur, en cour de Rome, à Orvieto. »

> *Mastro Sighier non andò guari lieto,*
> *A ghiado il fe' morire a gran dolore,*
> *Nella corte di Roma, ad Orbivieto.*   (XCII.)

Dante enfant avait pu voir l'exilé traverser Florence. Il put aussi recueillir l'écho de ces étranges doctrines, soit à Paris, soit de la bouche de Brunetto Latini ou des épicuriens de Toscane. Et c'est avec une notion très claire des mésaventures doctrinales de Siger qu'il a osé placer le vieux maître en Paradis, dans la région réservée aux plus grands docteurs de l'Église, parmi les compagnons de saint Thomas d'Aquin ! « Voici la lumière éternelle (l'âme) de Siger, qui, lisant dans la rue du Fouarre, a prouvé par syllogismes des vérités qui excitèrent la malice des envieux. »

> *Essa è la luce eterna di Sigieri,*
>   *Che, leggendo nel vico degli Strami,*
>   *Sillogizzó invidiosi veri.*   (*Parad.*, X, 136).

Certes, il y a ici un curieux mystère. Malgré le dernier vers de ce tercet, il est impossible d'admettre que Dante ait accepté comme vérités les propositions condamnées du maître de Paris, et très difficile encore d'imaginer que, aveuglé par sa passion contre le Saint-Siège romain, il ait introduit de propos délibéré un hérésiarque impénitent en un lieu si auguste, dans le rayonnement même de Dieu. L'explication qu'on attribua alors à Siger, à savoir que, philosophe, il pensait autrement que comme chrétien, absurde surtout pour une conscience du moyen âge, ajouterait encore un nuage à ces obscurités. Enfin, la haine des Prêcheurs, et, par conséquent, de l'Inquisition contre l'Université et Siger, ne saurait justifier un tel luxe de chefs d'accusation, une moisson si touffue de négations religieuses. La calomnie serait vraiment énorme et maladroite, même pour la période d'étroite discipline imposée à l'Université par les papes, et qui dura jusqu'à Philippe le Bel. Il ne reste qu'une solution au problème : l'expiation du docteur, cette grande misère, dont témoigne le *Fiore*, où il avait langui entre les murailles de la triste Orvieto, peut-être même les tortures ou les violences qui abrégèrent sa vie[1].

---

1. *Ghiado* signifie aussi bien poignard que souffrance morale. On croit que Siger fut assassiné. Voy. Hauréau, *Journal des Savants*, avril 1890.

« La mort, dit Dante, lui avait paru bien lente à venir. »

Or, selon le poète, la minute suprême, le dernier souffle de vie, la lueur expirante de la conscience, appartiennent à Dieu et à Dieu seul. L'œuvre entière du salut tient en ce moment, rapide comme l'éclair, où l'âme s'échappe des lèvres du mourant, loin du prêtre, dans l'absence de toute formule sacramentelle. Buonconte de Montefeltro, le capitaine gibelin, blessé à Campaldino, expire seul, sans confession, au bord de l'Ermo; mais il a murmuré, en mourant, le nom de la Vierge Marie, et Dieu le reçoit, malgré les crimes de sa vie, en son Purgatoire :

« L'Ange de Dieu me prit et celui d'Enfer criait : O toi, qui viens du Ciel, pourquoi m'arraches-tu celui-ci et emportes-tu son âme éternelle, pour une petite larme qui m'enlève ma proie? »

Per una lagrimetta che' l mi toglie. (v. 107.)

Cette « petite larme », dont le secret n'est connu que de Dieu, avait suffi sans doute pour la rédemption parfaite de maître Siger, les douleurs de l'exil et la malice de la cour papale ayant effacé d'ailleurs sa dette de Purgatoire.

Sur cette montagne de l'expiation mélancolique on rencontre un personnage fort inattendu, Manfred, fils de Frédéric II, pour lequel l'Église de Rome n'avait point eu assez de foudres. « Il était blond et beau et de noble aspect, mais l'un de ses sourcils était coupé par une blessure. » Et il montre, en souriant, au poète une seconde blessure à l'endroit du cœur. Le vaincu de Ceperano, l'héritier des grands desseins de l'empereur souabe, dit à Dante : « Quand on eut rompu ma vie de deux coups mortels, je me livrai en pleurant à Celui qui pardonne volontiers. Mes péchés furent horribles, mais la bonté infinie a de si grands bras qu'elle prend tout ce qui se tourne vers elle. Si l'évêque de Cosence, que le pape Clément envoya à la chasse de mon corps, avait compris cette vérité, mes os seraient encore à la tête du pont, près de Bénévent, sous la garde d'un amas de pierres ; maintenant ils sont baignés par la pluie et battus par le vent, hors de mon royaume, près des bords du Verde, où l'évêque les a portés et jetés, avec les torches éteintes. Mais non, leur malédiction ne peut nous damner et nous empêcher de retrouver l'amour éternel, tant qu'une fleur d'espérance verdoie en notre cœur. »

Per lor maledizion si non si perde,
Che non possa tornar l'eterno amore,
Mentre che la speranza ha fior del verde.
(*Purgat.*, III.)

C'est déjà le cri de Savonarole à l'évêque qui le dégradait, en face du bûcher, de sa dignité de prêtre et de moine : « Tu peux me retrancher de l'Église militante, mais non pas de l'Église triomphante! » L'Église désarmée, le clerc, l'évêque et le pontife impuissants à incliner la sentence de Dieu, chaque fois que les mystiques italiens découvrent le fond de leur cœur, c'est de cette doctrine et de cette espérance qu'ils témoignent.

Il a fallu une longue misère, des rancunes sans mesure et le naufrage de sa patrie terrestre, pour obliger Dante à confesser, avec une si rude franchise, son sentiment sur Rome et sur l'Église. On ne s'étonnera point que dans le paradis il n'ait voulu placer avec certitude que les papes martyrs, premiers successeurs de Pierre, et saint Grégoire le Grand, le pape apostolique dont j'ai placé la figure aux premières pages de cette histoire. Mais c'est au nom de la religion intérieure qu'il a pu protester ainsi contre le sacerdoce, et cette religion, qui remontait à l'Évangile, à saint Jean, à saint Paul, ce symbole d'une foi certainement éternelle, puisqu'elle répond à tout ce que le cœur humain renferme d'excellent, était, depuis un siècle et demi, l'œuvre féconde de l'Italie et comme la fonction originale de la péninsule dans la destinée historique du christianisme.

FIN

TABLE DES MATIÈRES

Avant-Propos. i

Chapitre I. — Les conditions religieuses et morales de l'Italie antérieurement à Joachim de Flore. — Arnauld de Brescia. 1

Chapitre II. — Joachim de Flore 49

Chapitre III. — Saint François d'Assise et l'apostolat franciscain. 83

Chapitre IV. — L'empereur Frédéric II et l'esprit rationaliste de l'Italie méridionale. 139

Chapitre V. — Exaltation du mysticisme franciscain. — L'Évangile éternel. — Jean de Parme. — Frà Salimbene. 183

Chapitre VI. — Le Saint-Siège et les *Spirituels*. — La poésie et l'art populaires. 237

Chapitre VII. — Le mysticisme, la philosophie morale et la foi de Dante. 293

PARIS. — IMPRIMERIE GÉNÉRALE LAHURE
9, RUE DE FLEURUS, 9

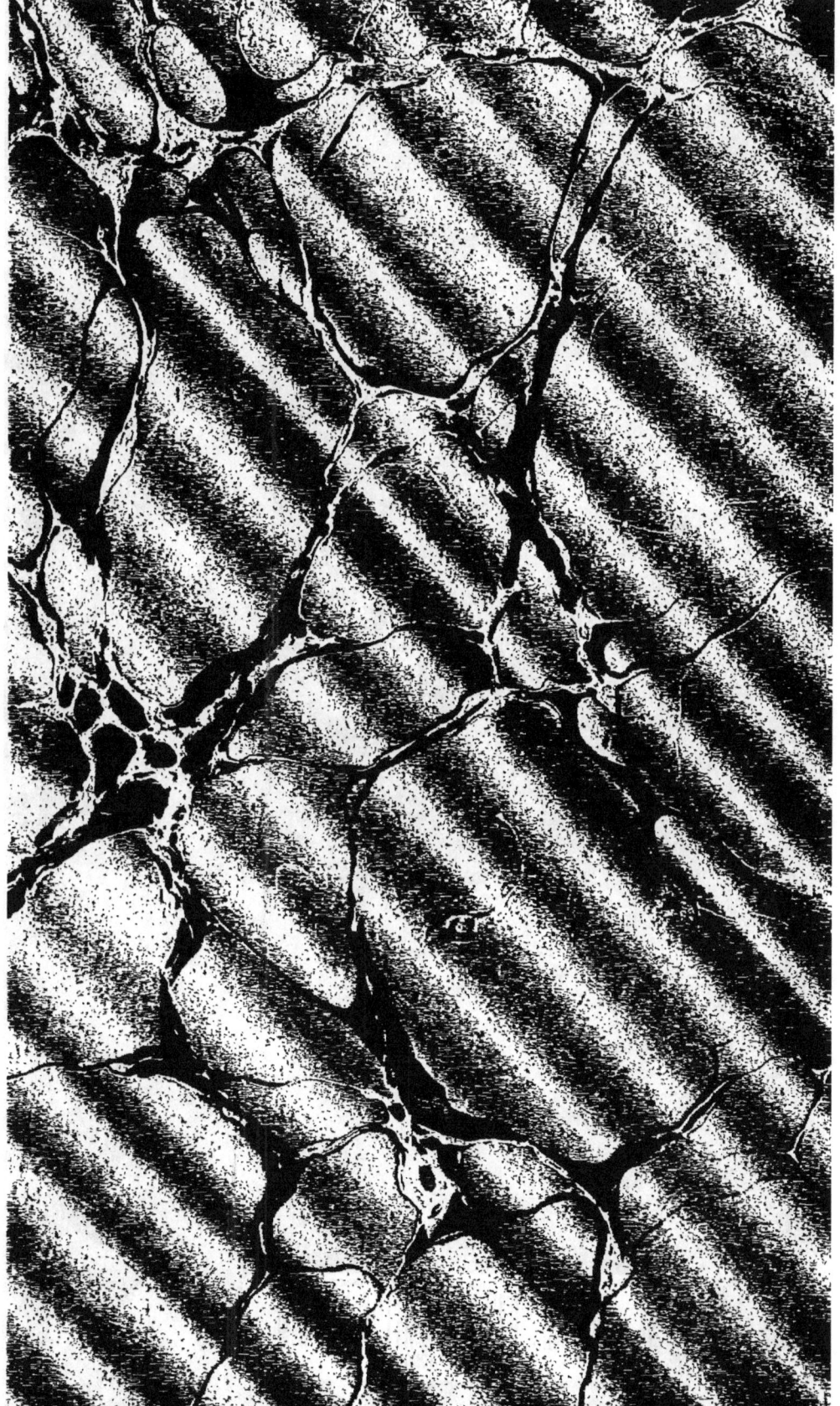

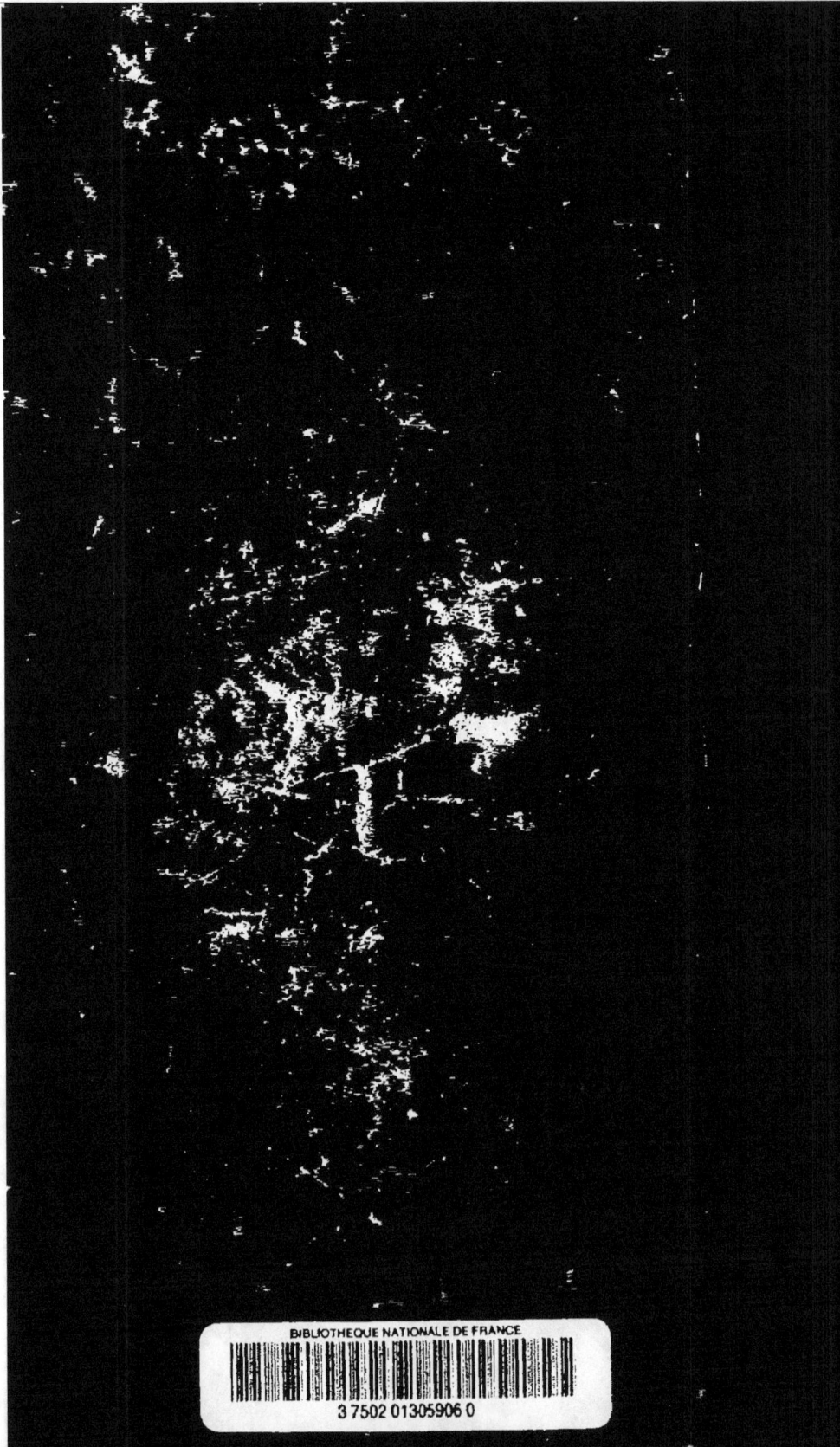

www.ingramcontent.com/pod-product-compliance
Lightning Source LLC
Chambersburg PA
CBHW070859170426
43202CB00012B/2114